**EUROPA**VERLAG**BERLIN**

Barbara von Meibom

# Deutschlands Chance

*Mit dem Schatten versöhnen*

**EUROPA**VERLAG**BERLIN**

Umschlaggestaltung: Hauptmann & Kompanie Werbeagentur
Satz: BuchHaus Robert Gigler, München
Druck und Bindung: cpi Clausen & Bosse, Leck
ISBN 978-3-944305-15-8



www.europa-verlag.com

# Inhalt

## Teil 2
## DEM LEBEN DIENEN 159



## Teil 3
## ZUKUNFT GESTALTEN 209

# Zu diesem Buch

Dies ist ein sehr persönliches Buch. Es geht Fragen nach, die mich seit meiner Kindheit beschäftigt haben. Es ist ein Essay zur Lage des kollektiven und individuellen Unbewussten in Deutschland nach den Traumata, die das Land und seine Menschen durch das nationalsozialistische Unrechtssystem verursacht und erlitten haben. Es ist inspiriert von dem Wunsch, beizutragen zur Versöhnung mit sich und dem eigenen Land. Dabei will es weder die Schuld leugnen, noch will es die Schuld- und Schamdynamik erneut reaktivieren. Solange diese Versöhnung nicht geschieht, bleibt ein Schatten, der viele Menschen in Deutschland daran hindert, sich mit Freude dem Leben zuzuwenden, eine befriedigende Beziehung zu sich und anderen zu entwickeln, die eigenen Potenziale zu entfalten und verantwortlich für das Gemeinwohl einzutreten. In diesem Sinne braucht Deutschland eine Chance. Es ist die Chance, sich mit dem Schatten zu versöhnen und sich auf seine Gaben und Möglichkeiten zu besinnen. Der Begriff Schatten, den ich hier verwende, ist einerseits eine Metapher für eine gefühlte und erlebbare Blockade über unserem Land, zum anderen bezieht er sich auf Dimensionen und Kräfte des Unbewussten, die individuell und kollektiv wirkmächtig sind. Sie ins Licht des Bewusstseins zu heben, ist ein Weg zu mehr Verantwortung, Heilung und Transformation.

Als junge Frau habe ich mich immer gefragt, wie die Menschen in unserem Land in die humanitäre und geistige Katastrophe hineingeraten sind. Ich habe studiert, geforscht, Bücher geschrieben, eine politikwissenschaftliche Professur angenommen und vielfältige Suchbewegungen vollzogen. Irgendwann war mir der kognitive Zugang zu diesem Thema nicht mehr genug. In einem christlichen Elternhaus aufgewachsen, dann der Kirche entwachsen, ahnte ich doch, dass es andere Quellen geben müsse, die mir Antworten auf meine Fragen geben würden. So machte ich mich auf die spirituelle Suche und wurde auf vielen Reisen mit der indischen Philosophie des Vedanta vertraut. Allmählich begriff ich im Denken und im Fühlen, in welchem Ausmaß in unserem Land geistiges Potenzial missbraucht wurde. Der Nationalsozialismus praktizierte eine menschenverachtende Politische Religion, deren Ziel es war, systematisch einen Teil der eigenen Bevölkerung wie auch der Bevölkerung anderer Länder auszubeuten und zu vernichten, um in einer Selbstüberhöhung der sogenannten arischen Herrenrasse die eigenen Herrschaftsinteressen durchzusetzen.

Dieser Missbrauch hat in Deutschland zum Einfrieren von Gefühlen und Fähigkeiten geführt, die uns heute in erheblichem Maße fehlen: die Fähigkeit, sich zu begeistern, die Fähigkeit, gelingende Beziehungen aufzubauen und zu entwickeln, die Fähigkeit, sich gemeinschaftlich mit anderen im Geist zu verbinden, die Fähigkeit, sich in den Dienst einer größeren Sache – jenseits von utilitaristischen Zielen und Zwecken – zu stellen, die Fähigkeit, sich für die höchsten spirituellen Fragen und Wahrheiten zu öffnen, Antworten auf die Frage nach dem Sinn des Lebens zu suchen und den »Himmel auf die Erde zu bringen«, sprich: zu einer Humanisierung der Gesellschaft beizutragen. Zugleich wirken einige der gravierenden Schwächen im deutschen »Sozialcharakter« (Erich Fromm) weiterhin als machtvolle Schattenkräfte: Rechthaberei, eine Neigung zur Regelkonformität ohne Rücksicht auf menschliche Bedürfnisse, Rücksichtslosigkeit,

Schamabwehr durch Entwertung anderer. Solche Kräfte werden vor allem in Situationen aktiviert, in denen das Gefühl der Sicherheit bedroht zu sein scheint, eine Situation, die im Erleben vieler Menschen in Deutschland eine Rolle spielt – egal, ob dieses Gefühl als angemessen erscheint oder nicht.

Die Schwere des geistigen Missbrauchs, den die Menschen in Deutschland willentlich oder unwillentlich getrieben oder mit sich haben treiben lassen, liegt wie ein grauer Schleier über dem Kollektiv und behindert uns im Fühlen, im Denken, im Sein. Sie verhindert, dass wir ein klareres Bild von uns selbst entwickeln und dass wir die volle Verantwortung für uns selbst und unser Gemeinwesen übernehmen hier und in der Welt.[1] Damit soll nicht gefordert werden, Deutschland möge sich erneut als »Retter« aufspielen. Die Idee, »am deutschen Wesen soll die Welt genesen«, gehört endgültig der Vergangenheit an. Es bedeutet aber auch nicht, dass Deutschland die eigenen geistigen Potenziale unterschätzen oder sich aus Schuld- und Schamgefühlen heraus, die aus der Vergangenheit resultieren, zurücknehmen sollte. Deutschland kann mit seinen geistigen Potenzialen einen wichtigen Beitrag in der Völkergemeinschaft leisten. Doch das erfordert, dass wir uns besser kennen, dass wir uns von einer Schuldverhaftung lösen, die letztlich aus einer egozentrischen Verhaftung in nicht bewältigten Problemen resultiert, und dass wir mutig in die eigene Verantwortung eintreten. Wir brauchen eine Vision, wie wir die Erfahrungen der Vergangenheit so wenden können, dass sie uns zum verantwortlichen Handeln im Sinne einer posttraumatischen Reifung befähigen.

Deutschland ist eine Nation, die immer wieder zu ungeahnter Macht gelangt. Dieser Zustand ist gegenwärtig in der Europäischen Union erreicht. Das macht es umso zwingender, mit dieser

1 Vgl. Teil 3 mit Porträts von Gamma und Hübl

Macht umgehen zu lernen, damit sie nicht wie in der Vergangenheit ihre destruktiven Kräfte entfaltet, sondern konstruktiv dem Leben dient. Mit »dem Leben dienen« meine ich jedoch mehr als die grundlegende Abkehr von einer vernichtenden, gegen das Leben gerichteten Energie, wie sie im Nationalsozialismus vorherrschte. Damit meine ich eine Führungskunst, die die Würde von Mensch und Natur achtet und sich mit Entschiedenheit für Frieden nach innen wie nach außen einsetzt (vgl. Teil 2).

Damit dies gelingen kann, braucht es einen Blick auf die Schattenkräfte des individuellen und kollektiven Unbewussten, die in so fataler Weise den Missbrauch ermöglicht haben. Wer sich der Untiefen in der eigenen Psyche bewusst ist, kann sich der Gefährdung besser erwehren. Dieser Schritt steht weiterhin an. Transformation geschieht, wenn wir als Menschen Licht in das Dunkel des Unbewussten bringen, wenn wir die eigenen Untiefen erkennen und uns entschieden und kraftvoll auf unsere Verantwortung vor Gott und den Menschen besinnen.

Dieses Buch schöpft aus zahlreichen Quellen. Es steht in einem breiten Strom der Auseinandersetzung mit dem deutschen Schicksal. Eine solche Auseinandersetzung ist in allem und jedem in unserem Land zu spüren. Keine Familie, in der nicht – sei es durch Verdrängung oder Abspaltung, sei es durch den Versuch der Überwindung – eine direkte oder indirekte Auseinandersetzung mit der deutschen Geschichte stattfindet. Das Geschehene hat seine Spuren tief im individuellen und kollektiven Unbewussten hinterlassen und wird über Generationen weitergegeben. Heute sind es die Kinder der zweiten, dritten und vierten Generation, die sich zu Wort melden und auf die Wunden und Narben verweisen, die das Erlebte, Erlittene und Unaufgearbeitete in der Psyche hinterlassen haben. Hinzu kommt die bis heute anhaltende breite literarische und sonstige künstlerische Auseinandersetzung mit dem Geschehen, die den unbewussten und bewussten Prozessen auf der metaphorischen, intuitiven und intellektuellen Ebene Ausdruck verleihen. Last but not least versucht die schier uferlose wissenschaftliche Erörterung in immer neuen Schritten, das Geschehene einzuordnen und damit seiner habhaft zu werden.

Dieser Prozess der Aneignung und Transformation des Bewusstseins geht weiter. Er verläuft in Etappen und Stufen. Heute steht eine weitere Stufe an: Es gilt, *von einer Erinnerungskultur zu einer Versöhnungskultur* zu gelangen, in der eine posttraumatische Reifung ihren Ausdruck findet. Gelingt es, eine solche Versöhnungskultur zu entwickeln, können wir uns entschiedener dem Fortwirken von Schattenkräften entgegenstellen, die uns hindern, unser Potenzial zu entfalten oder die zu einem erneuten Machtmissbrauch führen können.

Die Gefahren eines Machtmissbrauchs sind real. Die Morde der Zwickauer Terrorzelle zeigen dies ebenso wie die weit verbreitete Ausländerfeindlichkeit in unserem Land. Sie lassen grundlegende Störungen in unserem Gemeinwesen erkennen. Solange das tiefe Bedürfnis von Menschen nach Sinn, Verbundenheit, Einbindung, Zugehörigkeit und Anerkennung gesellschaftlich nicht angemessen wahrgenommen und befriedigt wird, überlassen wir Menschen, die in seelischer, sozialer oder ökonomischer Not sind, den geistigen Rattenfängern, die sie (erneut) für ihre inhumanen Ziele missbrauchen. Diese Gefahr zeichnet sich bereits ab.

Es ist Zeit, sich den Schattenkräften so zu stellen, dass die durch das Trauma der deutschen Missbrauchsgeschichte eingefrorenen Gefühle, Ideale, Aspirationen und Tugenden wieder auftauen können. Wir dürfen uns mutig dem zuwenden, was sich – bevor es zum kitschigen Stereotyp verkam – in der Formel vom »Guten, Wahren, Schönen« fand. Platon, auf den sie zurückgeht, verwies mit den Begriffen auf so Elementares wie die wesensmäßige Ordnung, auf das Wahre als die letzte Wirklichkeit hinter den Erscheinungen und auf die Schönheit, die dem

Sein innewohnt.[2] Da Strebungen und Sehnsüchte, die über die Person hinausweisen, im Nationalsozialismus auf das Intensivste missbraucht wurden, ist heute mehr als nur ein Rückgriff auf die alten Ideale gefragt. Wir brauchen eine aufgeklärte Spiritualität, die sich in den bewussten Dienst an Mensch, Gesellschaft und Natur stellt.

Solchen Themen geht das Buch in drei Teilen nach:
Im *ersten Teil* wähle ich einen historisch-systematischen Zugang. Dabei lasse ich mich von folgenden Fragen leiten: In welcher Situation befindet sich Deutschland derzeit nach innen und außen im Hinblick auf seinen historisch belasteten Umgang mit Macht? Gibt es Schattenkräfte, die im Kollektiv weiterhin wirksam sind?

Diese Ausgangsfrage führt mich zu (sozial-)psychologischen Konzepten des Unbewussten, um einen Zugang dazu zu gewinnen, wie Schattenkräfte im individuellen und kollektiven Unbewussten wirken. Dabei konzentriere ich mich vor allem auf den Ansatz der Psychosynthese, der davon ausgeht, dass in Schattenkräften *Gaben* verborgen sind, die sich im Sinne einer posttraumatischen Reifung (re-)aktivieren lassen. Außerdem erkläre ich, was ich unter Traumata und Missbrauchsdynamiken verstehe.

Dies führt zu der schwierigen Frage nach der Identität bzw., ob es im deutschen »Sozialcharakter« Elemente gibt, die in besonderer Weise zum traumatisierenden Umgang mit Macht im Nationalsozialismus beigetragen haben. Dabei konzentriere ich mich auf drei Elemente, die ich für besonders relevant erachte: Ohnmachts-Allmachts-Dynamiken, Spiritualität und Transzendenz sowie die sogenannten Sekundärtugenden. Diese verorte ich jeweils historisch in ihrer Bedeutung während der Zeit des Nationalsozialismus sowie in der Gegenwart. Der erste Teil schließt ab mit dem Versuch einer systematischen Einordnung der statt-

2 Vgl. http://www.gutefrage.net/frage/was-ist-das-gute-wahre-und-schoene

gefundenen Missbrauchsdynamiken und Traumata anhand der sozialpsychologischen Modelle, den Bedürfnis-, Motivations- und Wertetheorien von Abraham Maslow einerseits und Clare W. Graves andererseits. Diese einschlägigen Ansätze helfen, besser zu verstehen, wie sich die aktiven und passiven Missbrauchsdynamiken und ihre traumatisierenden Wirkungen entfalten konnten, und welche Ansatzpunkte es für Heilung und Transformation im Sinne einer geistig-seelisch-moralischen (Neu-)Orientierung gibt.

Im *zweiten Teil* befasse ich mich mit einer Führungskunst, die dem Leben dient. In der Tradition des *Serving Leadership* werden zentrale Anliegen formuliert, die über die spezifischen Missbrauchsdynamiken im Nationalsozialismus hinausweisen. Führungskunst betrifft die Ebenen des Geistigen und des Materiellen ebenso wie die Ebenen von Ich und Du. Wegen der Bedeutung des Geistigen für jede Art von Führungskunst liegt der Schwerpunkt der Argumentation auf dieser Ebene.

Im *dritten Teil* des Buches porträtiere ich Menschen und Situationen, in denen solche Führungskunst lebendig wird. Ihnen gemeinsam ist, dass – im Sinne einer posttraumatischen Reifung – eine Kultur der Verbundenheit unterstützt wird, und zwar auf allen drei Ebenen des Handelns: dem privaten Lebens- und Beziehungsalltag, dem Alltag von Institutionen und Organisationen und bezüglich der deutschen Gesellschaft als Ganzes im Verbund mit anderen Gesellschaften. In diesen Porträts wird sichtbar, wie sehr gerade die Erfahrungen der deutschen Vergangenheit Menschen inspirieren, nach neuen Wegen der Führung von sich und anderen zu suchen. Eingeleitet wird dieser Teil durch ein Porträt, welches alle Ebenen des Handelns berührt.

Ein solches Buch entsteht nur, wenn es auch biografische Beweggründe dafür gibt. Ich bin in einer politischen Familie aufgewachsen. An meiner Wiege standen – metaphorisch gesprochen – Thron und Altar, repräsentiert durch zwei übermächtige Großväter. Mein Großvater väterlicherseits, Hans v. Meibom, war überzeugter Monarchist und Vizepräsident des Preußischen Staatsrats. Für einen kurzen Zeitraum wurde er unter dem Reichskanzler Franz v. Papen Oberpräsident der Provinz Grenzmark, Posen, Westpreußen. Als Mitglied der DNVP, der Deutschnationalen Volkspartei, sagte er von sich selbst, rechts von ihm sei nur noch die Wand. Er war ein enger Vertrauter von Alfred Hugenberg, dem Vorsitzenden der DNVP, der als Pressemagnat, Vertreter der deutschen Schwerindustrie und als Mitglied im ersten Kabinett Hitler einer von dessen Wegbereitern wurde. Als Hugenberg 1933 aus dem Kabinett ausschied, trat auch Hans v. Meibom von seinem Posten zurück. Mein Großvater mütterlicherseits, Ernst Stoltenhoff, war bis 1949 Generalsuperintendent der Kirchenprovinz Rheinland. Als die Nationalsozialisten ihren Angriff auf die christlichen Kirchen starteten und diese gleichschalteten, verblieb er zwar im Amt und wirkte vor allem als Seelsorger, nahm jedoch entschieden Abstand von dem Versuch, ein Deutschchristentum zu etablieren. Mein Vater Hanspeter v. Meibom stand durchaus in Opposition zu seinem Vater, war jugendbewegt und fand über diesen Weg zu den Nationalsozialisten, wurde Parteigenosse und verfasste 1937 eine brillante Dissertation über die »Verbrecherische Gemeinschaft«, offenbar ohne sich darüber bewusst zu sein, dass die Nationalsozialisten genau eine solche darstellten. Nach dem Krieg setzte er sich intensiv für sein Land ein. Als Verfassungsjurist wirkte er in den 1950er-Jahren entscheidend daran mit, die Römischen Verträge zu formulieren, die juristische Grundlage der Europäischen Gemeinschaft. Meine Mutter Irmgard v. Meibom war eine starke und machtbewusste Frau, die – wie sie selbst sagte – durch ein gnädiges Schicksal im Dritten Reich nicht ins Rampenlicht geriet, da sie nur knapp der höchsten Ehrung bei einem Reichswettbewerb entging. Stattdessen kümmerte sie sich nach der Heirat 1940 um ihre Familie. Sie hat sich nach dem Kriegsende ehrenamtlich intensiv in drei Feldern engagiert: der Verbraucher-, der Frauen- und der Kirchenpolitik. Dabei trat sie konsequent für eine Verständigung über die Grenzen der Interessengruppen hinweg ein. Erwähnt werden muss auch mein hochgeschätzter geschiedener Ehemann Peter Mettler. Als Wissenschaftler und Soziologe lehrte er mich, einen unabhängigen Blick auf meine eigene Herkunft zu werfen, sie in einen größeren gesellschaftlichen Kontext zu stellen und die Aufgaben zu entdecken, die daraus geistig erwachsen. Er selbst war durch die Spätfolgen des Nationalsozialismus tief traumatisiert. So musste ich im Zusammenleben – ursprünglich noch ganz unbewusst – miterleben, welche Spuren der Verletzung diese Zeit in den Seelen von Menschen hinterlassen kann. Unsere beiden Kinder, Nathalie und Pascale, tragen einen Teil dieses kollektiven Erbes in sich. Ich hoffe und wünsche von ganzem Herzen, dass sie freier durchs Leben gehen können, als es vielen in meiner Generation möglich war, und dass sie bei der Entfaltung ihres Potenzials nicht länger von der Last der Vergangenheit zurückgehalten werden.

Aus dieser biografischen Linie und diesen lebensgeschichtlichen Erfahrungen heraus habe ich für mich den inneren Auftrag abgeleitet, meinen Beitrag zur Versöhnung von Macht und Liebe zu leisten. Dies ist aus meiner Sicht eine zentrale Aufgabe für uns Deutsche, hat unser Land doch die traumatisierende Erfahrung gemacht, was es bedeutet, wenn Macht ohne Liebe ausgeübt wird. Sie wird, wie Laotse sagt, gewalttätig. Das zu verhindern ist eine Herausforderung für unser Bewusstsein. Dieses Buch will einen Beitrag dazu leisten.

Berlin, im Frühsommer 2013

# Teil 1

# MIT DEM SCHATTEN VERSÖHNEN

# Zur eigenen Macht und Größe stehen?

*»Macht ohne Liebe macht grausam.«*
*Laotse*

## Macht macht Angst

Angela Merkel hat es noch unterstrichen: An Deutschland können weder die europäischen Nachbarn noch die Verbündeten jenseits des Atlantik, noch die aufstrebenden Nationen des Ostens vorbeigehen. Selbst wenn dieses Land militärisch bestenfalls in einer mittleren Liga spielt (sieht man von den Rüstungsexporten ab), ist es aufgrund seiner ökonomischen Potenz zu einer Bedeutung gelangt, die seine Partnerländer sicherlich nicht gewollt haben, als sie in die Wiedervereinigung einwilligten. Schwieriger noch: Unser Land erlebt das, was jetzt geschieht, eher als eine wenig erwünschte Herausforderung. *»Zaudernde Führungsmacht«*, überschrieb der Tagesspiegel einen entsprechenden Kommentar.[3] Für dieses Zögern gibt es gute Gründe, außen wie innen. Von außen wird jeder deutsche Großmachtanspruch mit Recht kritisch beäugt, wachsam registriert und möglichst umgehend angeprangert. Die Herrscherattitüde der nationalsozialistischen Führungselite hat sich so tief in das kollektive Gedächtnis unserer Nachbarn eingebrannt, dass selbst kleinste Anlässe die alten Wunden wieder aufreißen und die entsprechenden Erinnerungen reaktivieren. Ein Land, das einst eine Schneise

3 v. Marschall: Zaudernde Führungsmacht Deutschland, *Der Tagesspiegel* 6.2.2012

der Vernichtung, Unterdrückung und Ausbeutung in Europa geschlagen hat, darf – so das gemeinsame Credo aller, die je davon betroffen waren – nie wieder Macht über andere gewinnen. »Wehret den Anfängen« lautet daher die Parole. Wann immer ein Dominanz- oder Herrschaftsanspruch aufblitzt, reagiert die öffentliche Meinung in den betreffenden Ländern mit einer Referenz auf Nazi-Deutschland.

Doch auch im Inneren gibt es tief verwurzelte Gründe, warum Deutschland und die Deutschen eine führende Rolle in Europa und in der Welt vermeiden oder ablehnen. Wie gesagt: Macht macht Angst, insbesondere, wenn man sie einmal missbraucht hat und sich dies eingestehen muss. Die politische Klasse in Deutschland hat sich den Missbrauch eingestanden. Seit den 1970er-Jahren hat sie eine Erinnerungskultur geschaffen, die in der Welt einzigartig ist. Ihre Botschaft – wir haben gefehlt, und das vergessen wir nicht – ist in der politischen Kultur unseres Landes verankert. Eine solche Erinnerungskultur ist viel wert, sehr viel sogar, gerade wenn man die Situation mit anderen Ländern vergleicht, in denen ebenfalls gravierende Verbrechen gegen die Menschlichkeit begangen wurden. Eine Erinnerungskultur setzt Zeichen. Sie ruft auf Ähnliches, wie in der Vergangenheit geschehen, niemals wieder zuzulassen. Doch sie ist noch in der Abwehr gefangen. Ihr Impetus richtet sich *gegen* das Unmenschliche. Es ist *keine Bewegung hin zu dem*, wofür die Auseinandersetzung mit der Vergangenheit befreien sollte. Erinnerungskultur bewahrt vor Vergessen. Doch sie befreit noch nicht zur Verantwortung in Freiheit. Stattdessen überwiegt die Furcht, erneut Macht zu missbrauchen.

Die Gefahr, die mit solcher Furcht vor Größe einhergeht: Sie liefert die Legitimation, die eigene Macht zu leugnen, zu verkleinern oder herunterzuspielen. Man nimmt für sich das Recht in Anspruch, sich um sich selbst zu drehen, und übersieht dabei die Wirkung des eigenen Tuns auf andere. So rückt auch die Wirkung, die Deutschland als ökonomische Großmacht und stärkste Macht in Europa für das Wohlergehen der Menschen in der Europäischen Union und weit darüber hinaus besitzt, nicht wirklich ins öffentliche Bewusstsein. Der Boden wird bereitet für eine neue Art des Hochmuts und des Sich-über-andere-Erhebens. In diesem Sinne warnte Altbundeskanzler Helmut Schmidt in der Finanzkrise vor einem »nationalegoistischen Versagen« und einem zu starken Selbstbewusstsein des wirtschaftlich starken Deutschland.[4] Und der Journalist Harald Schumann kritisiert im Tagesspiegel den deutschen Irrweg in der Eurokrise, indem er fachkundig Angela Merkel und Wolfgang Schäuble einen »Wirtschaftsnationalismus« wie zu Vorkriegszeiten vorwirft – mit verheerenden Folgen für andere Staaten in Europa[5]. Die Herrscherattitüde kehrt als belehrender Zeigefinger zurück, der anderen zeigen will, wie sie sich zu verhalten haben.

Was fehlt, ist eine aufgeklärte Selbstermächtigung, die nach angemessenen Antworten sucht auf die faktisch ausgeübte Macht. Der Gebrauch der eigenen Macht bleibt tendenziell unbewusst und blind. Macht – eine unverzichtbare Größe in der Gestaltung der gesellschaftlichen Verhältnisse und des Zusammenlebens – verliert damit an Möglichkeiten, dem Leben in einer gefährdeten Gegenwart nach innen wie nach außen zu dienen. Die Chance Deutschlands, mit seiner Macht einen wichtigen, in manchen Bereichen entscheidenden Beitrag zu leisten, um die Menschheit aus einer selbst geschaffenen Gefährdung herauszuführen, wird nicht voll genutzt, weil die Heilung im Inneren nicht vollzogen wurde.

Noch eine weitere Gruppe von Menschen in Deutschland zeigt, wie wichtig es für uns Deutsche ist, sich dem schwierigen kollektiven Vermächtnis im Umgang mit Macht zu stellen: Es

4 Sirleschtov: Schmidt warnt vor deutscher Kraftmalerei, PNN, 5.12.2012
5 Schumann: Der deutsche Irrweg, *Der Tagesspiegel,* 14.4.2013

sind die Neonazis, deren Anzahl in erschreckender Weise zunimmt und deren Einfluss in einzelnen östlichen Gebieten Deutschlands (aber keineswegs nur dort) unübersehbar geworden ist. Diese Tatsache ist erst nach dem Auffliegen der Zwickauer Terrorzelle allmählich im öffentlichen Bewusstsein angekommen.[6] Diese Unverbesserlichen und Unbelehrbaren setzen eine unheilvolle Tradition fort, die bereits einen wichtigen Nährboden für den Nationalsozialismus bildete: das Gefühl, zu kurz zu kommen, missachtet zu sein, die eigene Würde nicht respektiert zu finden. Statt sich solche Minderwertigkeitsgefühle, die besonders in den ostdeutschen Bundesländern einen relevanten gesellschaftlichen Boden finden, einzugestehen, statt sich den eigenen Ohnmachtsgefühlen zu stellen, wird mit aller Vehemenz der Griff nach der Macht gesucht. Die Opferdynamik verwandelt sich in eine Täterdynamik, die sich der Großmachtsparolen aller Art bedient und mit Wut und Aggression die eigenen Forderungen durchsetzen will, um das reduzierte Selbstwertgefühl zu kompensieren. Größenwahn, der aus einem reduzierten Selbstwertgefühl gespeist wird, wird national aufgeladen und in altbekannte Ansprüche auf Herrschaft und Gefolgschaft übersetzt, von denen sich die Aufgeklärten im Lande mit Grausen abwenden.

Ob wir es also wollen oder nicht, es gibt gute Gründe, sich kollektiv und individuell dem eigenen Verhältnis zur Macht zu stellen – sei es, um unsere Aufgabe in der Welt angemessener wahrnehmen zu können, sei es, um im Inneren Schlimmes zu verhindern. Eine solche Aufgabe enthält eine Aufforderung, sich mit dem Unbewussten auseinanderzusetzen, sowohl mit dem biografischen als auch mit dem kollektiven Unbewussten.

6 Siehe dazu der Bericht über Bernd Wagner, der seit Jahrzehnten die deutsche Neonaziszene beobachtet und feststellt, dass ihm die Sicherheitsbehörden nicht glauben, wozu die Szene fähig ist: Vgl. Hampel: Kenne deine Gegner!, *PNN*, 6.2.2012

# Der Schatten wird sichtbar: Sechs Momentaufnahmen

Es ist das Jahr 1992. Die Sommerolympiade wird feierlich eröffnet. Spannung und Begeisterung liegen in der Luft. Schüler und Schülerinnen des United World College in Swasiland/Afrika verfolgen am Fernseher den Einmarsch der Nationen. Aus rund fünfzig Ländern stammen die Jugendlichen, die an diesem College studieren. Sie alle finden sich in dem Eröffnungsspektakel wieder und jubeln ihren Landsleuten begeistert zu. Nur einmal breitet sich betretene Stille im Raum aus. Es ist, als die deutschen Athleten und Athletinnen das Stadion betreten.

Wir haben das Jahr 2006. »Die Welt zu Gast bei Freunden« lautet der Slogan der Fußball-Weltmeisterschaft. Die Welt lernt ein neues Gesicht von Deutschland kennen: Die Menschen feiern ausgelassen, schwingen deutsche Fahnen, hängen sie aus den Fenstern, fahren sie im Auto spazieren, kleiden, tätowieren und schminken sich ungehemmt in Schwarz-Rot-Gold und geben ihrer Freude überschwänglich während des Public Viewing Ausdruck. Die Deutschen sind Gastgeber, die verlieren können, sich mit den Siegern freuen und die Welt mit ihrer strahlenden Fröhlichkeit begeistern. Ein »Sommermärchen« beglückt Gastgeber und Gäste.

November des Jahres 2011. Im sächsischen Zwickau geht ein Haus in Flammen auf. Nach kurzer Zeit wird bekannt, dass eine rechtsextremistische Gruppierung, die sogenannte Zwickauer Terrorzelle, auch »Nationalsozialistischer Untergrund – NSU« genannt, dort ihr Zentrum hatte. Zwei der drei Mitglieder sind tot, die dritte, Beate Zschäpe, wird verhaftet. Nach und nach kommt heraus, dass die Gruppe im Laufe der letzten Jahre, von Polizei und Verfassungsschutz unbemerkt, eine Mordserie begangen hat, deren Opfer vor allem Menschen mit Migrationshintergrund (vorwiegend türkisch-islamisch) waren. Mit nationalem, nationalsozialistischem Gestus wird das Deutschtum verherrlicht und Legitimität für das Töten von ausländischen Bürgern beansprucht.[7] In den nachfolgenden Wochen und Monaten werden immer mehr Einzelheiten bekannt, die zeigen, dass sich die NSU auf ein Netz von Sympathisanten stützen konnte, bei dem zu vermuten ist, dass es bis in den Verfassungsschutz hineinragte. Immer deutlicher wird, dass unser Land das Wiedererstarken rechtsextremistischen Gedankenguts in einer Weise übersehen hat, die unser Zusammenleben und die demokratische Substanz gefährdet.

Es ist das Jahr 2012. Die Euro-Krise greift um sich. Die deutsche Bundeskanzlerin Angela Merkel beherrscht die europäische Bühne mit einem Sparkurs und einer Fiskalpolitik nach deutschem Beispiel. Vor diesem Hintergrund werden Griechenland strenge Maßnahmen diktiert, die vor allem die Bezieher kleiner und mittlerer Einkommen treffen. Eine Erholung der griechischen Ökonomie ist jedoch nicht in Sicht. Es fehlen die entsprechenden Infrastrukturen und industriellen Produktionsmittel, um aus der Krise herauszukommen. Während die kleinen Leute in Griechenland ausbluten, zieht man an deutschen Stammtischen mit erhobenem Zeigefinger über die griechischen Nachbarn her. Deutsche, deren Land mehr als jedes andere europäische Land von der Eurozone profitiert hat, fühlen sich ausgenutzt. In Griechenland gehen die Menschen in wütenden Protesten auf die Straße; die deutsche Kanzlerin wird als Diktatorin mit Nazisymbolen gezeigt. Man fühlt sich in der nationalen Würde verletzt, und Deutschen schlägt in Griechenland alles entgegen – von Ablehnung bis hin zu Hass.

Im März 2013. Das ZDF strahlt eine dreiteilige Sendereihe mit dem Titel »Unsere Mütter, unsere Väter« aus. Sie zeigt die

7 Vgl. den Propagandafilm der NSU, der in den Trümmern gefunden wurde: http://www.spiegel.tv/#/filme/neues-nsu-video/

Lebensrealität von fünf jungen Erwachsenen unter dem Nationalsozialismus, einer von ihnen jüdischer Herkunft. Jeder verstrickt sich in Schuld, wird Täter und Opfer. Die Überlebenden enden unter der Last des Gewissens und des Erfahrenen im Schweigen. Die Einschaltquoten für die Sendereihe sind exorbitant, sie steigen am dritten Abend auf annähernd 25 Prozent oder 7,63 Millionen.[8] Die Nation diskutiert, die Feuilletons sind voll davon. Es bewegt sich etwas in Deutschland. Tabuisierte Schichten des Bewusstseins brechen erneut auf. Es wird geredet.

Wir haben April 2013. Der erfolgreiche US-amerikanische Investor George Soros hält im Center for Financial Studies der Goethe-Universität in Frankfurt am Main einen Vortrag, in dem er in eindringlichen Worten Deutschland den Spiegel vorhält. Kanzlerin Merkel verfolge eine Fiskalpolitik, die nicht nur in Ländern wie Griechenland und Italien politische Verwerfungen hervorrufe, sondern Menschen ins Elend treibe und den Zusammenhalt des großartigen Friedensprojekts der Europäischen Union mit unabsehbaren Folgen gefährde. Ob Deutschland dies wolle oder nicht, es sitze am Lenker und müsse seine Verantwortung wahrnehmen. Eine Lösung der Krise hänge davon ab, dass Deutschland seine Haltung grundlegend korrigiere.[9]

Wo stehen wir heute in Deutschland, fast siebzig Jahre, nachdem die Alliierten den Zusammenbruch des »Tausendjährigen Reiches« besiegelten? Wie ist es um die Schattenkräfte im individuellen und kollektiven Unbewussten bestellt? Wie bereit sind wir, als Menschen in Deutschland individuell und als Deutschland in Europa und in der Welt, verantwortlich mit unserer Macht umzugehen?

---

8 Vgl. http://de.wikipedia.org/wiki/Unsere_Mütter,_unsere_Väter

9 Vgl. Soros: Wie man die Europäische Union vor der Eurokrise retten kann. Vortrag vom 9. April 2013, gehalten im Center for Financial Studies der Goethe-Univ. in Frankfurt/Main, *FAZ*, 12.4.2013

# Der kollektive Schatten

Bereits in den 1960er-Jahren hielten Alexander und Margarete Mitscherlich der deutschen Öffentlichkeit einen beeindruckend klaren Spiegel vor: Sie konstatierten eine Gesellschaft, deren Mitglieder unfähig sind zu trauern (Mitscherlich/Mitscherlich 2007). Statt sich den Geschehnissen, die in das »Tausendjährige Reich« geführt und dessen Vernichtungsmaschinerie in Gang gehalten hatten, zu stellen, Verantwortung zu übernehmen und über das Schuldhafte ebenso zu trauern wie über das Erlittene, reagierten die Menschen in unserem Land überwiegend mit Verdrängung, Abspaltung, Projektionen und Leugnung. In diesem Sinne beklagten die beiden Psychoanalytiker die Lethargie und Dumpfheit, mit der die bundesrepublikanische Bevölkerung auf existenzielle Herausforderungen reagierte, sowie die Unfähigkeit, Mitgefühl zu entwickeln und das Geschenk der Demokratie libidinös zu besetzen und zu verteidigen.

Zu den gleichen Erkenntnissen kommt die Politikwissenschaftlerin Gesine Schwan in ihrer beeindruckenden Studie zu *Politik und Schuld. Die zerstörerische Macht des Schweigens* (Schwan 1997). Mit Bezug auf die Auschwitzprozesse der 1960er-Jahre, in denen die Frage der Verantwortlichkeit erstmals breite öffentliche Aufmerksamkeit erhielt, ohne dass daraus die erlösende Katharsis eines Eintritts in die Verantwortung und damit ein versöhnender Bewusstseinswandel erwuchs, stellt sie fest, dass es eher zu einem »Bekräftigen des Beschweigens« gekommen sei, »weil nicht deutlich erklärt wurde, dass die Würde der Menschen ohne individuelle Verantwortlichkeit nicht gesichert werden kann«.[10]

Heute, rund ein halbes Jahrhundert nach dem Erscheinen der Studie von Alexander und Margarete Mitscherlich und rund

10 Schwan 1997, 240

fünfzehn Jahre nach Gesine Schwans Werk, wächst das Bewusstsein, dass die Nachwirkungen dieser Prozesse bis in die Gegenwart reichen. Inzwischen mehren sich Untersuchungen über die erste, zweite und dritte Generation der Kinder von Tätern und Opfern,[11] interessanterweise inzwischen auch von Menschen, die in der ehemaligen DDR aufgewachsen sind (Hacker et al. [Hg.] 2012).[12] Wer tiefenpsychologisch arbeitet, kann sich der Einsicht nicht verschließen, dass die Lebensgeschichten vieler Klienten auch heute noch Ausdruck einer seelischen Entwicklung sind, die ihren Ursprung in Kriegserlebnissen, in nicht aufgearbeiteten Konflikten sowie in Schuld- und Schamkomplexen der Eltern- und Großelterngeneration haben, welche diese an die nachfolgenden Generationen weitergaben. Die Aufgabe der Heilung und Transformation bleibt also bestehen.

---

11 Vgl. z. B. Alberti 2010; Baring 2011; Bode 2004, 2009 und 2011; Hondrich/Spranger (Hg.) 2012; van Kampenhout 2008

12 Vgl. auch http://www.dritte-generation-ost.de/3te_generation/index.html

# Der Gang durch den Schatten

Menschliches Leben ist ein Weg zur Erweiterung des Bewusstseins. Wir werden geboren, bringen Gaben und Potenziale mit, machen Erfahrungen, entwickeln Konzepte und Wünsche und erfahren bald, dass wir an unsere eigenen Grenzen und die von anderen stoßen. Wie gehen wir damit um? Rebellieren wir, begehren wir auf, stellen uns tot, passen uns an, verbiegen das eigene Rückgrat, verharren im Blick auf uns selbst und unsere Bedürfnisse, entwickeln Gefühle wie Zorn, Aggression, gar Rache oder Hass? Oder wählen wir einen anderen Weg? Wählen wir den Weg, die eigenen Gaben gegen alle Widerstände zu leben, eigene Fehler und Unzulänglichkeiten zu erkennen, die eigenen Interessen gegen die der anderen abzuwägen, die eigenen Wahrnehmungen vor dem Hintergrund der Wahrnehmung von anderen zu überprüfen, die eigenen Konzepte und Glaubensvorstellungen infrage zu stellen und nach Möglichkeiten zu suchen, wie wir unsere Gaben zum eigenen Wohlergehen und dem von anderen einsetzen und nutzbar machen können? Solche Fragen stellen sich nicht nur für den Einzelnen, sondern auch für Organisationen und Kollektive.

An der Haltung, die wir uns selbst und anderen gegenüber individuell und kollektiv entwickeln, entscheidet sich, ob wir als Individuum, Organisation oder Nation egoistisch und egozentrisch unser »eigenes Ding« machen wollen oder ob wir zu einem friedlichen Miteinander von Menschen, Organisationen, Völkern, Nationen beitragen.

Mit der Entwicklung von Bewusstsein haben sich nicht nur Philosophie, sondern auch Psychologie und spirituelle Traditionen befasst. Die analytischen und tiefenpsychologischen Schulen der Psychologie und Psychotherapie lehren uns, wie wichtig es ist, die Kräfte des Unbewussten zu beachten und einen Weg zu finden, um die Botschaften des Unbewussten zu erkennen und in die Persönlichkeit zu integrieren. Die spirituellen Traditionen, insbesondere die östlichen, lehren uns die Schulung des Geistes und lassen erkennen, dass wir als Menschen die Wahl haben, uns auf unsere niederen Instinkte oder auf unsere höchsten Potenziale auszurichten.

Wenn wir uns mit Gaben und Schattenkräften in Deutschland beschäftigen, ist es wichtig, sich beider Möglichkeiten zu vergewissern, einerseits um die Wirkkräfte der Psyche zu erkennen, andererseits um Handlungsoptionen zu gewinnen. Selbst wenn sich die Argumentationslinie vorwiegend auf das Individuum bezieht, gilt sie auch für die Mesoebene der Organisationen, Verbände und Vereine sowie für die Makroebene, d.h. offene Systeme wie z.B. eine Nation. Der Grund hierfür liegt in der grundlegenden Verwobenheit allen Lebens (alles hängt mit allem zusammen) und in der Tatsache, dass Prozesse und Gegebenheiten des Unbewussten nicht nur im Leben von Individuen, sondern auch im Leben von Organisationen und Nationen eine gewichtige Rolle spielen.

## Kräfte des Unbewussten

Das 19. Jahrhundert bescherte uns das Wissen um die Existenz eines Unbewussten in unserer Psyche. Sigmund Freud, C. G. Jung und Roberto Assagioli gehören zu den wichtigsten Vertretern, die sich mit der Erforschung dieser Dimension unserer Psyche beschäftigten. Sie entdeckten, dass die Seele in Bildern »denkt«, dass sie sich über Träume und Botschaften jenseits des rationalen Verstandes mitteilt und dass das Unbewusste ungeheuer wirkmächtig ist – selbst und gerade dann, wenn wir von dessen Beschaffenheit nichts wissen.

*Sigmund Freud* (1856–1939) versteht unter dem *Unbewussten* vor allem verdrängte oder abgewehrte Kräfte der Psyche, vielfach auch Triebkräfte, die tabuisiert sind. Sie machen den sogenannten Schatten aus, der zur Entwicklung von seelischen Erkrankungen wie Neurosen oder Psychosen beitragen kann. Freud suchte den Zugang zu den unbewussten Kräften vor allem über Träume und deren Bilder. Das Ziel der Psychoanalyse nach Freud besteht darin, erlittene Traumata oder gesellschaftliche Prägungen, die der Psyche schaden, zu heilen, indem die verdrängten oder abgespaltenen Inhalte des Unbewussten dem Bewusstsein (wieder) zugänglich gemacht und integriert werden.

Ergänzend zu Freud prägte *C. G. Jung* (1875–1961) den Begriff des *kollektiven Unbewussten*. Damit zeigte er, dass wir nicht nur ein individuell-biografisches Unbewusstes in uns tragen, sondern auch ein kollektives Unbewusstes, in dem archetypische Menschheitsbilder wie z.B. Animus und Anima, die Archetypen des Männlichen und des Weiblichen, verankert sind. Auch die Inhalte des kollektiven Unbewussten prägen unser Denken, Fühlen und Handeln, meist, ohne dass wir uns dessen bewusst sind. Anders als bei Freud handelt es sich hier aber nicht notwendigerweise um Inhalte, die abgewehrt oder verdrängt werden. Vielmehr gehören sie quasi zu unserer menschheitsgeschichtlichen Ausstattung und bilden in unserer Psyche Inhalte der kollektiven Erfahrung ab.

Der Italiener *Roberto Assagioli* (1888–1974), selbst ein Schüler Freuds und Kollege C. G. Jungs, entwickelte ein Modell des Bewusstseins, das Elemente der Psychoanalyse Freuds und der

Tiefenpsychologie Jungs aufgriff und im sogenannten Ei-Modell des Bewusstseins erweiterte. Als Vertreter einer transpersonalen, d.h. die Dimension des Spirituellen einbeziehenden Psychologie und Psychotherapie, unterschied er zwischen bewusstem Selbst oder Ich sowie zwischen unterschiedlichen Ebenen des Unbewussten und dem Höheren bzw. transpersonalen Selbst.

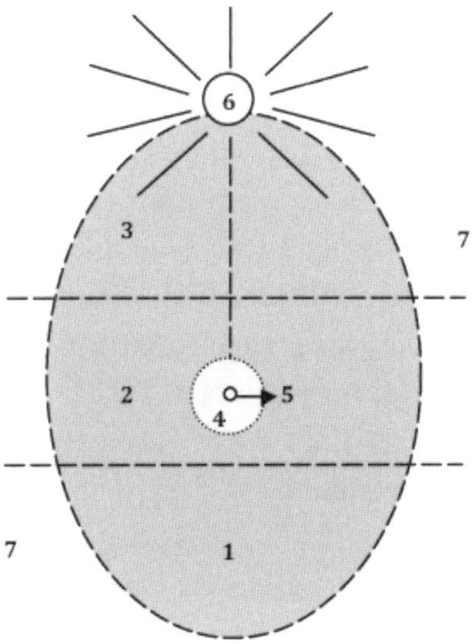


*1. Das tiefere Unbewusste*
*2. Das mittlere Unbewusste*
*3. Das höhere Unbewusste oder Überbewusste*
*4. Das Feld des Bewusstseins*
*5. Das bewusste Selbst oder Ich*
*6. Das transpersonale Selbst*
*7. Das kollektive Unbewusste*

*Abb.1:*
*Das Ei-Modell des Bewusstseins*[13]

## *Feld des Bewusstseins, mittleres und tieferes Unbewusstes*

Im *Feld des Bewusstseins* findet sich alles, was ich mit meinem Wachbewusstsein über mich und die Welt weiß. Es prägt mein Ich-Bewusstsein und bildet die Grundlage meiner Welt- und Selbstwahrnehmung. Dieser Bewusstseinsinhalt ist – verglichen mit dem Raum des Unbewussten – verschwindend klein. Im *mittleren* Unbewussten hingegen finden sich Inhalte, die ein Mensch mit gewisser Leichtigkeit ins Bewusstsein holen kann.

13 Vgl. Assagioli, $^{7}$1994, 22ff.

Mit einiger Konzentration kann ich mich z. B. daran erinnern, wo ich einen Schlüssel verlegt habe oder was ich mir hatte merken wollen, als ich mir einen Knoten ins Taschentuch machte. Im *tieferen Unbewussten* finden sich Vitalkräfte der Persönlichkeit, und zwar zum einen solche, die unbewusst blieben, weil die Lebensumstände sie nicht ans Licht gebracht haben, oder aber solche, die als »gefährlich« erlebt und verdrängt wurden und die sich daher nicht entfalten konnten. Die Psyche »ummantelt« diese Potenziale und entwickelt Überlebensstrategien, mit denen der Mensch meint, ohne Gefahr leben zu können. Wer beispielsweise seine eigene Gestaltungskraft nicht entwickeln durfte, wird vielleicht zur Personifikation des Neides gegenüber anderen. Wer seine Macht unterdrücken musste, wird unter Umständen die Ohnmachtsdynamik ausleben oder zum Rebell/zur Rebellin. Wer sein Sicherheitsbedürfnis missachtet fühlt, wird vielleicht permanent den Kritiker/die Kritikerin ausagieren. Assagioli nennt diese unbewussten Dynamiken in der Persönlichkeit *Teilpersönlichkeiten.* Sie agieren aus dem Unbewussten heraus und der Mensch ist ihnen mehr oder weniger ausgeliefert, solange die dahinter liegenden Emotionen/Gaben/Potenziale abgespalten und verdrängt sind. Hier finden wir also Aspekte des Freud'schen Schattenkonzepts. Erst wenn wir uns den Teilpersönlichkeiten in einer Haltung der Akzeptanz zuwenden, also in der Wahrheit unseres Verhaltens ankommen, können wir die Überlebensstrategie loslassen und uns der dahinterliegenden Gabe bzw. dem Potenzial zuwenden.

### *Das höhere Unbewusste*

Auch im höheren Unbewussten finden sich Aspekte der Persönlichkeit, die noch nie entdeckt oder als bedrohlich erlebt und abgespalten wurden und darum als unbewusste Teilpersönlichkeiten agieren. Doch hier verortet Assagioli Gaben der Persönlichkeit, die die höchsten Ideale und die dem Leben zugewandten Anlagen eines Menschen repräsentieren. Dazu gehören Mitgefühl, Begeisterungsfähigkeit, Einsatzfreude, Achtsamkeit, Respekt, Wertschätzung, Mut, Furchtlosigkeit, Hilfs- und Opferbereitschaft, Gleichmut. Auch sie können abgelehnt oder abgespalten sein, z. B. weil sie im biografischen Umfeld unerwünscht waren und nicht gelebt werden durften oder weil wir traumatische Erfahrungen gemacht haben, wenn wir sie gelebt haben. Dann entwickeln sich wiederum Teilpersönlichkeiten, die versuchen, die verdrängten Inhalte zu verbergen. So kann z.B. die Empathische zur Zynikerin werden, der Begeisterte zum Verstummten, der Menschenfreund zum Menschenverächter. Wie gefährlich einem Menschen die hellen Seiten der Seele erscheinen können, hat niemand deutlicher geäußert als Marianne Williamson in der immer wieder Nelson Mandela zugeschriebenen Äußerung »Es ist unser Licht, nicht unsere Dunkelheit, was uns am meisten schreckt.«[14]

### *Das kollektive Unbewusste*

Das *kollektive Unbewusste* umfasst bei Assagioli mehr als nur die Archetypen. Hier finden sich auch die Glaubenssätze und Annahmen, welche die Kultur, das Umfeld, das Milieu, in denen ein Mensch aufwächst und lebt, prägen. Sie teilen sich unbewusst mit; sie modellieren die Vorstellungen von Menschen und Dingen; sie prägen Menschen- und Weltbild. Dass solche Glaubenssätze existieren, wird oft erst dann erfahren, wenn sie durch äußere Umstände infrage gestellt werden: durch Auslandsreisen, Begegnung mit anderen Kulturen, Milieuwechsel, Lebenskrisen. Solche Erfahrungen fordern dazu auf, das Bewusstsein zu erweitern. Lassen wir sie zu und überprüfen die bisherigen Glaubenssätze, dann erweisen sie sich oft im wahrsten Sinne als Vor-Urteile, ohne dass man sich dessen vorher bewusst gewesen ist.

---

14 »Our deepest fear is not that we are inadequate. Our deepest fear is that we are powerful beyond measure. It is our light, not our darkness that most frightens us.«: Williamson: A return to love, zit. nach: http://www.marianne.com/

## *Das Transpersonale oder Höhere Selbst*

Assagioli ging von der Existenz eines *Höheren Selbst* als der zentralen steuernden Instanz im Menschen aus. Dies macht den transpersonalen Kern seiner Theorie und Therapie aus. Das Höhere Selbst kann man auch als den göttlichen Funken bezeichnen, der jedem Menschen innewohnt, das Licht, von dem die Bibel sagt, dass wir es nicht unter den Scheffel stellen sollen.[15] Solange wir dessen Existenz leugnen, identifizieren wir uns mit dem Ich oder Ego. Wir meinen, selbst das Stück unseres Lebens zu schreiben. Öffnen wir unser Bewusstsein hingegen für die Existenz eines Höheren Selbst, können wir das Ich oder bewusste Selbst unter die Führung dieses Höheren Selbst stellen. Der »transpersonale Wille«, d.h. der Wille, der über unser personales Selbst hinausweist, hilft in diesem Prozess. Assagioli spricht in diesem Zusammenhang davon: »Ich bin ein Zentrum reiner Selbst-Bewusstheit. Ich bin ein Zentrum des Willens, fähig, alle meine psychischen Prozesse und meinen physischen Körper zu beherrschen, sie in bestimmte Richtungen zu lenken und zu gebrauchen.«[16] Damit steht er in der östlichen Tradition der Geistes- und Bewusstseinsschulung, die darauf abzielt, Emotionen wie Hass, Neid, Gier, Eifersucht, Zorn zu transformieren und damit die dem Menschen innewohnende Liebesfähigkeit freizulegen. Gebraucht wird für einen solchen Prozess der Bewusstseinsentwicklung und Bewusstseinstransformation ein spezifischer Wille; Assagioli nennt ihn den »transpersonalen Willen« (Assagioli $^{7}$1994). Im Sinne des christlichen »Herr, dein Wille geschehe« stellt sich der Mensch hier bewusst unter die Führung des Höheren Selbst und öffnet sich für die Einheit und Würde alles Lebendigen. Dies ist die Quelle einer Wertschätzung von sich selbst, von anderen und der natürlichen Mitwelt (Mettler-v. Meibom 2006 und 2008).

15 Mt. 5.14
16 Assagioli, 2004, 152

## »Scham – die tabuisierte Emotion« (Marks)

Auch die Forschungen des Psychotherapeuten Stephan Marks zum Thema Scham als einer tabuisierten Emotion und zum Umgang der Deutschen mit der Menschenwürde (Marks 2007) liefern eine Verständnisbrücke, warum es zu derart massiven Abspaltungen im Unbewussten kommt und warum Menschen sich an Strukturen, Ideologien und Situationen anpassen, die mit ihren Werten und ihrem Gewissen nicht in Übereinstimmung stehen.

Marks unterscheidet zwischen Anpassungsscham, Gruppenscham, empathischer Scham, Intimitätsscham, traumatischer Scham und Gewissensscham. Während sich die *Anpassungsscham* auf die eigene Person richtet (etwa weil ich Frau, Jude, behindert, alt, mittellos oder leistungsschwach bin), richtet sich die *Gruppenscham* auf andere, von denen ich mich vielleicht distanzieren möchte (die Frauen, die Juden, die Behinderten, die Alten, die Mittellosen, die Leistungsschwachen). Gelingt es den politisch Herrschenden, eine bestimmte Gruppe der Gesellschaft zu stigmatisieren und mit Scham zu belegen (so z.B. im Nationalsozialismus Juden, Sinti und Roma, Behinderte, Homosexuelle…), dann sorgt die Gruppenscham dafür, dass Menschen sich von dieser Gruppe zu distanzieren suchen, um nicht in den Sog des sich Schämens zu gelangen. Die *empathische Scham* kann sich einstellen, wenn wir Zeuge der Beschämung eines anderen werden[17], und *Gewissensscham* entsteht nach Marks, wenn wir nicht in Übereinstimmung mit unserem Gewissen gehandelt haben. Sie hat die Aufgabe, die eigene Integrität zu schützen.[18] Im Unterschied zu diesen Arten der Scham geht die *traumatische Scham* auf ein psychisches Trauma zurück (z.B. durch Vergewal-

17 Marks 2007, 27
18 Vgl. a. a. O., 33ff.

tigung oder Verletzungen der Würde) und wird als so bedrohlich erlebt, dass die traumatisierten Personen »sich nirgends mehr, auch nicht im eigenen Körper zu Hause fühlen. Sie sind erniedrigt und sich selbst entfremdet. Durch die erfahrene Traumatisierung wurde ihr Selbstgefühl zerstört und ihr Identitätsgefühl fragmentiert.«[19]

Die unterschiedlichen Arten von Scham lösen verschiedene Dynamiken aus. Während Gruppen-, Anpassungs- und traumatische Scham Menschen dazu verleiten können, gegen die eigene Würde und die anderer zu verstoßen, helfen – wie Marks betont – die Gewissens- und die empathische Scham, sich selbst treu zu bleiben. Sie aktivieren im Menschen Widerstandskräfte, die davor bewahren, das »eigene Rückgrat zu brechen«. Mitmenschlichkeit und die Achtung der Würde des Menschen haben also auf das Intensivste damit zu tun, wie wir mit »Scham, dem verbotenen Gefühl« (Marks 2007) umgehen. Dass Machthaber die Gruppen- und Anpassungsscham nutzen, um sich Menschen gefügig zu machen, versteht sich von selbst ebenso wie die Tatsache, dass die Einladung zur Denunziation dabei eine wichtige Rolle spielt (vgl. Diewald-Kermann 2000; Schubert $^{3}$1990; Stieglitz 2013).

Scham, die als bedrohlich für die eigene Sicherheit und Identität erlebt wird, lässt sich auf vielfältige Weise abwehren. Unterschieden werden kann zwischen den drei psychologischen Grundmustern: Totstellen, Angriff, Flucht, neben die Marks als vierte Möglichkeit noch die Projektion stellt, bei der die eigenen Gefühle auf andere verlagert und dort bekämpft werden. In diesem Sinne listet er auf: *Verstecken* (Maske entwickeln, sich einigeln, emotional erstarren), *Angreifen* (Beschämen, Verachten, Zynismus, Negativismus, Schamlosigkeit, Arroganz, Groll, Neid, Ressentiment, Trotz, Zorn, Wut, Gewalt, Wiederherstellen

19 a. a. O., 31

der verlorenen Ehre), *Fliehen* (Größenfantasien, Idealisierung, Perfektionismus, Schwerverständlichkeit, Rätselhaftigkeit, Sucht und *Projektion*).[20]

Die Schamdynamik war bei Entstehung, Existenz und Nachwirkungen des Nationalsozialismus ungeheuer virulent (Marks 1997). Sie hat nicht nur dazu beigetragen, dass Größenfantasien vom Herrenmenschentum entwickelt wurden, um die als nationale Schmach erlebte Beschämung des verlorenen Krieges nicht mehr zu fühlen und die eigene Identität wieder aufzubauen, sie hat auch als Anpassungs- und Gruppenscham den Boden bereitet für Mitläufertum und Mittätertum. Und als traumatische Scham hat sie sowohl das Leben von Millionen Verfolgten des Naziregimes beschädigt wie auch das Leben von Millionen Deutschen, die Vertreibung, Vergewaltigung und Zerstörung an Leib, Leben und Beziehungen erleben mussten.

Offen bleibt die Frage, was Menschen früher und heute dazu befähigt, Gewissensscham und empathische Scham zu fühlen und aus diesem Gefühl heraus für die Würde des Menschen auch in verbrecherischen oder krisenhaften Zeiten einzutreten. Wo dies nicht gelingt, finden Abspaltungsprozesse ins Unbewusste statt, die – um es in der Sprache der Psychosynthese zu formulieren – als nicht kontrollierbare Teilpersönlichkeiten die verdrängten Gefühle ausagieren, ohne dass diese Menschen in der Lage sind, ihre eigenen Emotionen, Gedanken und Verhaltensweisen in eine konstruktive Richtung zu lenken. Spuren dieser Dynamiken lassen sich gestern wie heute auf den verschiedensten Ebenen finden. Wie dies in der NS-Zeit aussah, darauf werde ich später eingehen. Heute erleben wir Beschämung und Schamabwehr z.B. bei medialem Bashing und Hetzen, egal, ob es sich um den zu Recht in die Kritik geratenen Bundespräsidenten a.D. Christian Wulff oder um einen Teenager handelt, der von den Mitschülern

20 Vgl. a. a. O., 71ff.

und -schülerinnen medial gemobbt wird. Sie spielen eine Rolle bei der systemischen Entlastung für nicht eingestandenen Antisemitismus, wenn man ihn auf bestimmte Personengruppen wie z.B. Rechtsradikale projiziert; sie machen sich aber auch bemerkbar in der Schamabwehr als »reiche Deutsche« gegenüber dem »armen Süden«, wenn auf dieser Grundlage ökonomische Mechanismen des ungleichen Tauschs legitimiert werden.

## Identität, Ohnmachts-Allmachts-Komplex

Identität und Selbstwertgefühl hängen auf das Engste zusammen. Als Menschen brauchen wir ein Selbstwertgefühl, das sich in der Regel rund um das konstituiert, was wir als Identität erleben. Identität ist in diesem Sinne eine in Interaktionen und durch Erfahrungen gewonnene Vorstellung von uns selbst. Sie ist nicht starr, sondern entwickelt sich im Laufe des Lebens. Sie entsteht durch die Identifikation mit Werten, Erfahrungen und Glaubensvorstellungen, durch die Interaktion mit Personen, Gruppen, Institutionen, durch Zugehörigkeit zu Menschen, Organisationen, Ethnien, Religionen, Glaubensgemeinschaften und Nationen. Identität, so sie nicht starr ist, sondern eine flexible Antwort des Individuums auf menschliche und gesellschaftliche Anforderungen darstellt, verschafft Sicherheit, Zugehörigkeit, Einbindung. Gelingt eine gute Identitätsbildung, so kann sich der Mensch in seiner Identität als einzigartig erleben und zugleich als zugehörig begreifen und daraus Sicherheit gewinnen. In diesem Sinne ist die Entwicklung und Weiterentwicklung von Identität eine wesentliche Voraussetzung psychischer Gesundheit und sozialen Wohlergehens.

Kommt es zu Störungen in der Identitätsbildung, z.B. durch Erfahrungen der Entwertung, Scham, Isolierung, Verletzung der eigenen Würde oder der körperlichen Unversehrtheit, so kann es passieren, dass der Mensch aus »seiner Mitte geworfen« wird und den Bezug zu sich selbst, zur Beziehungsfähigkeit und zur Selbstverantwortung einbüßt. Eine Reifung der Persönlichkeit stellt sich erst dann ein, wenn die Identitätsbrüche verarbeitet werden – sei es durch psychische Integration, sei es, weil die betroffene Person Zugang zu der transpersonalen Kraft findet, welche die Psychosynthese das Höhere Selbst nennt und das Christentum das »Licht, das wir nicht unter den Scheffel stellen sollen«. Geschieht eine solche transpersonale Öffnung hinein in einen geistigen Raum, der über den Menschen hinausweist, so kann sich das spirituelle Wissen darum entfalten, dass die Identität jedes Menschen letztlich in der Essenz, im Urgrund, in der Quelle gründet. Der Mensch ahnt dann, dass das einzig Beständige der Wandel ist. Er befreit sich zunehmend von dem letztlich unmöglichen Versuch, Identität durch Zugehörigkeit zu etwas zu entwickeln, was ohnehin ständig im Fluss ist (Stiegler 2005). Als reife Persönlichkeiten erleben wir deswegen Menschen, die in diesem Prozess der Persönlichkeitsentwicklung die Relativität aller Selbstkonzepte entdeckt haben und sich allmählich von dem Zwang zur Identitätsbildung befreien konnten.

Ein schwaches Selbstwertgefühl hingegen geht einher mit einem anhaltend hohen Bedürfnis, den eigenen Selbstwert zu stabilisieren. Dies macht besonders anfällig dafür, sich eine für wichtig erachtete Identität zuzulegen, um sich selbst Sicherheit und Stabilität zu verschaffen. Dabei gibt es eine Psychodynamik, die für unser Thema von besonderem Interesse ist: die Ohnmachts- Allmachts-Dynamik (Richter 1979). Menschen, die ihre Identität als beeinträchtigt oder bedroht erleben, neigen dazu, entweder in die Ohnmachts- oder die Allmachtsrolle abzudriften. In der *Ohnmachtsrolle* wählt der Mensch Wege der Flucht oder des Sich-Totstellens, aber auch des Idealisierens anderer, der Aufopferung und der Selbstausbeutung und versucht damit Scham abzuwehren. Die (All-)Machtsrolle wählen hingegen diejenigen, die Scham und Ohnmachtsgefühle vermeiden wollen, indem sie sich über andere erheben und diese Selbstüberhöhung je nach Disposition in unterschiedlichen Graden von Aggressivität anderen gegenüber ausleben: Verachtung, Ächtung, Beschämung, Wut, Hass, Gewalt, Vernichtung. Sämtliche Gefühle der Erniedrigung werden auf andere verschoben, und diese anderen werden dann bekämpft, um »der eigenen Ehre willen«, der »eigenen Sicherheit willen«, des »eigenen Überlebens willen«. Solche Selbstüberhöhung basiert in starkem Maße auf Freund-Feind-Denken und hat letztlich vor allem eine Funktion: die Sicherung der eigenen Identität und damit des eigenen Selbstwerts.

Dieser Ohnmachts-Allmachts-Komplex ist überall und auf allen Ebenen am Werk – intrapersonal, interpersonal, zwischen Gruppen, zwischen Organisationen, zwischen Nationen. Wir begegnen ihm im Rosenkrieg zwischen Beziehungspartnern, in den »Kriegen« von Wirtschaftsakteuren, in der Interaktion zwischen Terroristen und ihren Opfern, in den blutigen Spuren der Rasseideologie der Nationalsozialisten. Auch in der Rhetorik eines George W. Bush sind sie zu erkennen, der die amerikanische Kriegführung gegen den Irak mit der »Achse des Bösen« begründete. Wo der Ohnmachts-Allmachts-Komplex gelebt wird, fehlt die Möglichkeit einer Partnerschaft auf Augenhöhe. Je virulenter dieser Komplex wirkt, desto bedrohlicher können seine Folgen für Menschen, Gruppen, Organisationen und ganze Kollektive sein.

## Identität und Traumata

Traumata sind eine besondere Art von Identitätsstörung. Sie verursachen so schwerwiegende Störungen des seelischen Haushalts, dass Menschen, Organisationen, Kollektive darauf mit einer Zersplitterung ihrer Identität reagieren und *unbewusst*

Wege suchen, den eigenen Selbstwert neu zu stabilisieren. Je schwerer das Trauma, je tiefer die Verletzung, je mehr sie Kernelemente der Identität betreffen, desto größer ist in der Regel das Bedürfnis, die als bedrohlich erlebten Erfahrungs- und Bewusstseinsinhalte und Gefühle »wegzusperren«, durch Dissoziation, Abspaltung, Verdrängung, Projektion, Regression ... Diese Abspaltungsprozesse können so weit gehen, dass das traumatisierende Erlebnis dem erinnernden Bewusstsein völlig entzogen wird. Wird es (re-)aktiviert, ohne dass die Psyche darauf vorbereitet ist, kann es zu einer Re-Traumatisierung kommen, weil die Psyche mit Informationen überschwemmt wird, für die keine Bewältigungsstrategien zur Verfügung stehen. Traumatherapien arbeiten deswegen zunächst daran, das Ich zu stabilisieren und die Identität zu stärken, bevor sie einen Durchgang durch Schattenkräfte des Unbewussten wagen. Die Zeit muss reif sein, um sich dem zu stellen, was die Psyche nicht wahrhaben will. Solange dies nicht der Fall ist, wird der Weg zur posttraumatischen Reifung nur schwer gefunden. Von einer posttraumatischen Reifung sprechen wir, wenn in einem schmerzhaften Prozess die ins Unbewusste abgespaltenen Inhalte dem Bewusstsein zur Verfügung stehen und es gelingt, eine kohärente Identität herzustellen, in der die einst verdrängten Schattenanteile erkannt, angenommen und im besten Falle transformiert worden sind.

Solche Transformationsnotwendigkeiten und -möglichkeiten gibt es sowohl für Individuen als auch für ganze Kollektive wie das deutsche und das israelische. Am Beispiel Israels wird dies besonders deutlich. Die heutigen Spannungen zwischen Palästinensern und Israelis haben ihren Ursprung sowohl in der Weltpolitik (Holocaust, englische Kolonialpolitik, Zionismus) als auch in jahrhundertelangen traumatisierenden Alltagserfahrungen von Juden in aller Welt und zuletzt besonders in Deutschland. Diese Erfahrungen wiederum übersetzen sich bei jüdischen

Israelis in Angst, Paranoia und politische und gesellschaftliche Sicherungsstrategien, die zu Prozessen der gravierenden Entwertung und Ausgrenzung von Palästinensern im Alltag, in Organisationen, in der Politik, in Familien, auf Straßen, an Grenzübergängen, in Kliniken, Behörden, Parteien, im Parlament, in der Regierung führen. Dies wiederum destabilisiert die Sicherheit Israels und gefährdet den Frieden im Nahen Osten und nicht nur dort. Frieden in Israel und mit seinen Nachbarn verlangt in diesem Sinne eine posttraumatische Reifung.

Letzteres gilt auch für Deutschland. Unbewusstes will und muss bewusst werden, wenn Heilung und Reifung geschehen sollen, individuell wie kollektiv. Ein Bewusstwerden von kollektiven Schattenanteilen im »deutschen Sozialcharakter« (Fromm) kann daher noch heute Chancen für einen reiferen Umgang mit Macht eröffnen. Wenn wir erfolgreich Licht in den Schatten des Unbewussten bringen, dann kann dies einen wichtigen Beitrag leisten zur Heilung seelischer Nöte, zur Versöhnung mit sich und anderen, zur Humanisierung nach innen und außen und zur Aktivierung von dringend benötigten Potenzialen, um den heutigen Herausforderungen in unserem Zusammenleben angemessen begegnen zu können. In diesem Sinne ist die breit rezipierte Fernsehserie »Unsere Mütter, unsere Väter«, die im März 2013 vom ZDF ausgestrahlt wurde, ein weiterer wichtiger Schritt, um ins Unbewusste verdrängte Traumata im deutschen Kollektiv bewusst werden zu lassen und Heilungswege zu öffnen.[21]

21 Vgl. http://de.wikipedia.org/wiki/Unsere_Mütter,_unsere_Väter

## Transformation und Versöhnung

Gewalt gegen die Menschlichkeit und geistiger Missbrauch traumatisieren Opfer *und* Täter. Sich diesen Tatsachen zu stellen heißt in keiner Weise, den Opferstatus derjenigen infrage zu stellen, die verfolgt, geschändet und ermordet wurden. Es heißt nur, dass Verbrechen gegen die Menschlichkeit und geistiger Missbrauch auch auf die Täter zurückwirken und diese so zu Opfern ihrer eigenen Taten werden. Aus der Sicht eines spirituellen Einheitsbewusstseins ist dies eine Selbstverständlichkeit, wird hier doch alles Leben als Ausdruck des Einen begriffen. Doch auch aus psychologischer Sicht bestätigt sich die Verschränkung von Täter und Opfer dadurch, dass jede Handlung, die wir ausüben, auf unsere Psyche zurückwirkt. Das gilt nicht nur für gute Handlungen, sondern auch für Handlungen in böser oder verbrecherischer Absicht. Schaden wir anderen, so schaden wir seelisch-geistig uns selbst. Auch in soziologischer Hinsicht sind die Täter zugleich Opfer. Sie sind nicht zuletzt Getriebene ihrer bewussten oder unbewussten Angst, selbst zum Opfer zu werden. So wuchs die Enkelin des Hauptangeklagten im Auschwitz-Prozess, Robert Mulka, in der Überzeugung auf, der Großvater sei zu Unrecht im Gefängnis, denn hätte er sich anders verhalten, sei er selbst an die Wand gestellt worden (vgl. Pohl in Teil 3). Nimmt man schließlich das deutsche Kollektiv als Ganzes in den Blick, so wurde das Tätervolk auf unzähligen Ebenen auch selbst zum Opfervolk, durch Zerstörung an Leib und Leben, durch zerstörte Beziehungen, durch Verlust materieller Güter, durch Verlust von Heimat und Zugehörigkeit, durch eine kollektiv und individuell erlebte Schuld und Scham, durch ein anhaltend fragmentiertes nationales Selbstwertgefühl.

Bewältigungsstrategien im Umgang mit solchen traumatisierenden Erfahrungen wirken heilend, wenn aus der Erfahrung gelernt wird, oder sie verstetigen verhängnisvolle unbewusste

Dynamiken, wenn die Erfahrungen abgespalten und ins Unbewusste verbannt werden. Geschieht Letzteres, so ist die Gefahr einer Wiederholung vorprogrammiert. Jedes Trauma – so schrecklich es auch sein mag – birgt aber auch Chancen in sich. Ein Trauma kann die Pforte zu *Reifung und Weisheit* sein, wenn die Ursachen und Dynamiken in der Tiefe des Denkens und Fühlens erkannt und verstanden werden, wenn das Geschehene als Wirklichkeit akzeptiert und dafür Verantwortung übernommen wird. Dann entwickelt sich die Vision einer humaneren Zukunft, Verzeihen und Versöhnung werden möglich, und Energien werden frei, um sich und anderen mit mehr Achtsamkeit und Respekt zu begegnen.

Ein Trauma wirkt umso nachhaltiger und ist umso schwerer aufzulösen, je mehr der innerste Kern und damit die Grundfesten des Selbst berührt wurden. Der Kern jedes Menschen ist die Liebeskraft und Liebesfähigkeit. Kinder kommen als Liebende in die Welt und stecken damit andere an. An ihnen können wir erleben, was verletzte Liebeskraft und Herzensbruch bewirken. Solange das Ich nicht gefestigt ist, sind wir besonders verletzbar, wenn wir lieben. Doch auch wenn Erwachsene sich begeistern, wenn die Seele sich erhebt und sich aufschwingt und daraus Sicherheit, Halt und Identität gewinnt, geht es um den innersten Kern, um das, was dem Leben Sinn gibt. Findet hier eine Verletzung statt – und dies ist in Deutschland, wie noch zu zeigen sein wird, geschehen –, so findet eine traumatisierende Kernverletzung statt. Sie entstand, weil die Ideale des »Tausendjährigen Reiches« sich letztlich als trügerisch und inhuman erwiesen haben und weil die eigene Liebeskraft (aus eigenem oder fremdem Verschulden) manipuliert, ausgebeutet und auf menschenverachtende zerstörerische Ziele gelenkt wurde. Geschieht solche Kernverletzung, dann ist die Identität von Grund auf infrage gestellt. Tiefgreifende Unsicherheit und langwierige Identitätskrisen sind die Folge. Doch dies muss nicht die letzte Stufe sein. Wo immer es zu einer Kernverletzung gekommen ist, besteht auch die Chance zu einer Transformation vom Kern her. Es kann ein Weg *von der Kernverletzung zur Kernkompetenz.*[22] sein. Kernkompetenz ist eine durch Erfahrung entwickelte gereifte genuine Kompetenz. Sie basiert auf Integration, nicht auf Abspaltung.

Roberto Assagiolis Konzept des Unbewussten, der Teilpersönlichkeiten und des Willens ist aus meiner Sicht besonders fruchtbar, wenn man sich mit Entstehung, Existenz, Nachwirken und Überwinden der Schattenkräfte auseinandersetzt, die im Nationalsozialismus aktiviert wurden. Sein Konzept der personalen und transpersonalen Psychosynthese hilft, nicht in Schuld und Scham stecken zu bleiben, sondern den Blick auf die eigenen Gaben und Möglichkeiten zu richten. Assagioli geht davon aus, dass selbst problematische Persönlichkeitsdynamiken ein Hinweis auf verborgene Potenziale oder Gaben sein können. Teilpersönlichkeiten entwickeln sich, wenn eine Gabe nicht gelebt werden durfte, weil sie Angst erzeugte. Also hat der Mensch die Gabe versteckt und, statt sie auszuleben, *Überlebensstrategien* entwickelt, die unter Umständen das genaue Gegenteil der Gabe zum Ausdruck bringen. Das bedeutet, dass sich hinter zutiefst inhumanen Verhaltensweisen höchst humane Gaben verbergen können. Hinter Zynismus kann sich Idealismus verbergen, hinter Aggression Mitgefühl, hinter Gewalt Durchsetzungsfähigkeit – je nachdem, was ein Mensch als Überlebensstrategie gewählt hat und womit er glaubte, Liebe, Achtung, Zugehörigkeit oder Status erringen zu können.[23]

---

22 So lautet der Titel eines Seminars, das von der Zen-Meisterin Pia Gyger entwickelt und regelmäßig am Lassalle-Institut in der Schweiz durchgeführt wird: Vgl. http://www.lassalle-institut.org/angebote/seminare-fuer-fuehrungskraefte/lebenswelten/kernverletzung/

23 Die Zen-Meisterin Anna Gamma weist darauf hin, dass die im deutschen Kollektiv anzutreffende Gabe der Durchsetzungs- und Leistungsfähigkeit, wenn sie nicht gelebt werden darf, zu unbewusster Aggression mutiere (vgl. Gamma Teil 3).

Die unbewusste Dynamik von Teilpersönlichkeiten führt dazu, dass wir diesen vielfach hilflos gegenüberstehen. Ohne ein Bewusstsein für die abgespaltenen Gaben agieren wir unbewusst Überlebensstrategien aus. Transformation im Sinne einer Psychosynthese verläuft nach Assagioli in fünf Stufen: *Erkennen, Verstehen, Akzeptieren, Koordinieren* und *eine neue Synthese herstellen*. Der wichtigste Schritt ist das Akzeptieren der eigenen Schattenkräfte (Teilpersönlichkeiten oder Überlebensstrategien), d.h. das *Ankommen in der Wahrheit dessen, was ist*. Statt das Unerwünschte abzuwehren, komme ich damit in der Wirklichkeit meines Tuns an, selbst wenn dies eine äußerst unangenehme Erfahrung ist. Geschieht dies jedoch in einer Haltung des liebenden Verzeihens mir selbst gegenüber, werde ich frei und kann meine Überlebensstrategien loslassen. Ich kann nun die Angst erzeugenden, verdrängten Potenziale suchen, ebenso wie die Kräfte in meiner Psyche, die mir helfen, diese Potenziale auszubalancieren und damit von ihrer Gefährlichkeit zu befreien.

Ein Beispiel: Wenn ich Angst vor meiner Kraft habe und diese bislang als ohnmächtige oder aggressive Teilpersönlichkeit ausgelebt habe, ist der wichtigste Schritt, mir mit einer mir selbst gegenüber liebevollen Haltung einzugestehen, dass ich in einer Rolle gefangen bin oder diese spiele. Wenn ich nicht mehr gegen diese Wahrheit ankämpfe, kann ich mich meiner verschütteten Kraft zuwenden und in meiner Psyche nach Potenzialen suchen, die mir helfen, Kraft ohne Angst zu leben, z.B. als Demut oder Mitgefühl. Die Synthese auf höherer Ebene ist dann, die eigene Kraft mit Demut und Mitgefühl zu leben. Assagiolis Forschungen sind noch aus einem weiteren Grund für unser Thema relevant. Sein Konzept des Willens und insbesondere des »*transpersonalen Willens*« zeigt, dass jeder Mensch in sich eine Kraft trägt, das eigene Bewusstsein entschieden zu transformieren. Mithilfe des (transpersonalen) Willens kann ich inhumanen Aspekten meines Denkens, Fühlens und Handelns Energie entziehen und sie auf humane Ziele ausrichten. Von alleine geschieht dies nicht; ich brauche dazu meine Willenskraft.

Wo eine Transformation von Schattenkräften in Deutschland gesucht wird, öffnet sich der Raum für Prozesse der individuellen und kollektiven Versöhnung. Solche Transformation und Versöhnung sind bislang nur zum Teil gelungen. Deutschland hat Beispielhaftes in der Entwicklung einer Erinnerungskultur geleistet. Das Mahnmal für die ermordeten Juden in der Nähe des Reichstages steht als herausragendstes Zeichen dafür, dass zumindest die politische Elite bereit war, die Verantwortung in aller Öffentlichkeit zu übernehmen und in Erinnerung zu halten. Doch eine Erinnerungskultur ist noch keine Versöhnungskultur. Sie erkennt die Schuld an, birgt aber auch die Gefahr, in ihr stecken zu bleiben.

Jetzt geht es darum, sich mit dem Schatten zu versöhnen und – im Wissen um die zerstörerischen Kräfte individuell und kollektiv – vermehrt in die posttraumatische Verantwortung hineinzuwachsen. Wir brauchen den Mut, hinzuschauen und zu erkennen, worin die Kernverletzung bestand, warum ein geistiger Missbrauch stattfinden konnte, welche Werte missbraucht wurden, welche Werte lebensfördernd sind und was uns hilft, diese zu leben. Prozesse der bewussten Durchdringung des Gewesenen sind die Grundlage dafür, wertebewusst und gereift aus der Missbrauchserfahrung hervorzutreten und eine demokratische politische Identität zu entwickeln, als deren Kern Gesine Schwan in Anlehnung an die politische Psychologie ein gesichertes Selbstwertgefühl ausmacht.[24] Das vorliegende Buch handelt von dieser Notwendigkeit, durch eine Haltung der Wertschätzung (Mettler-v. Meibom 2006 und 2008) in Deutschland ein gesichertes Selbstwertgefühl zu entwickeln, das auf der Integration der Schattenkräfte im Bewusstsein basiert, und es skizziert Elemente einer

24 Vgl. Schwan 2007, 15

Führungskunst, die als Ausdruck einer posttraumatischen Reifung verstanden werden können. Der Zeitpunkt, sich diesen Themen zu stellen, ist günstig. Die Deutschen, die direkt oder indirekt an den Gräueltaten der Nationalsozialisten mitgewirkt haben, sterben allmählich aus, und die Menschen der zweiten, dritten und vierten Generation sind (damit) freier, sich mit dem Gewesenen und Gewordenen konstruktiv auseinanderzusetzen.

# Auf der Suche nach der deutschen Identität

Damit nähere ich mich der schwierigen Frage: Gibt es so etwas wie eine nationale oder kollektive Identität? Gibt es gemeinsame Vorstellungen, Muster, Erfahrungen, die die Menschen eines Landes prägen und sie von außen als solche erkennbar machen? Falls dies zutreffen sollte, was macht dann – fern aller essenzialistischen Überhöhungen – »die deutsche Identität« aus? Woran erkennt man »die Deutschen«? Oder anders gefragt: Kann man solche Fragen überhaupt noch stellen in Zeiten einer sich rasant globalisierenden Gesellschaft, in der sich die Grenzen zwischen Nationen und Ethnien, zwischen regionalen, nationalen und globalen Zugehörigkeiten aufzulösen scheinen?

Offenbar gibt es nationale Identitäten – immer noch. Wir sprechen ganz selbstverständlich über »die Franzosen«, »die Engländer«, »die Amerikaner« oder »die Japaner«. Natürlich ist dabei viel Vorurteil im Spiel, aber dennoch fiele es uns im Traum nicht ein anzunehmen, Tibeter, Japaner, Deutsche oder Kenianer müssten von den gleichen Erfahrungen und den gleichen Werten geprägt sein. Wir wissen um die Verschiedenheit von Kulturen und Ethnien und so wir gelernt haben, Vielfalt wertzuschätzen, ahnen wir auch, dass jede Nation und die in ihr lebenden Menschen einen ganz eigenen Beitrag zum Ganzen leisten. Doch auch die Wissenschaft kommt zu der Feststellung, dass sich nicht nur individuelle, sondern auch kollektive Identitäten bilden. Der

Kulturwissenschaftler Jan Assmann weist in seinem Buch *Das kulturelle Gedächtnis* darauf hin, dass Erinnerungskulturen nicht zuletzt gepflegt und kodifiziert wurden, um bestimmte Zwecke, beispielsweise ein Gefühl der Zusammengehörigkeit und der kollektiven Identität zu erzeugen (Assmann 2013). Die Nationalsozialisten haben dies auf ihre eigene utilitaristische Weise getan. Nach 1945 hat die ganze Welt, allen voran Israel, zu Recht die deutsche nationale Identität im Lichte der nationalsozialistischen Gräueltaten interpretiert, während gerade in Deutschland eine Identifikation mit der Nation bis heute schnell den »Geruch« des rechten Gedankenguts hat und viele Deutsche nicht zuletzt aus den intellektuellen Milieus eine Identifikation mit ihrer nationalen Zugehörigkeit schlichtweg ablehnen.

Doch die hier wirksam werdenden seelisch-geistigen Kräfte lassen sich weder wegdiskutieren noch abspalten oder auf die ewig Gestrigen projizieren, um sie dort umso heftiger zu bekämpfen. Es sind Wirkkräfte, die sich einerseits in Regeln und Ordnungen niederschlagen, andererseits eine seelisch-geistige Dimension betreffen, die mehr repräsentiert als ein Reisepass oder die Zugehörigkeit zu einer Gesellschaft mit bestimmten Regeln und Ordnungen. Selbst Menschen mit Migrationshintergrund erleben einen für den jeweiligen nationalen Raum oder (Sprach-)Raum typischen Erinnerungs- und Erfahrungsfundus. Wenn hier von Identität die Rede ist, dann geht es um den Referenzrahmen für Zugehörigkeit, Verbundenheit, Heimatgefühl, spezifische Möglichkeiten und Fähigkeiten[25] und um erkennbare

25 Von einer nationalen Seele spricht auch das folgende Zitat: »So wie jedes Individuum ein einzigartiges Wesen ist, hat auch jede Nation eine einzigartige Individualität. Jede Person unterscheidet sich in bestimmten Aspekten von den anderen und ist mit besonderen Merkmalen begabt, die ihre eigenen sind. Gleichermaßen hat auch jede Nation besondere Eigenarten ... Jedes Individuum muss eine Rolle als Teil des Systems spielen. Sein eigenes Karma bzw. früheres Handeln hat einen bestimmten Weg für es festgelegt. Die Geschichte der einzelnen Nationen bewirkt dasselbe. Jede muss eine Rolle spielen, die bereits durch ihre Bestimmung determiniert ist. Jedes Land muss eine bestimmte Botschaft, die seine eigene ist, zur Weltgemeinschaft beitragen.« Sathya Sai Baba, Tagesspruch vom 27. 1. 2011

nationale Stereotype, wie sie z. B. der Bestseller *Die deutsche Seele* von Thea Dorn und Richard Wagner (2011) einem breiten Publikum humorvoll vor Augen führt. In diesem Sinne arbeiten Wolfgang Schmidt-Reinecke und Soleil Lithman in zahlreichen Ländern mit dem auf Sri Aurobindo zurückgehenden Konzept »*The Soul of Nations*«, bei dem es um die Heilung kollektiver nationaler Traumata geht.[26] Und Erhard Busek, Politiker und passionierter Europäer, greift eine Formulierung von Jacques Delors auf, dem ehemaligen französischen Präsidenten der EU-Kommission, und veröffentlicht ein Buch: *Eine Seele für Europa – Aufgaben für einen Kontinent* (2008), eine Idee, auf deren Grundlage sich eine weit gefächerte europäische Initiative entwickelt hat (vgl. Hertling in Teil 3).

Eine nationale Identität kann, insbesondere nach traumatisierenden Erfahrungen fragmentiert, abgespalten oder verdrängt sein; sie kann aber auch ins Bewusstsein gehoben, in Diskursen modelliert und transformiert werden und die Grundlage eines gefestigten Selbstwertgefühls individuell und kollektiv werden. Die Frage, die sich für unser Land daher längerfristig auf dem Hintergrund eines zutiefst beschädigten kollektiven Identitätsbewusstseins stellt, ist, ob die Generationen der Nachgeborenen (in West- und Ostdeutschland) in der Lage sind, eine gereifte nationale Erinnerungs- und Versöhnungskultur und eine darauf aufbauende Identität zu entwickeln, die Ausdruck einer posttraumatischen Reifung ist. Wenngleich ich dieser Frage aus der Sicht eines im Westen unseres Landes lebenden Menschen nachgehe, stellt sie sich genauso und mit noch größerer Intensität den Menschen, die im Osten aufgewachsen sind und zwei aufeinander folgende Unrechtsstaaten erleben mussten.

---

26 Vgl. z.B. http://www.einfach-ja.de/ausgaben/1302/1302_Soul-of-Nations.pdf

# Deutsche Identität zwischen Macht und Ohnmacht

Ein bemerkenswertes Element bisheriger deutscher Identität scheint das problematische Spannungsverhältnis zwischen den Polen Macht und Ohnmacht zu sein. Blickt man auf die deutsche Geschichte, so zeigt sich immer wieder ein Schwanken zwischen übersteigerten Machtansprüchen und ausgeprägten Selbstzweifeln und Ohnmachtsgefühlen. Letztere haben dann nicht selten als Antrieb für erneute übersteigerte Machtansprüche gewirkt. Eine realistische Einschätzung der eigenen Macht und Stärke, eine selbstsichere Behauptung in der Mitte Europas – was die Unterschätzung der eigenen Machtposition ebenso ausschließt wie übersteigerte Machtansprüche – sowie die Fähigkeit zur Partnerschaft auf Augenhöhe mit den Nachbarn, frei von Herrschafts- oder Unterordnungsansprüchen ist in der deutschen Geschichte eher selten zu beobachten. Einige Beispiele sollen dies belegen.

Die Proklamation des Deutschen Reiches fand nach dem für Deutschland siegreich beendeten Deutsch-Französischen Krieg 1870/71 im Jahre 1871 im Spiegelsaal von Versailles statt. Dies war eine triumphierende Geste, mit der die siegreiche emporstrebende Macht in Mitteleuropa den französischen Nachbarn zutiefst demütigen wollte. Sicherlich war es auch eine Antwort auf die Eroberungen deutscher Territorien durch Napoleon zu Beginn des 19. Jahrhunderts. Doch nicht genug mit der demonstrativen Reichsgründung in Versailles: Deutschland als die »verspätete Nation« (Plessner 1974) im Konzert der europäischen Mächte wollte noch mehr. Anfang des 20. Jahrhunderts sollte die wilhelminische Flottenpolitik des deutschen Kaiserreichs dazu beitragen, endlich mit den Engländern und Franzosen auch international gleichzuziehen und ein Stück vom Kuchen der Kolonialreiche zu ergattern. So schaukelten sich vor 1914 die Nationalismen in Europa gegenseitig auf. 1914 zogen die Soldaten in Europa unter dem Jubel der Bevölkerung siegesgewiss in einen Krieg, der nach vier Jahren für Deutschland in einem völligen Desaster endete. Der Kaiser wurde ins Exil geschickt, die deutsche Kapitulation musste von den Militärs im Zug von Compiègne bei Versailles – eine Referenz an die triumphale Geste Deutschlands 1871 – unterzeichnet werden. Die Siegermächte unterwarfen Deutschland einem strengen Diktat, forderten horrende Reparationen, besetzten zeitweilig Teile des Rheinlandes und erzwangen dessen Entmilitarisierung.

Auf das übersteigerte Nationalgefühl folgten der nationale Katzenjammer und ein Gefühl der Ohnmacht und des Ausgeliefertseins an die Siegermächte des Ersten Weltkrieges. Eine tiefgreifende Verunsicherung des nationalen Selbstbewusstseins und der kollektiven Identität machte sich nach 1918 in Deutschland breit. Diese Verunsicherung war der Nährboden für alle Arten von Scham (»die nationale Schande«) und von abwehrenden Kompensationsstrategien, um die verletzte nationale Würde wiederherzustellen. Ganz besonders intensiv war dieses Bedürfnis bei denjenigen ausgeprägt, die sich später als Führungselite der Nationalsozialisten entpuppten (Bärsch 1998; Craig 1982).

Schamabwehr gelingt umso erfolgreicher, je leichter ein vorgeblich »Schuldiger« identifiziert werden kann, auf den sich die Projektionen richten (Marks 2007 und 2010). Antisemitismus war insbesondere im letzten Drittel des 19. Jahrhunderts eine mächtige Kraft, nicht nur in Deutschland, sondern auch in anderen europäischen Ländern.[27] In Deutschland war er vor und nach dem Ersten Weltkrieg ähnlich stark ausgeprägt.[28] Nach dem ver-

27 Vgl. Baumann 2002, der die Ursachen des Antisemitismus im Prozess der Herausbildung der modernen europäischen Nationalstaaten beschrieben hat. Seine These ist, dass Pogrome gegen Juden in Westeuropa eher in Frankreich als in Deutschland erwartet wurden, wo die Juden weitgehend assimiliert waren.

28 Vgl. Craig 1982, 143ff.

lorenen Krieg wurde der Antisemitismus des Kaiserreichs jedoch zum Nährboden und zur Blaupause für alle Projektionen, mit deren Hilfe Deutsche ihr Gefühl der Demütigung und Scham abwehren und ihre Identität stabilisieren wollten. Dieser Versuch beschränkte sich keineswegs auf die Nationalsozialisten. Er war in weiten Kreisen des monarchistischen und konservativen Adels und im Bürgertum genauso verbreitet – mit dem grundlegenden Unterschied, dass die Nationalsozialisten aus dem Antisemitismus ein konkretes politisches Programm machten, das letztlich in der Absicht gipfelte, die Juden Europas insgesamt zu vernichten.

Die gemeinsamen Versuche der Schamabwehr und der Identitätsstabilisierung auf der Basis eines nationalen Antisemitismus machten es möglich, dass sich die alten Machteliten und die nationalsozialistischen Emporkömmlinge in dem Versuch trafen, die nationale Ehre und Würde wiederherzustellen. Das Bündnis der Nationalsozialisten mit den Monarchisten und Deutschnationalen fand seinen Ausdruck im ersten Kabinett Hitlers, in der Koalition von Hitlers NSDAP mit der Deutschnationalen Volkspartei (DNVP), die geleitet wurde von dem Pressemagnaten und Vertreter der deutschen Schwerindustrie Alfred Hugenberg. Diese Koalition wurde – wenn auch widerwillig – vom monarchistischen Reichspräsidenten Hindenburg gestützt. Während die konservativen Eliten sich der Illusion hingaben, Hitler benutzen zu können, um die gefürchteten revolutionären Umbrüche der Kommunisten zu verhindern, war es in Wahrheit umgekehrt: Hitler benutzte die Deutschnationalen und schuf mit dem Ermächtigungsgesetz die Grundlagen dafür, seine weltumspannenden nationalistischen Allmachtsfantasien in die Tat umzusetzen und sich damit endgültig aller beschämenden Ohnmachtsgefühle individuell wie kollektiv zu entledigen.

Was als Versuch begann, aus der Ohnmacht des verlorenen Ersten Weltkrieges in eine neue Selbstermächtigung zu gelangen, führte zu einer noch traumatischeren Ohnmachtserfahrung. Das

»Tausendjährige Reich« endete in der »deutschen Katastrophe« (Friedrich Meinecke), in der totalen Kapitulation und in der Zerschlagung des Deutschen Reiches und seiner Besetzung durch die alliierten Siegermächte. Eine (Re-)Traumatisierung fand nun auf allen Ebenen statt: Durch die Kriegsfolgen mit Vertreibung, Zerstörung, Vergewaltigungen, Beschädigungen an Leib und Leben, Überlebensängsten und Hunger, durch den Sieg der Alliierten über Nazi-Deutschland und die Besatzungsregime, die keineswegs von allen als Befreiung erlebt wurden (Koop 2006 und 2008), durch die Aufdeckung der Gräueltaten in den Konzentrations- und Vernichtungslagern (Kogon 1974).

Dies alles hatte eine so tiefgreifende Verunsicherung zur Folge, dass die Menschen in Deutschland nach einer kurzen Phase in ein »zweites Schweigen« (Giordano) fielen. Das erste Schweigen hatte dem nationalsozialistischen Unrechtsstaat gegolten, gegen den es wenig Widerstand gegeben hatte. Das zweite Schweigen legte sich nach 1945 über das Land bei dem Versuch, sich der Vergangenheit nicht stellen zu müssen. Die überwiegende Anzahl der Deutschen reagierte mit Verdrängung, Abspaltung, Nicht-wissen-Wollen und Leugnung. Im »kommunikativen Beschweigen der Vergangenheit«[29] zeigte sich der Versuch, die Geschehnisse während des »Tausendjährigen Reiches« aus dem eigenen Bewusstseinsraum abzuspalten. Die Deutschen gingen daher nach der Befreiung vom nationalsozialistischen Unrechtsstaat durch die Alliierten und nach dem Aufräumen der Trümmer schnell wieder zur »Normalität« über. Sie stürzten sich in den Wiederaufbau, flüchteten sich in einen Materialismus nach dem Motto »Wer was hat, ist was« und wollten die Gespenster der Vergangenheit ruhen lassen. Offen blieb lange Zeit, wie es überhaupt zum Nationalsozialismus und seinen Massenverbrechen hatte kommen können. Ungeklärt blieb auch, warum

29 Lübbe 1983, 594

es so wenig entschiedenen Widerstand gegen den Nationalsozialismus und seine menschenverachtende Ideologie gegeben hatte. Warum hatte sich die überwiegende Mehrheit der Deutschen an das Unrechtsregime angepasst und geschwiegen?

Erst die Generation der 1968er in Westdeutschland begehrte gegen das Schweigen über die Vergangenheit und die vorgebliche Normalisierung nach 1945 auf. Im Osten Deutschlands ging man bei der Auseinandersetzung mit dem Nationalsozialismus von der illusorischen Annahme aus, mit der Überwindung des Kapitalismus auch die Wurzeln des Faschismus ausgerottet zu haben. Dies nährte unter Ostdeutschen das trügerische Bewusstsein, als Antifaschisten die besseren Deutschen zu sein. Doch auch die westdeutsche 1968er-Generation blieb – trotz ihrer großen Verdienste um Aufklärung und Erinnerungsarbeit – der Macht-Ohnmachts-Dynamik verhaftet. Ihre Form der Schamabwehr bestand darin, die Elterngeneration zu beschuldigen, statt sich den Schattenkräften zu stellen, die in uns allen wirksam sind. Besonders deutlich wird die unbewältigte Dynamik am terroristischen Ableger der 1968er-Bewegung, der RAF. Die als Ohnmacht gegenüber dem kapitalistischen System erlebten Zwänge wurden schließlich durch Mord und Gewalt ausagiert und zeigten einmal mehr, wie stark man in der Vergangenheit verhaftet war.

Die bleibende Folge des Aufbegehrens der westdeutschen 1968er-Generation war die Etablierung einer Erinnerungskultur in unserem Lande, die nach innen und außen unmissverständlich die Botschaft formulierte, dass sich Deutschland seiner Schuld gegenüber der Völkergemeinschaft bewusst ist und dies als Erinnerung im Gedächtnis halten will. Deutschland verzichtete auf Machtpolitik in eigener Sache. Es verfolgte eine Friedenspolitik der immer intensiveren Verständigung und Kooperation mit den europäischen Nachbarn. In der Europäischen Gemeinschaft für Kohle und Stahl (Montanunion), dann in der Europäischen

Wirtschaftsgemeinschaft (EWG), schließlich in der Europäischen Union (EU) baute Deutschland eine partnerschaftliche Beziehung zu seinen Nachbarn auf. Die Aussöhnung mit den ehemaligen Kriegsgegnern machte beeindruckende Fortschritte. In den 1950er-Jahren wurde die deutsch-französische Freundschaft begründet und seit den 1970er-Jahren der Ausgleich mit Polen gesucht.

Deutschland (West) wollte in Europa aufgehen. Dabei kam die alte Machtthematik jedoch indirekt erneut zum Vorschein. Die westdeutsche effizienzorientierte und hoch industrialisierte Gesellschaft profitierte von der europäischen Vergemeinschaftung in besonderem Maße und entwickelte sich zur führenden Industrie- und Exportnation in Europa. Als schließlich 1989 die Mauer fiel und die Wiedervereinigung möglich wurde, kam es bei den Nachbarländern und den ehemaligen Siegermächten zu einem Ringen zwischen der Furcht vor einem erneuten Wiedererstarken Deutschlands einerseits und der Hoffnung andererseits, dass sich die Zunahme der ökonomischen Macht eines wiedervereinigten Deutschlands am besten in einem vereinigten Europa bändigen lasse. Die Verhandlungen endeten mit der Zustimmung der ehemaligen Kriegsgegner zu einem vereinigten Deutschland. So wurde Deutschland zu dem, was es heute ist, zum mächtigsten Staat in Europa, der den anderen europäischen Staaten – wie in der Finanzkrise – weitgehende Bedingungen diktieren kann, um seine Interessen zu wahren.

Das wirft die Frage auf, wie wir heute in Deutschland mit Macht umgehen, nach innen und außen, kollektiv und individuell. Sind die Traumata der Vergangenheit verarbeitet? Hat Heilung stattgefunden, oder sind die alten Macht-Ohnmachts-Dynamiken immer noch am Werk? Sind sich die Deutschen ihrer Kraft und Stärke bewusst, und haben wir als Nation und als Deutsche gelernt, mit unserer faktischen Macht verantwortlich und angemessen umzugehen? Oder verleugnen wir diese Macht und schwanken weiterhin hin und her zwischen Selbstüberschätzung einerseits und Unsicherheit, Identitätszweifeln, Schuldgefühlen und Selbstentwertung andererseits? Haben wir ein realistisches Selbstbild entwickelt oder praktizieren wir womöglich gar eine rücksichtslose Überheblichkeit? Oder aber eine beschämte Anpassungspolitik, die aus einem mangelnden Bewusstsein der eigenen Position und damit der Verantwortung für das eigene Handeln resultiert?

Kritische Reaktionen in den europäischen Nachbarländern auf die Finanzpolitik der Regierung Angela Merkel lassen jedenfalls erkennen, dass es zumindest im Ausland äußerst skeptische Stimmen gibt. Inzwischen gibt es solche Stimmen auch im Inland, allerdings aus unterschiedlichen Richtungen. Die einen kritisieren die Merkelsche Politik als »deutschen Irrweg« vor allem wegen seiner Blindheit für die ökonomischen, sozialen und politischen Folgen in den Ländern Südeuropas[30]. Andere wie z.B. die 2013 neu gegründete Partei *Alternative für Deutschland* kritisieren diese Politik, weil sie den Deutschen schade. Wieder andere sind der Ansicht, dass sich Deutschland aus fortwährendem Schuldbewusstsein heraus finanzpolitische Bedingungen diktieren lasse.[31]

In Deutschland selbst wird die Frage eines angemessenen Verhältnisses zur eigenen Macht erst zögernd diskutiert. Eher sieht man sich als Opfer der Finanzkrise, sucht Schuldige und bemüht sich, die eigenen Interessen zu wahren, oder verschließt die Augen vor der eigenen Macht. Das mächtige Deutschland hat in der derzeitigen Krise faktisch eine Führungsrolle inne. Es nutzt sie für den Versuch, vor allem die eigenen Interessen zu wahren (wofür Angela Merkel im Lande breite Zustimmung erhält).

30 Vgl. Schumann: Der deutsche Irrweg, *Der Tagesspiegel*, 14. 4. 2013

31 Vgl. die Serie samt Kommentaren: Germany. The Accidental Empire, *The Guardian*, 16.9.2012 – In ihnen spiegeln sich die verschiedenen Tendenzen wider: http://www.guardian.co.uk/world/series/germany-the-accidental-empire

Doch die politische Führung in Deutschland lässt bislang eine Vision vermissen, die den ökonomischen und gesellschaftlichen Unterschieden in Europa Rechnung trägt und damit das Friedensprojekt Europa sichert. So läuft die Politik der Regierung Merkel und ihres Finanzministers Schäuble auf den Versuch hinaus, die offensichtlichen ökonomischen und sozialen Unterschiede in Europa mit untauglichen Mitteln per Diktat einzuebnen. Die Gleichsetzung des Euro mit Europa, die eher deutschem Effizienzdenken entspricht als der Realität, die Fixierung aufs Sparen – auch dies eine typisch deutsche Sekundärtugend mit unerkannten Schattenanteilen – statt auf Potenzialentfaltung, erweist sich so als eine Bedrohung für Europa und das europäische Friedensprojekt. Ist es abwegig, hier die Diagnose zu stellen, dass Deutsche und Deutschland sich der eigenen Macht nicht bewusst sind und einen ebenso gefährlichen wie unbewussten Umgang mit dieser Macht treiben?

Jenseits der aktuellen Finanzkrise und der Rolle, die Deutschland in Europa spielt, ist es interessant zu wissen, wie junge Menschen in Deutschland ihr Verhältnis zur Rolle Deutschlands in der Welt sehen. Kommt man mit ihnen ins Gespräch, so stößt man eher auf Unverständnis. Viele wähnen sich frei von allen historischen Belastungen. Doch diese Auffassung trügt. Das belegt nicht nur das Verhalten Deutschlands in der gegenwärtigen Finanzkrise. Auch im rechtsradikalen Gedankengut, das – ebenso wie linksradikales Gedankengut – immer Ausdruck einer ungelösten Macht-Ohnmachts-Dynamik ist, zeigen sich die Macht der Schattenkräfte und der Mangel an Bewusstsein gegenüber Wirkmechanismen, die die Barbarei möglich gemacht haben. Jahrelang konnte die Mordserie der Zwickauer Terrorzelle unaufgeklärt bleiben. Jahrelang wurde die Macht und Bedeutung rechtsradikalen ausländerfeindlichen Gedankenguts insbesondere in Ostdeutschland verharmlost. Der alte ideologische Sumpf konnte weiterhin Blüten treiben. Die zunehmende Ausländerfeindlichkeit in Deutschland wird auch durch die neuesten Forschungen der Friedrich Ebert Stiftung zu diesem Thema (Decker et al. 2012) belegt, ebenso wie durch die Längsschnittstudie *Deutsche Zustände* der Universität Bielefeld unter Leitung von Wilhelm Heitmeyer, insbesondere zur *Gruppenbezogenen Menschenfeindlichkeit* (Heitmeyer 2012). Ausländerfeindlichkeit ist wahrlich nicht nur ein deutsches Phänomen. Doch in unserem Land muss sie besonders beunruhigen. Heitmeyer stellt fest, dass in Deutschland die bürgerlichen Eliten, religiöse Kreise und Frauen selbst Teil des Problems sind, da in ihnen gruppenbezogene Menschenfeindlichkeit überproportional vertreten sei, und spricht in diesem Zusammenhang von einer »rohen Bürgerlichkeit«. Sein Resumé nach zehn Jahren Längsschnittstudien:

»Die geballte Wucht, mit der die Eliten einen rabiaten Klassenkampf von oben inszenieren, und die Transmission der sozialen Kälte durch eine rohe Bürgerlichkeit, die sich selbst in der Opferrolle wähnt und deshalb schwache Gruppen ostentativ abwertet, zeigen, dass eine gewaltförmige Desintegration auch in unserer Gesellschaft nicht unwahrscheinlich ist.«[32]

Zum anderen scheinen sich die alten Macht-Ohnmachts-Dynamiken heute in neuem Gewand zu manifestieren. Heute sind es die Unsicherheit und Identitätskrisen der Gegenwart, die erneut den Boden für eine ideologische Verführbarkeit bereiten. Sie bedrohen die demokratische politische Kultur, allerdings nicht nur in unserem, sondern auch in anderen Ländern (Prowe 1994). Doch in unserem Land müssen solche Entwicklungen mehr als in anderen Ländern zur Wachsamkeit Anlass geben. Je mehr Menschen sich von einem Zugang zu gesellschaftlicher Teilhabe und Anerkennung ausgeschlossen sehen, umso eher richten sich Feindlichkeit, Verachtung und Hass auf bestimmte Gruppen – bei uns auf Ausländer oder türkischstämmige deut-

32 Heitmeyer 2012, 35

sche Mitbürger. Der Anteil von Menschen, die von der gesellschaftlichen Teilhabe ausgeschlossen sind, steigt. So spricht der Soziologe Oskar Negt nicht mehr von der Zweidrittelgesellschaft, sondern meint, wir seien inzwischen bei einer Dreidrittelgesellschaft angekommen: Ein Drittel habe Anteil am gesellschaftlichen Wohlstand und spüre die gesellschaftlichen Verwerfungen nicht, ein Drittel gehöre zum Prekariat und lebe eine gefährdete soziale Existenz, und ein Drittel müsse erleben, dass es für die gesellschaftliche Reproduktion überflüssig, sprich: gesellschaftlich ausgeschlossen sei (Negt 2012). Je mehr diese Spaltung sich verfestigt, desto größer wird auch das Potenzial für einen Rückfall in menschenverachtendes Freund-Feind-Denken, das sich in Gewalt entladen kann. Um die eigene Wertlosigkeit nicht fühlen zu müssen, um die Scham darüber abzuwehren, werden dann die Opfer gesellschaftlicher Entwicklungen zu Tätern in Gedanken, Worten und im schlimmsten Fall mörderischen Taten.

Wie gefährlich dies sein kann, zeigt sich in der bemerkenswerten Studie von Dana Giesecke und Harald Welzer *Das Menschenmögliche* (2012), in der beide den Versuch unternehmen, die deutsche Erinnerungskultur neu zu formulieren. Statt die NS-Zeit von ihrem Ende, dem Holocaust her, zu betrachten, fokussieren sie auf die zentrale Frage, wie es möglich war, dass sich die deutsche Gesellschaft innerhalb kürzester Zeit zur »*Ausgrenzungsgesellschaft*« entwickeln konnte, in der – wie sie betonen – »Täter und Opfer einen sozialen Zusammenhang bilden, in dem es keine Zuschauer gibt.«[33] Kennzeichen dieses sich rasant vollziehenden Prozesses der Ausgrenzung, in dem die nichtjüdischen Deutschen auf Kosten der jüdischen Deutschen materiell profitierten, war, »dass die nichtjüdischen Deutschen die sukzessive Veränderung ihrer normativen Orientierungen selbst gar nicht bemerkten und die ganze Zeit über in der Lage waren, ihre gegenmenschlichen

33 Giesecke/Welzer 2012, 38f.

Haltungen mit dem moralischen Selbstbild in Einklang zu bringen, gute Menschen zu sein.«[34] Weiter heißt es: »Die Ausgrenzung, Verfolgung und Beraubung der Anderen wurde kategorial nicht als solche erlebt, weil diese Anderen per definitionem eben schon gar nicht mehr dazugehörten und ihre antisoziale Behandlung den Binnenbereich der Moralität und Sozialität der Volksgemeinschaft gar nicht mehr berührte.«[35] Welches Ausmaß dies annahm, zeigt sich z.B. an folgenden Zahlen: »In Hamburg etwa wurden 1941 die Ladungen von 2.699 Güterwagen und 45 Schiffen voll ›Judengut‹ versteigert; 100.000 Hamburger ersteigerten Möbel, Kleidungsstücke, Radios und Lampen, die aus etwa 30.000 jüdischen Familien stammten.«[36]

In Deutschland haben wir, im Gegensatz zu anderen Ländern, die Erfahrung gemacht, zu welch mörderischer Dynamik sich Mechanismen der Ausgrenzung und Exklusion entwickeln können. Dieses Wissen verpflichtet uns einerseits uns selbst gegenüber, Ähnliches in der Gegenwart und in der Zukunft abzuwehren, aber auch dazu, derartige Zusammenhänge ins Bewusstsein zu heben. Davon sind wir innergesellschaftlich und in der gegenwärtigen Finanzkrise mit den von ihr verursachten sozialen und politischen Verwerfungen in verschiedenen europäischen Ländern erschreckend weit entfernt.

Doch selbst dort, wo diese alt-neuen Dynamiken nicht am Werk sind, wirken die in der deutschen Geschichte angelegten Traumata mit ihrer spezifischen Macht-Ohnmachts-Dynamik nach. Arbeitet man mit Menschen auf der seelisch-geistigen Ebene in Coaching, Therapie, Beratung und Weiterbildung, so entdeckt man unter der vorgeblich intakten Oberfläche die alten Schattenfiguren von Macht und Ohnmacht, und zwar nicht nur bei den Älteren, sondern durchaus auch bei Jüngeren. Täter-

34 a. a. O.
35 a. a. O., 46
36 Aly 2005, 154, zit. nach: a. a. O., 47

und Opfer-Sein sind unweigerlich ineinander verwoben. Nicht nur erleben sich Täter als Opfer, sie sind es auch. Und umgekehrt schafft jedes Opfer weitere Opfer. Dabei reicht die Skala von der anhaltenden Identifikation mit dem Opferstatus, in dem die erlebte Aggression gegen sich selbst gewendet wird, bis zum Ausagieren als Täter, um die Opferscham abzuwehren. Die Geschichte sexueller Missbrauchsfälle, die sich oft über Generationen fortsetzen, zeigt solche Dynamiken ebenso wie der Terrorismus jeder Couleur, in dem die Opferbiografie durch Täterschaft überwunden werden soll. So werden seelische Täter- und Opfererfahrungen intergenerativ an Kinder und Kindeskinder weitergegeben. Autorinnen wie Bettina Alberti (2010) und Sabine Bode (2004, 2009 und 2011) haben in ihren Büchern aufgezeigt, wie selbst bei Menschen, die in den 1950er- und 1960er-Jahren geboren sind, traumatische Erfahrungen nachwirken. Auch die analytisch orientierte systemische Familientherapeutin Gabriele Baring kommt in ihrem Buch *Die geheimen Ängste der Deutschen* (2011) zu der Feststellung, dass die historischen Traumata unvermindert fortbestehen. Als wichtige Ursache macht sie aus, dass Deutsche unter dem ungeheuren Druck, schuldig geworden zu sein, nicht trauern durften. So seien die ganz persönlichen, aber auch die kollektiven Verluste, Verletzungen und Traumata, die Menschen vor, während oder nach dem Krieg in Deutschland erfahren haben, unbetrauert geblieben und wirkten traumatisierend nach. Sie spricht in diesem Zusammenhang von einer »negativ codierte[n] Gesellschaft, die unfähig ist, sich von ererbtem Selbsthass und übernommenen Schuldgefühlen zu befreien«.[37]

Traumata werden von Generation zu Generation weitergegeben, wenn sie nicht aus dem Schatten erlöst werden. Das Alte Testament spricht von drei bis vier Generationen, in denen die

---

37 Baring 2011, 40

Kinder von den Missetaten der Väter heimgesucht werden[38]. Traumatisierungsketten über mehrere Generationen hinweg erleben Menschen natürlich nicht nur bei uns, sondern überall auf der Welt. Wenn wir auf Deutschland blicken, dann sind von den Folgen der kollektiven nationalen Katastrophe des Nationalsozialismus und des Zweiten Weltkrieges nicht nur Juden in aller Welt und insbesondere in Israel betroffen, sondern auch wir Deutsche, und das in einer Intensität und Breite, die wir uns nur schwer eingestehen können. Betroffen sind die Kinder der zweiten, dritten, vierten Generation (Wir Kriegskinder 2005). Auch bei den Nachgeborenen sind Schuldzuschreibungen und Projektionen am Werk, die einer Versöhnung mit sich und anderen im Wege stehen. Wo der Weg in die Ausländerfeindlichkeit vermieden wird, richtet sich die Wut – aufgrund der z. T. zutiefst bedrückenden Erfahrungen in den Familien – vielfach auf die Eltern und Großeltern, die für die eigene Misere verantwortlich gemacht werden. Als Kinder mussten die Nachgeborenen erleben, dass ihre Eltern mit den eigenen Traumata nicht umgehen konnten und die eingefrorenen Gefühle durch Schläge, Gefühlskälte, innere Abwesenheit, Vernachlässigung und Entwertung ausagiert haben (Müller-Münch 2012). Die langfristigen Folgen der nicht aufgearbeiteten Vergangenheit für die Kinder und Kindeskinder sind mithin Beziehungs- und Bindungsängste, Selbstwertzweifel, Süchte und Kompensationsstrategien aller Art – ein ungeklärtes, unerlöstes Leiden in einer langen historischen Kette.

Eine besondere Herausforderung stellt sich für die Kinder und Kindeskinder der alten bürgerlichen und aristokratischen Eliten, deren Eltern sich in Militär, Verwaltung und Wissenschaft in die Verbrechen des nationalsozialistischen Unrechtsstaats einbinden ließen (u.a. Conze et al. 2010). Die nicht aufgearbeitete Vergangenheit führte in diesen Kreisen zu einer anhaltend weit

38 2 Mose 34.7

verbreiteten Abstinenz, zu einer Verweigerung, sich den öffentlichen Belangen zuzuwenden und Verantwortung in Politik und Gesellschaft zu übernehmen. Dabei mag wiederum Schamabwehr am Werke sein. Doch diese behindert die Entfaltung der eigenen Gaben und führt dazu, dass wichtige Fähigkeiten von Leistungsträgern für die Entwicklung und Pflege eines lebendigen demokratischen Gemeinwesens brachliegen. Solange die Verstrickung der Eliten in die eigene Verantwortung am nationalsozialistischen Unrechtssystem unbewusst bleibt, ist Abstinenz in öffentlichen Belangen paradoxerweise eher zu begrüßen. Doch notwendig und wünschenswert ist, dass die Kinder und Kindeskinder der traditionellen und bürgerlichen Eliten, deren Intelligenz und Engagement unser Gemeinwesen braucht, die Schattenkräfte aufarbeiten, die in der Elterngeneration am Werke waren. Es sind Schattenkräfte, von denen sich letztlich wohl niemand freisprechen kann. Wo solche Aufarbeitung gelingt, kann in einer gereiften Weise Verantwortung für das Gemeinwesen übernommen werden. Dass dies möglich ist, hat in überzeugender Weise Richard v. Weizsäcker mit seiner Rede zum 8. Mai 1985 gezeigt, als er als Bundespräsident unmissverständlich klarmachte, dass der Sieg der Alliierten über die nationalsozialistische Gewaltherrschaft ein Akt der *Befreiung* für unser Land war – eine Aussage, mit der er der politischen Kultur unseres Landes einen entscheidenden Impuls gegeben hat.

Demütigungs-, Unterdrückungs- und Schulderfahrungen sind – so die Politikwissenschaftlerin Gesine Schwan – Erfahrungen, »die für die Konstitution einer demokratischen politischen Identität Hindernisse bieten können, weil sie die Verletzung moralischer und/oder demokratischer Normen enthalten können«.[39] Solche Erfahrungen sind der Bodensatz des individuellen und kollektiven Unbewussten in Deutschland. Wenn diese Wunde

---

39 Schwan/Holzer/Lavabre/Schwelling (Hg.) 2006, 14

heilen soll, muss sie angenommen werden. Sie darf nicht länger verdrängt werden. Diesen Schritt zu vollziehen, sehe ich als unsere Aufgabe in der Gegenwart.

Wenden wir uns nun den schwierigen Fragen zu: Was macht den Kern des Traumas aus, das die Deutschen als Kollektiv erlebt haben? Welche Schattenkräfte waren dabei am Werk? Welche Gaben verbergen sich hinter der kollektiven Traumatisierung? Ich nähere mich diesen Themen, indem ich mich erneut auf die Suche nach »der deutschen Identität« begebe. Ich frage, ob es in Deutschland zu so etwas wie einer »Kernverletzung« gekommen ist und ob sich aus der Analyse dieser Kernverletzung ein Ansatz herausarbeiten lässt, der eine »Kernkompetenz« im Sinne einer posttraumatischen Reifung aufscheinen lässt.

## Annäherungen an die deutsche Identität heute: Empirische Bestandsaufnahmen

Im Jahr 2009 wurde die Bundesrepublik 60 Jahre alt – ein Anlass für die *Identity Foundation*, eine gemeinnützige Stiftung für Philosophie,[40] Untersuchungen über *Deutsch-Sein* (2007), *Deutschland auf der Suche nach sich selbst* (2009) und *Deutsche Identität denken* herauszubringen (2009). Drei Jahre später zieht die Gesellschaft für Internationale Zusammenarbeit (GIZ) mit einer Studie zum Thema *Deutschland in den Augen der Welt* (2012) nach, um daraus Rückschlüsse für die internationale Zusammenarbeit zu ziehen.

Glaubt man den Studien der Identity Foundation, so befindet sich Deutschland auf einem guten Weg, seine Identitätskrise im

40 Stifter ist Paul Kohtes, Zen-Lehrer, Führungskräftecoach und ehemaliger Chef des erfolgreichen PR-Unternehmens Pleon. Die Stiftung stellt die Identitätssuche in den Mittelpunkt, vergibt den Meister-Eckhart-Preis und wird in ihren Aktivitäten von einem wissenschaftlichen Beirat begleitet: Vgl. http://identity-foundation.de

Gefolge der nationalsozialistischen Diktatur zu überwinden. So stellt die Identity Foundation fest, knapp 60 Prozent aller Deutschen seien wieder stolz auf die Nation, annähernd 80 Prozent liebten ihr Vaterland, und vier von fünf Deutschen spürten die Gewissheit ihrer nationalen Identität,[41] ja, die Autoren der Studie sprechen sogar im Untertitel der Studie von einem neuen »*Stolz auf die Nation im Einklang mit dem Herzen*«(2009).

Es scheint, als lösten sich die Menschen in Deutschland nach Jahrzehnten, in denen sie von einem lähmenden Schuldbewusstsein beherrscht wurden, allmählich aus ihrem Trauma. Es ist ein Trauma, das während der nationalsozialistischen Herrschaft entstanden ist, als Deutsche viele ihrer wichtigsten Ideale für regressive und mörderische Zwecke eines Regimes missbrauchten oder haben missbrauchen lassen. Dass der dunkle Schatten zu weichen scheint, ließ auch das Sommermärchen der Fußballweltmeisterschaft 2006 in Deutschland erahnen. Damals konnten wir eine fröhliche Nation erleben, die sich und ihre Gäste unbefangen feierte – eine Erfahrung, die nicht nur Deutsche, sondern auch Menschen in aller Welt überraschte.

Trotz ermutigender Umfrageergebnisse bleibt jedoch die Frage offen, ob es durch die deutsche Geschichte so etwas wie eine »Kernverletzung« gegeben habe, die bis heute in Deutschland nachwirkt. Im Zentrum steht hierbei weniger das bewusste »Denken« über Deutschland als vielmehr eine Dimension, die vor allem im Unbewussten ruht und, gerade weil sie weitgehend unbewusst ist, das Handeln im Alltag, im Zusammenleben und im Austausch mit anderen Ländern nachhaltig beeinflussen kann. Es geht in diesem Sinne um die »Seele des Deutschen« oder »die deutsche Seele«, eine Begrifflichkeit, die uns auf der individuellen Ebene wohl vertraut ist, gegen deren Verwendung für ein nationales Kollektiv sich jedoch der kognitiv-rationale

41 Identitity Foundation, Deutsch-Sein 2009, 14f.

Verstand sträubt. Bei dieser Begrifflichkeit geht es um Erfahrungen, Erwartungen und Wertvorstellungen, die bewusst, halbbewusst oder unbewusst das Selbstbild des Einzelnen im Kollektiv widerspiegeln und die das Alltagshandeln der Menschen wesentlich beeinflussen. Das Spektrum, das sich bei der Suche nach der »deutschen Seele« eröffnet, kann, wie Wolfgang Schmidt-Reinecke betont, von esoterischer Schwärmereien bis hin zu neonazistischem Gedankengut reichen (1998) – ein hinreichender Grund für viele kritische Zeitgenossen, sich der Fragestellung gegenüber ganz und gar zu verschließen, obgleich das Buch von Thea Dorn und Richard Wagner zu diesem Thema inzwischen zum Bestseller (2011) werden konnte.

Dennoch müssen sich die europäischen Länder, wie Václav Havel seinerzeit betont hat, als Vorstufe zu einer übernationalen Vereinigung zunächst ihrer eigenen Identität bewusst werden.[42] Dies fällt in Deutschland besonders schwer, weil die Frage der Identität auf der unbewussten Ebene weiterhin in hohem Maße von Schuld- und Schamabwehr belastet ist. Sich der Frage mit dem Hinweis zu verweigern, die nationalen Identitäten gingen ja in einem vereinigten Europa auf, dürfte letztlich auch nicht tragen. So existenziell wichtig es für uns ist, gute Europäer zu sein, so wenig können wir darüber hinwegsehen, dass wir es in Europa weiterhin mit Nationalstaaten zu tun haben, deren unterschiedlichen historischen Entwicklungen und politisch-sozialen, sprachlichen, kulturellen und geographischen Grundlagen wirksam sind. So ist es auch jetzt wieder in der europäischen Finanzkrise, in der Deutschland aufgrund seiner ökonomischen Potenz eine besondere Führungsrolle innehat und in der zugleich alle alten Ängste gegenüber einer deutschen Dominanz reaktiviert werden.

---

42 Vgl. http://sunwolfcreations.com/downloads/Thesen_zur_neudeutschen_%20 Seelenlage.pdf

Gerade weil eine übernationale Vereinigung Europas heute der wichtigste Friedensgarant ist, gerade weil Deutschland zum mächtigsten Staat in einem friedlichen Europa geworden ist, ist eine Auseinandersetzung mit dem eigenen Selbstbild und mit Erwartungen und Haltungen, die im Kollektiv wirksam sind, von großer Wichtigkeit. Solche Selbstbilder sind nicht fest. Sie entwickeln sich. Sich *nicht* mit ihnen zu beschäftigen, weil dadurch tief sitzende Traumata wach werden, unterstützt wohl kaum die Entwicklung eines angemessenen Selbstbildes. In diesem Sinne ist auch die Untersuchung der Gesellschaft für Internationale Zusammenarbeit (GIZ) zu begrüßen, die versucht, Deutschland den Spiegel von außen vorzuhalten. In ihrer empirischen Erhebung scheinen Züge des Deutschen auf, die auf eine bewusste Transformation warten:

»Den Deutschen wird ... zugeschrieben, ihren Freiheitsbegriff stark darüber zu definieren, wovon sie frei sind. Freiheit von Sorgen, von Krankheit, von Arbeitslosigkeit, von Krieg...«[43]

Das Volk der Dichter und Denker, der Idealisten und Romantiker, hat sich – so will es scheinen – ganz auf die Seite des pragmatischen Machens geschlagen, fragt nicht mehr nach dem Warum und Wozu, nach dem, was Goethe einst bei Plato aufgriff, als er vom »Guten, Wahren, Schönen« sprach. Stattdessen wird von unseren europäischen Nachbarn die besondere Disziplin im deutschen Kulturraum wahrgenommen. So heißt es in der Studie weiter: »... von anderen Nationen [wird] vor allem die auffallend strenge Disziplin im Umgang mit Regeln und gesellschaftlichen Erwartungen verbucht. Die hohe Regelkonformität führt im Ausland zu einer seltsamen Wahrnehmung der Deutschen: Ein wenig flexibles Volk, das die eigenen Standards nicht besonders feinfühlig, aber dafür umso überzeugter, energischer und sturer vertritt ... Ein rigides Verhalten, das nur zu Einhaltung bestehen-

43 GIZ 2012, 6

der Regeln dient, ohne in der Situation sinnvoll zu wirken, gilt als absurd.«[44]

Hier begegnet uns die bekannte Überbewertung von Disziplin und Gehorsam. Sie scheint mit einer tiefgreifenden Entfremdung der »deutschen Seele« von sich selbst einherzugehen:

»Die Deutschen wirken auf den ersten Blick distanziert und nüchtern, sie arbeiten hart und verhalten sich organisatorisch und technisch effizient. Das Stichwort »Deutschland« löst bei den Befragten kaum Emotionen aus, fast alle Reaktionen liegen zunächst auf der rationalen Ebene. Wenn sich andere Länder auf die Suche nach deutschen Gefühlen begeben, finden sie ein starkes Pflicht- und Verantwortungsgefühl, Verbindlichkeit, Verlässlichkeit, Vertrauen. Aber auch eine Reihe von Ängsten: vor dem Verlust liebgewonnener Errungenschaften des Wohlfahrtsstaates oder vor Versagen oder Fehlern. Andernorts wird konstatiert: Wer sich mechanistisch an Regeln halte, dem drohe sowohl der Verlust seiner Kritikfähigkeit als auch seiner Kreativität.«[45]

Worin könnte der Beitrag Deutschlands im Konzert der Länder bestehen? Die ewig Gestrigen meinen vielleicht immer noch, am deutschen Wesen könne die Welt genesen, oder verwenden den Begriff einer »deutschen Leitkultur« in einer Weise, die ausgrenzen will und tendenziell fremdenfeindlich ist.[46] Am anderen Ende möglicher Verhaltensweisen finden wir diejenigen, die meinen, man solle – angesichts der deutschen Geschichte – lieber »kleine Brötchen backen« und sich zurückhalten. Damit werden sie weder der faktisch durch Deutschland ausgeübten Macht gerecht, noch drücken sie ein gesichertes Selbstwertgefühl aus, wie

44 a. a. O.
45 a. a. O., 7
46 Vgl. Integration soll sich an »deutscher Leitkultur« orientieren, *RP online*, 16.10. 2010, http://www.rp-online.de/politik/integration-soll-sich-an-deutscher-leitkultur-orientieren-1.2292442

es für die Vitalität einer Demokratie von großer Wichtigkeit ist. Solches Selbstwertgefühl zeigt sich – individuell wie kollektiv –, indem man weiß, wofür man steht, was einem wichtig ist, welche Fehler man begangen hat, was man aus ihnen gelernt hat und wie man seine Verantwortung in Zukunft wahrnehmen will. In diesem Sinne soll der Migrationsexperte Klaus Jürgen Bade in einem Interview die Meinung vertreten haben, dass die Deutschen, um die Aufgaben der Integration bewältigen zu können, eine selbstbewusste Gesellschaft werden müssen mit einem für sich selbst, wie für andere verständlichen Selbstbild.[47]

So bleiben Fragen: Ist es zu einer Kernverletzung im seelisch-geistigen Bereich gekommen, die ins Unbewusste abgespalten wurde und Deutschland und Deutsche anhaltend verletzt? Und wenn ja, worin bestand sie, wie lässt sie sich ins Bewusstsein heben und heilen? Könnte es sein, dass ein wichtiger deutscher Beitrag auf europäischer und globaler Ebene nicht nur in pragmatischem Realismus oder in Effizienz und Organisationsfähigkeit liegen sollte, sondern gerade auch im Seelisch-Geistigen? Kurzum: Wie kann Deutschland im Zusammenwirken der Nationen und Völker den Weg finden von der seelisch-geistigen Kernverletzung zu einer seelisch-geistigen Kernkompetenz?

## Entwicklungslinien deutscher Identität: Gaben – Potenziale – Gefährdungen

Deutschland genießt aufgrund seiner herausragenden Kulturleistungen in Musik, Philosophie, Dichtung und Kunst bis heute hohe internationale Wertschätzung. Solche Kulturleistungen haben nicht verhindern können, dass von unserem Land Völkermord, eine beispiellose Barbarei und zuletzt ein Eroberungs- und

47 Diesen Hinweis verdanke ich Hanna Schissler.

Vernichtungskrieg ausgingen, die rund 50 Millionen Menschenleben gekostet haben. Wie hat es dazu kommen können? Diese immer wieder gestellte Frage lässt sich umformulieren, wenn man nach Ansatzpunkten für eine posttraumatische Reifung in der Phase *vor* dem Trauma sucht. Dieser Ansatz wird erfolgreich bei Menschen mit posttraumatischen Belastungsstörungen angewendet und durch das Menschenbild – analog durch das Bild von Organisationen und Systemen – der Psychosynthese gestützt. Roberto Assagioli, ihr Begründer, geht davon aus, dass hinter Schattenkräften bzw. Teilpersönlichkeiten durchaus Gaben schlummern. Übertragen auf die deutsche Kultur und Geschichte fragt er sich dann: Gab es wichtige identitätsstiftende Gaben und Potenziale in der deutschen Kultur *vor* dem Trauma? Gab es insbesondere solche, die helfen, die Würde des Menschen zu achten und ein friedliches gesellschaftliches Miteinander innerhalb des Landes und mit seinen Nachbarländern zu fördern? Sind dies Gaben, die als spezifisch deutscher Beitrag zur allgemeinen Kulturentwicklung zu verstehen sind, auf die wir heute mit dem Ziel einer posttraumatischen Reifung zurückkommen können?

Wann das *Vorher* zu datieren ist, ist sicherlich diskussionswürdig. Traumata hat es in der Deutschen Geschichte viele gegeben, bevor Deutschland im Nationalsozialismus versank. Der Dreißigjährige Krieg von 1618 bis 1648 führte durch Schlachten, Hunger, Krankheiten und Pest zu einer Dezimierung der Bevölkerung um ca. zwei Drittel. Die Napoleonischen Kriege Anfang des 19. Jahrhunderts verringerten zwar die Kleinstaaterei in Deutschland, brachten jedoch Teile des Landes unter Fremdherrschaft. Die gescheiterte Revolution von 1848 trieb unzählige Menschen in die Emigration, führte in die Restauration und zur Unterdrückung eines freien liberalen Geistes. Der verlorene Erste Weltkrieg brachte schließlich das Trauma, die noch junge nationale Ehre »verloren« zu haben. Und dennoch ist die einschneidendste Erfahrung im deutschen Kulturraum die Traumatisierung im Gefolge der NS-Herrschaft. Dies rechtfertigt es, von einem *Vorher* und einem *Nachher* zu sprechen.

Im Sinne jenes der Psychologie entlehnten Ansatzes, sich auf die Gaben vor einer traumatischen Erfahrung zu konzentrieren, um einen Weg von der posttraumatischen Belastungsstörung zur posttraumatischen Reifung zu entdecken, werde ich meinen Zugang zur Identitätsthematik erweitern, indem ich mich an einer Vierfeldermatrix orientiere, die auf der Vertikalen gebildet wird von *Geist* und *Materie* und auf der Horizontalen von den Dimensionen des *Ich* und des *Du*. Der Matrix liegt die Erkenntnis zugrunde, dass sich alles Leben in einem Spannungsfeld zwischen Geist und Materie und zwischen Ich und Du bewegt. Dieser Matrix habe ich Identitätselemente aus dem deutschen Kulturraum zugeordnet, um meiner Suchbewegung eine Richtung zu geben.

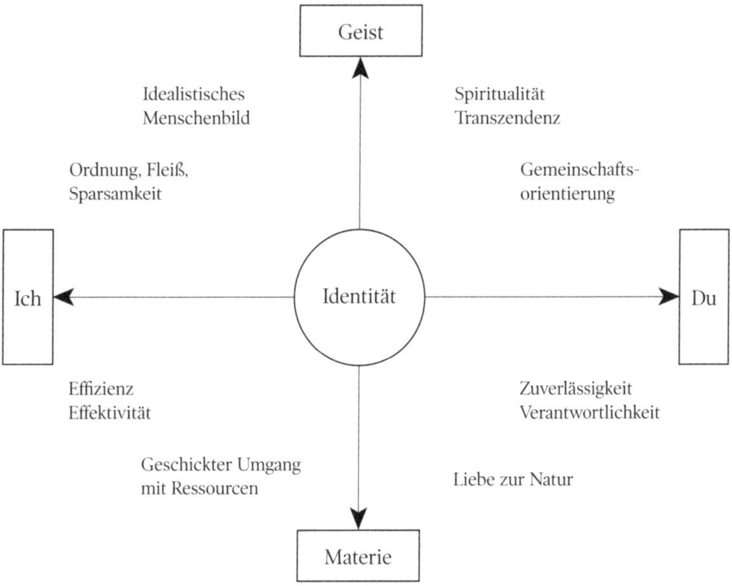


*Abb.2: Identitätsmatrix (eigenes Modell)*©

Ein Blick auf die Identitätselemente in der Matrix lässt unschwer erkennen, dass sie in zwei wichtigen Clustern zusammengefasst werden können. Zum ersten Cluster gehört die *Öffnung für Spiritualität und Transzendenz*. Diese Öffnung lädt zu einer Verbundenheit auf drei Ebenen ein: Verbundenheit mit dem Göttlichen, mit dem Du und mit der Natur. Der zweite Cluster wird von dem gebildet, was wir heute als *Sekundärtugenden* bezeichnen. Tüchtigkeit, Ordnung, Fleiß, Sparsamkeit, Zuverlässigkeit und ein geschickter Umgang mit Dingen und Ressourcen. Mit diesen beiden Clustern befasse ich mich daher im Folgenden. Es geht darum herauszufinden, ob sich darin Kernkompetenzen zeigen, die etwas mit dem spezifischen Beitrag des deutschen Kulturraums zu tun haben und ob es hier zu Kernverletzungen gekommen ist.

# Deutsche Geschichten: Gaben und Schattenkräfte

## Transzendenz und Spiritualität

Der Nationalsozialismus war, was noch zu zeigen sein wird, eine Politische Religion, deren Konzepte, Strategien, Diktion und Rituale von spirituellen und religiösen Begrifflichkeiten nur so strotzten. Die Offenheit für Spiritualität, Werte und Transzendenz im deutschen Kulturraum wurde somit benutzt, um eine verbrecherische Ideologie, Rassismus und ein beispielloses Massenmorden zu legitimieren. Und die meisten Menschen ließen sich bereitwillig in diese geistige Massenverführung einbinden. Das Verhältnis der deutschen Kultur zu Transzendenz und Spiritualität berührt somit den Kern einer geistigen Verführbarkeit und Verwirrung in unserem Land.

Umso wichtiger ist es, sich mit diesen Inhalten auseinanderzusetzen, statt sich – wie es nach dem Zusammenbruch versucht wurde – auf das vermeintlich sichere Terrain von Rationalismus und Materialismus zu retten. Vor dieser Gefahr warnte bereits 1939 der bedeutende Religionspolitologe Eric Voegelin.[48] Im

48 Voegelin emigrierte nach dem Anschluss Österreichs in die USA, lehrte und forschte dort an verschiedenen Universitäten, wurde 1958 auf den seit 1920 vakanten Max-Weber-Lehrstuhl an der Münchner Universität berufen und gründete das Geschwister-Scholl-Institut.

Vorwort seines Buches Die politischen Religionen aus dem Jahre 1939 schreibt er, dass sich alle bedeutenden Denker darin einig seien, dass die Krise der westlichen Welt in einer »Säkularisierung des Geistes« ihren Ursprung habe. In diesem Sinne sei die vor allem von Intellektuellen vorgebrachte These, der Nationalsozialismus stelle einen Rückfall in die Barbarei dar, völlig irreführend. Vielmehr habe die »Säkularisierung des Lebens«, die er unter anderem auch auf den Humanismus zurückführt, erst den Boden für diese nationalsozialistische Bewegung gelegt (Voegelin 1939).

Die Ansicht, Idealismus, (Früh-)Romantik und Humanismus seien antireligiös oder antispirituell, lässt sich historisch nicht halten (Safranski 2004 und 2007; Sünner 1999 und 2007). Genauso wenig gilt dies für einen Humanisten wie den bedeutenden Sozialpsychologen Erich Fromm (1900–1980), dessen Werke bis heute in immer neuen Auflagen rezipiert werden. Er hatte ein Verständnis von Humanismus, in welchem die spirituelle Dimension explizit enthalten ist. Für ihn ist Humanismus eine *reale Utopie* (Fromm 2005), die sich gründet auf einer Kultur des *Seins* statt des *Habens* (Fromm 2005) und die sich in dem tiefen Anliegen und Vermögen des Menschen bewährt, sich in der *Kunst des Liebens* (Fromm 2005) zu üben. Beide, Voegelin wie Fromm, sind sich jedoch in den desorientierenden Wirkungen einer rein diesseitigen Geisteshaltung einig, da sie den Boden schafft für Materialismus und blinden Aktionismus und dazu beiträgt, dass sich der Mensch von sich, seiner Seele, seinen tiefsten Aspirationen entfernt und entfremdet. Im Humanismus als realer Utopie ist anderes möglich. Mit den Worten Fromms: »Hier besteht der Sinn des Lebens in der völligen Entwicklung der menschlichen Eigenkräfte, insbesondere in der von Vernunft und Liebe, im Transzendieren der Enge des eigenen Ichs und in der Entwicklung der Fähigkeit, sich hingeben zu können, in der vollen Bejahung des Lebens und von allem Lebendigen im Unterschied zur Anbetung von allem Mechanischen und Toten«.[49]

## Begriffsklärungen

| | |
|---|---|
| Unter Religionen verstehe ich unterschiedliche Wege zu Gott. So wie die Menschheit unterschiedliche Sprachen entwickelt hat, so hat sie auch unterschiedliche Religionen hervorgebracht.<br>Das jeweilige Gottesbild und die Regeln, wie der Mensch sich dem Numinosen öffnen kann, machen die Spezifik der jeweiligen Religion aus. Religionen grenzen sich in diesem Sinne gegeneinander ab. Sie verpflichten ihre Anhänger zum Glauben an ihr jeweiliges Gottesbild und ihre jeweiligen Regeln und Rituale. | Unter Spiritualität verstehe ich die Ausrichtung auf den Spirit/Geist, den Urgrund des Seins, dem in den verschiedenen Religionen unterschiedliche Namen gegeben wurden: Gott, Brahman, Tao, Großer Geist, Allah, Ich bin, der ich bin, Universales Bewusstsein. Spiritualität fußt auf dem Religiösen und transzendiert es.<br>Der spirituelle Weg ist ein Weg, sich dieser Dimension des Seins in der eigenen Existenz zu öffnen, den Geist zu schulen, ihn auf den Urgrund des Seins auszurichten und daraus Kraft und Orientierung auch in der Welt zu finden. |
| Unter einer Politischer Religion verstehe ich im Anschluss an Claus-Ekkehard Bärsch, einem Schüler von Eric Voegelin: »Das ist der Wille, die wesentlichen Merkmale einer politischen Ordnung religiös zu werten, zu rechtfertigen und zu begründen«. | Unter aufgeklärter Spiritualität verstehe ich einen Weg, in dem:<br>a) das intellektuelle Unterscheidungsvermögen die Inhalte des Spirituellen und Religiösen prüft;<br>b) der spirituelle Weg als ein Weg der geistigen Schulung begriffen wird, der in die Welt zurück führt;<br>c) überprüft wird, ob, wie, wozu und warum religiöses oder spirituelles Wissen in der Welt für die Interessen von Menschen, Institutionen und Systemen benutzt wird. |
| Transzendenz verweist auf die geistige Welt, d.h. etwas jenseits von Form, Zeit, Raum. Der Begriff verweist auf den Urgrund des Seins, aus dem die Welt der Dinge und Formen hervorgegangen ist. | In der Mystik wird die Einheit von Gott und Mensch bzw. von Gott und Schöpfung in der *Unio Mystica* ins Zentrum des Bewusstseins gerückt. Diese Einheit ist jenseits von Form, Zeit, Raum, entzieht sich also der Möglichkeit einer Verdinglichung. |

*Tab. 1: Begriffsklärungen (eigene Zusammenstellung)©*

49 Fromm 2005, 65f.

Wenn im Folgenden von Transzendenz, Politischer Religion und Spiritualität die Rede ist, so ist es hilfreich, vorab einige Begriffe zu klären. Letztlich sind Begriffe jedoch nur Werkzeuge, die der Differenzierung dienen und dabei eine heuristische Funktion haben.

## *Idealismus und (Früh-)Romantik. Die Schatten der Aufklärung überwinden*

Dem Deutschen Idealismus und der Romantik ist immer wieder vorgeworfen worden, dem ideologischen Missbrauch im Nationalsozialismus Vorschub geleistet zu haben.[50] Von Weltfremdheit war da die Rede, von Gefühlsüberschwang, Intensitätsdrang, Selbstüberhöhung und mystischen Verklärungen, die sich verbanden mit einem völkischen Bewusstsein und Vorstellungswelten, in denen die Mythen in den Dienst einer zutiefst unmenschlichen, rassistisch aufgeladenen Ideologie gestellt wurden, die dem »Arier« das Recht gaben, »minderwertiges« Leben mit Tod und Vernichtung zu belegen. Dabei wird oft auf den Komponisten Richard Wagner als Wegbereiter verwiesen, den Titanen der Romantik und entschiedenen Antisemiten, dessen glühender Bewunderer Hitler schon früh war. In der Musik und Mythenwelt Wagners fand Hitler einprägsame Vorlagen für sein heroisches, germanisches Welt- und Selbstbild. Rüdiger Safranski, intimer Kenner und Bewunderer des Idealismus, räumt deswegen ein: »Und doch kann man nicht umhin, in Hitler diese fatale Verbindung von Weltfremdheit und weltstürzendem Furor am Werke zu sehen.«[51]

Der Vorwurf ist also nicht völlig von der Hand zu weisen. Doch er greift zu kurz, wenn man sich einer Epoche zuwendet, von der Safranski unter Bezugnahme auf einen ihrer Heroen, den

50 Siehe dazu insbesondere die Erörterungen bei Safranski 2009, 348ff.
51 Safranski 2009, 366

Dichter und Denker Friedrich Schiller, schreibt: »Mit Schiller gelangt man in das andere Schattenreich der Vergangenheit: in das unvergessliche goldene Zeitalter des deutschen Geistes. Es sind Wunderjahre, die einem helfen, den Sinn für die wirklich wichtigen, für die geistvollen Dinge des Lebens zu bewahren.«[52] Was charakterisierte jene Epoche?

Mit der Aufklärung entwickelte sich im 17. Jahrhundert eine machtvolle Geistesströmung, die sich gegen die Bevormundung von Thron und Altar richtete. Einer ihrer großen Vordenker, der Königsberger Philosoph Immanuel Kant, gab die berühmte Antwort auf die Frage, was denn Aufklärung sei: »Aufklärung ist der Ausgang des Menschen aus seiner selbstverschuldeten Unmündigkeit. Unmündigkeit ist das Unvermögen, sich seines Verstandes ohne Leitung eines anderen zu bedienen ... Sapere aude! Habe Mut, dich deines eigenen Verstandes zu bedienen! ist also der Wahlspruch der Aufklärung.«[53] Die Aufklärung ging daran, die Welt zu »entzaubern«, sie ihrer Mythen zu entkleiden und aller Machtansprüche, die damit verbunden waren. Wissenschaft und Technik nahmen einen ungeheuren Aufschwung, und an die Stelle eines Glaubens an kirchliche oder monastische Diktate trat zunehmend eine Wissenschaftsgläubigkeit. Politisch fegte die Aufklärung erst einmal die alten Mächte hinweg. In der Französischen Revolution begehrte das Bürgertum auf gegen Adel und Kirche und legte mit der Forderung nach Freiheit, Gleichheit, Brüderlichkeit und der Erklärung der Menschenrechte erste Grundlagen für moderne Demokratien.

In diesem Prozess waren England und Frankreich führend, auch zeitlich. Die deutsche Aufklärung setzte erst verspätet ein und brachte mit dem Philosophen Immanuel Kant (1724-1804) ihren bedeutendsten Vertreter hervor. Doch bei Kant deutete sich

52 Safranski 2007, 14
53 Kant 1784, 481: Zit. nach: http://www.uni-potsdam.de/u/philosophie/texte/kant/aufklaer.htm

schon etwas an, was für die deutsche geistesgeschichtliche Entwicklung bezeichnend wurde. In seiner *Kritik der reinen Vernunft* von 1781 zeigte er die Grenzen eines Weltzugangs auf, der rein auf die Erkenntnismöglichkeiten der Vernunft setzt. So schreibt er: »Die menschliche Vernunft hat das besondere Schicksal in einer Gattung ihrer Erkenntnisse: dass sie durch Fragen belästigt wird, die sie nicht abweisen kann, denn sie sind ihr durch die Natur der Vernunft selbst aufgegeben, die sie aber nicht beantworten kann; denn sie übersteigen alles Vermögen der menschlichen Vernunft.«[54]

Dieses grundlegende Infragestellen eines rein analytisch-rationalen Weltzugangs ist es, was die deutsche geistesgeschichtliche Epoche in der zweiten Hälfte des 18. Jahrhunderts bis zu Beginn des 19. Jahrhunderts auszeichnete. Es ist die Epoche, in der die deutsche Aufklärung in den Deutschen Idealismus und die (Früh-)Romantik mündete. Sie wurde geprägt von Geistesgrößen wie Kant, Herder (1744–1803), Hegel (1770–1831), durch künstlerische Genies wie Schiller (1759–1805) und Goethe (1749-1832) oder durch Vertreter der (Früh-)Romantik wie Novalis (1772–1801), Schlegel (1767–1845) oder Fichte (1762–1814). Ihnen verdankt Deutschland den Titel eines Landes der »Denker und Dichter«. Sie stehen für einen geistigen Aufbruch und geistige Suchbewegungen, die unsere Kultur in hohem Maße geprägt haben (Safranski 2004 und 2007; Schulz 1996; Sünner 2006).

Um ihre geistesgeschichtliche Wirkung und Bedeutung besser einordnen zu können, scheint es mir weniger wichtig, ihre Unterschiedlichkeit und ihre Entwicklung nachzuzeichnen, als zu verstehen, dass ihre Einsichten und Erkenntnisse nicht zuletzt als eine Reaktion darauf zu begreifen sind, dass das Aufklärungs-

54 Kant 1781, Vorrede zur 1. Auflage *Kritik der reinen Vernunft*: Zit. nach: http://de.wikipedia.org/wiki/Kritik_der_reinen_Vernunft

projekt der Französischen Revolution in einem Blutbad endete. So zitiert Safranski Schiller, der 1798 mit fünf Jahren Verspätung »das Diplom der französischen Ehrenbürgerschaft in die Hände bekam mit den Unterschriften von Danton und all den anderen, die schon längst enthauptet waren«, und sich daraufhin mit seinem Freund Johann Wolfgang v. Goethe auf die Formel verständigte »man habe ihm ein Bürgerrecht zugesandt ›aus dem Reich der Toten‹«.[55] In der Tat zeigten die blutigen Entwicklungen, die das Aufklärungsprojekt in der Französischen Revolution genommen hatte, dass hier etwas geschah, was jedem humanistischen Anspruch Hohn sprach. Was einst mit Aufbruch, Erweiterung und Menschenrechten begonnen hatte, endete unter der Guillotine, die jeden bedrohte, der sich dem »Gott der Vernunft« entgegenzustellen schien.

Dieser Entwicklung setzten die Geistesgrößen des Deutschen Idealismus und der (Früh-)Romantik ein entschieden anderes Bild entgegen. Bei Schiller, Goethe, Herder, Novalis, Schelling oder Schlegel finden wir ein Bild von Welt und Mensch, in dem Vernunft und Gefühl, Materie und Geist, Nutzen und Sinn, Arbeit und Feiern noch eine Einheit bilden. Das Ganze ist mehr als die Summe seiner Teile. Natur und Mensch sind beseelt und erscheinen als Spiegel und Ausdruck des göttlichen Wirkens, eine Haltung, wie wir sie heute wieder in der Tiefenökologie finden (vgl. Teil 3). So schreibt Schiller in seinen Briefen *Über die ästhetische Erziehung des Menschen:*

»Der Nutzen ist das große Ideal der Zeit, dem alle Kräfte frönen und alle Talente huldigen sollen. Auf dieser groben Waage hat das geistige Verdienst der Kunst kein Gewicht und, aller Anmutung beraubt, verschwindet sie von dem lärmenden Markt des Jahrhunderts. (2. Brief) Auseinandergerissen wurden der Staat und die Kirche, die Gesetze und die Sitten; der Genuss

55 a. a. O.

wurde von der Arbeit, das Mittel vom Zweck, die Anstrengung von der Belohnung geschieden. Ewig nur an ein einzelnes Bruchstück des Ganzen gefesselt, bildet sich der Mensch selbst nur als Bruchstück aus. Ewig nur das eintönige Geräusch des Rades, das er umtreibt im Ohr, entwickelt er nie die Harmonie seines Wesens. Und anstatt die Menschheit in seiner Natur auszuprägen, wird er bloß zu einem Abdruck seines Geschäfts, seiner Wissenschaft. (6. Brief). Die Vernunft hat geleistet, was sie leisten kann ... Hat sie bis jetzt ihre siegende Kraft noch so wenig bewiesen, so liegt dies nicht an dem Verstande, der sich nicht zu entschleiern wusste, sondern an dem Herzen, das sich ihr verschloss und an dem Triebe, der nicht für sie handelte ... Das Zeitalter ist aufgeklärt ... Woran liegt es, dass wir noch immer Barbaren sind?« (8. Brief)[56].

Der Mensch kann die Natur, als deren Teil er sich erlebt, als Ausdruck des Schöpfergeistes erfahren, indem er sich ihr mit achtsamen Sinnen nähert und ihr Wirken erahnt. Sie gibt sich ihm zu erkennen, sie spricht zu ihm. Sie ist mehr als tote Materie, eine mathematische Formel oder eine physikalische Regel, die der analytische Verstand entschlüsseln kann. Sie ist auch mehr als ein Räderwerk, das den Regeln von Nutzen und Zweck unterworfen werden kann und darf. Der Mensch entdeckt sich »am Busen der Natur«. Er kann sich aufschwingen zu Ideen und Idealen und diesen im Fühlen, Denken, Handeln Ausdruck geben. Dies muss nicht in Weltfremdheit enden, sondern kann sich – ganz im Gegenteil – durchaus im tätigen Miteinander versinnbildlichen. So feiert z.B. Schiller in der Ballade »Die Bürgschaft« den Wert der Freundschaft. Der Held scheut den Tod nicht, um dem Freund gegenüber das einmal gegebene Versprechen zu halten. In dieser Geisteswelt wird dem kruden, zweckorientierten

56 Zit. nach: Sünner 2006. Sein Film «Geheimes Deutschland« veranschaulicht eindrücklich die spirituelle Dimension der (Früh-)Romantik in Texten, Tönen und Bildern.http://www.ruedigersuenner.de/GD.html

Tun und der Reduktion von Mensch und Natur auf Zweck und Nützlichkeit etwas entgegengehalten. Der Mensch wird eingeladen, das »Wahre, Gute und Schöne« zu erkennen und auf die Erde zu bringen. In solchen Gedankengängen trafen sich Geistesgrößen des deutschsprachigen Kulturraumes in Idealismus und (Früh-)Romantik. Sie können verstanden werden als ein deutscher Beitrag zur Überwindung der Schattenseiten der Aufklärung, indem der Innenwelt, der Innerlichkeit, der Seele und ihren Bildern und Regungen ein gleichberechtigter Platz neben der rational-analytischen Erschließung der äußeren Welt eingeräumt wird.

Wer diese Geistesströmungen also einfach ablehnt, verharrt in dem Trauma, dass – in der Weiterführung romantischen und idealistischen Gedankenguts bis hinein in die Zeit des Nationalsozialismus – ein eklatanter Missbrauch stattgefunden hat. Solche Ablehnung schneidet uns von einem wichtigen geistigen und kulturellen Potenzial des deutschen Kulturraumes ab. Die Frage ist also eher, ob wir in dem Trauma verharren, dass Idealismus und Begeisterung im Nationalsozialismus missbraucht wurden, oder ob wir den Mut haben, uns Traditionslinien zu vergegenwärtigen, dem Missbrauch ins Auge zu blicken und uns – im Sinne einer posttraumatischen Reifung – bewusst zu machen, wie ein idealistischer Weltbezug mit einem rational-pragmatisch-realistischen Weltzugang verbunden werden kann. Dann wird es vielleicht möglich sein, ohne Scheu Schiller und Goethe zu zitieren oder sich auf die Bildungsideale eines Wilhelm von Humboldt zu beziehen.

Das wirft die Frage auf, wie es überhaupt zu einem Missbrauch des idealistischen und romantischen Gedankenguts hat kommen können. Statt den Versuch zu machen, die intensiven Forschungen und Diskurse wiederzugeben, die sich mit diesen Fragen befassen, möchte ich mich darauf konzentrieren, diese Geistesströmungen vor dem Hintergrund eines Konzeptes der

Bewusstseinsevolution zu thematisieren, wie es von Jean Gebser (Gebser 2010) entwickelt und von Ken Wilber (Wilber 1991) entfaltet wurde. Wie Gebser herausgearbeitet hat, entwickelt sich menschliches Bewusstsein in evolutionären Prozessen. Er unterscheidet menschheitsgeschichtlich bislang zwischen einer *archaischen, einer magischen, einer mythischen und einer mentalen Bewusstseinsstruktur*. Jede dieser Strukturen gewann ihre Dynamik als Antwort auf die vorangehende Entwicklungsstufe und überwand deren begrenzte Weltsicht. Im archaischen Bewusstsein existiert noch keine Vorstellung von Trennung. Im magischen Bewusstsein entdeckt der Mensch seine Einheit mit der Natur und deren Wirkkräften, die er als bedrohlich zu bannen versucht. Im mythischen Bewusstsein wird dem Menschen die Existenz einer Innenwelt bewusst, die sich ihm in Bildern mitteilt. Und im mentalen Bewusstsein wendet sich der Mensch den Außenwelten zu, die er mittels des Verstandes als Objektwelten zu ergründen sucht. Aufklärung und wissenschaftlich-technische Entwicklungen sind Ausdruck davon, dass das mentale Bewusstsein seit der Renaissance zunehmend an Bedeutung gewonnen hat.

Jede dieser Bewusstseinsstrukturen konstituierte sich in Abgrenzung von der jeweils vorangehenden, die als falsch und zu überwindende interpretiert wurde. Nach einer Epoche der Dominanz des mentalen Bewusstseins deutet sich nunmehr laut Jean Gebser die Entstehung eines integralen Bewusstseins an, eine Aussage, die er Mitte des 20. Jahrhunderts machte. Im Unterschied zu den vorangehenden Bewusstseinsstrukturen konstituiere sich das integrale Bewusstsein nicht durch Ausschluss und Abgrenzung gegenüber vorhergehenden Bewusstseinsstrukturen, sondern durch deren Einbeziehung und Integration. Im integralen Bewusstsein weiß man um die Berechtigung jeder einzelnen Bewusstseinsstruktur und ihren Beitrag zum Verstehen der Welt. An die Stelle eines Gegeneinanders im Sinne einer Ablösung der alten durch eine neue Bewusstseinsstruktur, tritt hier ein Miteinander und damit geschieht ein qualitativer Bewusstseinssprung.

In welcher Bewusstseinsstruktur bewegten sich die deutschen Dichter und Denker des ausgehenden 18. und des frühen 19. Jahrhunderts? Gaben sie einer mentalen Bewusstseinsstruktur Ausdruck, die darauf abzielt, die Welt der Objekte zu erfassen und zu analysieren? Oder zeigte sich in Idealismus und Romantik bereits etwas Neues, etwas, das über das mentale Bewusstsein hinauswies und eine Öffnung darstellte, hinein in den integralen Bewusstseinsraum? Deutete sich in diesen Geistesgrößen bereits eine Verbindung an von Innerlichkeit und Rationalität, von Denken und Fühlen, von Zweck und Sinn, von Welttranszendierung und Weltzugewandtheit?

Obgleich die Denker dieser Epoche höchst unterschiedlich waren, sich untereinander auch bekämpfen konnten und im Laufe ihres Lebens den Blick auf sich und die Welt veränderten, scheint es doch Gemeinsamkeiten gegeben zu haben, welche die Schlussfolgerung nahelegen, mit Idealismus und (Früh-)Romantik sei der erste wichtige Schritt in Richtung eines integralen Bewusstseins erfolgt, eine Öffnung hinein in den transrationalen Raum, welche das Ganze in den Blick nimmt, ohne die Bedeutung eines rationalen Weltzugangs infrage zu stellen. Einer, der diese Auffassung vertritt, ist der österreichische Philosoph und Publizist Tom Steininger, den ich hierzu in einem ausführlichen Interview befragt habe.[57] Steiniger geht davon aus, dass jede Kultur eine wichtige Bewusstseinsaufgabe habe, die nur sie übernehmen könne; das gelte auch für den deutschen Kulturraum:

»Im deutschen Kulturraum gab es immer eine starke Fokussierung auf eine Innerlichkeit. Sie hatte einen starken kulturprägenden Impuls nicht zuletzt aufgrund der Tatsache, dass Luther

57 Tom Steininger ist Herausgeber der philosophisch-spirituellen Zeitschrift *EnlightenNext* und hat sich bereits früh mit den Philosophen Martin Heidegger und Ken Wilber auseinandergesetzt.

die Bibel ins Deutsche übersetzt und damit eine deutsche Sprache mitbegründet hat, die die seelische Dimension und die Innerlichkeit ausdrückte. Auch deutsche Mystiker des 12. Jahrhunderts wie Meister Eckhart haben für diese Innerlichkeit eine bedeutende Rolle gespielt. Von ihm ist der Satz überliefert: ›Der erkennt Gott recht, der ihn in *allen* Dingen gleicherweise erkennt.‹ Diese Grundströmung hat maßgeblich mitgewirkt an der deutschen Reaktion auf den kulturellen Aufbruch der Moderne und der Aufklärung, die vor allem vom englisch-französischen Kulturraum ausging. Die Aufklärung ist eine großartige menschliche Leistung in ihrer Fähigkeit, sich Ursache- und Wirkungszusammenhänge und den Zugang zur äußeren Welt zu erschließen. Doch im aufklärerischen Weltzugang steckt auch ein Keim der Inhumanität, weil er der Innenwelt keinen Raum lässt. Idealismus und Romantik sind nicht zuletzt eine Reaktion vieler deutscher Geistesgrößen auf die Tatsache, dass die Französische Revolution zunehmend blutige und unmenschliche Züge aufwies. Idealismus und Romantik waren eigentlich eine Antwort auf den Terror in Frankreich unter Robespierre, mit dem versucht wurde, menschliche Gewohnheiten zu brechen und alles beiseitezuschaffen, was dem Gott der Vernunft im Wege stehen könnte. In dieser Terrorherrschaft zeigte sich eine Unmenschlichkeit, vor der die deutsche Aufklärung zurückschreckte. Denker wie Novalis – aber auch Goethe, Hölderlin und Schelling – können nur verstanden werden als eine Reaktion auf das erste Sichtbarwerden dieser Schattenseiten der Aufklärung.«

In der historischen Einordnung dieser geistesgeschichtlichen Vorgänge kommt Steininger zu der Aussage, damit habe sich erstmals die Möglichkeit angedeutet, sich einen *transrationalen* Bewusstseinsraum zu erschließen. In diesem Sinne interpretiert er den Idealismus als einen »Versuch, den Rationalismus auf eine höhere Ebene zu heben«, eine in seinen Augen menschheitsgeschichtlich spezifische Leistung des deutschen Kulturraums. Auf den Deutschen Idealismus eines Schiller und Goethe folgte die Romantik mit Novalis und Hölderlin und der Versuch, Denken und Poesie miteinander zu versöhnen (»Das blaue Band der Seele«). Steininger betont, hier komme eine ästhetische Kategorie ins Spiel, die dem Rationalismus fremd sei, da Ästhetik und Wahrnehmung etwas mit Beziehung und Bezogenheit zu tun hätten, sowohl in Bezug auf das Ganze als auch im Bereich des Zwischenmenschlichen. So erscheinen hier Idealismus und (Früh-)Romantik als ein Versuch, dem analytischen und differenzierenden Weltzugang des Rationalismus etwas an die Seite zu stellen, was auf das Dazwischen zielt: auf Bezogenheit, Innenwelt, auf das, »was die Welt im Innersten zusammenhält« (wie Goethe es im »Faust« genannt hat), auf das Ganze, statt lediglich der Summe der Teile. Dies bedeutet in seiner Sicht: »Die eigentliche, evolutionsgeschichtliche Leistung des Deutschen Idealismus und der (Früh-)Romantik ist das Überschreiten des mentalen Bewusstseins und die Öffnung hinein in den Raum eines integralen Bewusstseins.« Die gleiche Auffassung finden wir bei Ken Wilber, dem wichtigsten Vertreter der Integralen Theorie der Bewusstseinsentwicklung, auf den sich Steiniger gleichfalls beruft. Über den Deutschen Idealismus schreibt Wilber:

»Diese großartige Schau betrachtete das ganze Universum von den Atomen über die Zellen, Organismen, Gesellschaften, Kulturen und Geister zu den Seelen als die herrliche Entfaltung eines leuchtenden Geistes ...«[58] Wilber nennt die Erkenntnis, »dass der Geist sein eigenes zeitloses Potential in der Zeit entfaltet ... das unsterbliche Verdienst des Deutschen Idealismus«.[59]

Auch der indische Weisheitslehrer Sri Aurobindo kommt zu einer ähnlichen Einschätzung. Er sieht eine »Doppelgestalt der deutschen Seele« und spricht von der »Parallelität« ihrer »sub-

---

58 Wilber, zit. in: Sünner 2007
59 a. a. O.

jektiven Seite« (wie er es nennt), d.h. seiner seelen- und geistsuchenden Philosophie und Musik einerseits und seinem nüchternmethodischen Verstand andererseits. Diese »Doppelgestalt« weise Deutschland für das kommende integrale Zeitalter eine wichtige Aufgabe zu.[60]

Wie hat es nach diesem geistigen Auf- und Durchbruch zum Abstieg in eine mythisch-mystisch aufgeladene völkische Ideologie der Nationalsozialisten kommen können, zu einer »stählernen Romantik«, wie Goebbels dies nannte[61], in welcher Rüdiger Safranski eine »fatale Verbindung von Weltfremdheit und weltstürzendem Furor«[62] erkennt, deren Vernichtungswerk mit modernster Technik in Szene gesetzt wurde? Safranski, ein intimer Kenner des Idealismus und der Romantik, macht bei den Romantikern einen Intensitätshunger aus, der sich nicht zuletzt mit der Beschaulichkeit der deutschen Kleinstaaterei erklären lasse und die Entwicklung einer »politischen Klugheitslehre« und eines »politischen Sinns« verhindert habe.[63] Der Spott der Romantiker richtete sich gegen den »Doppelmenschen«, den »Philister mit seiner Vorliebe für Ruhe, Ordnung und Sicherheit«, der aber zugleich »teilhaben wollte am Herren- und Heldenbewusstsein«.[64] Stattdessen flüchtete man sich zunehmend in Weltfrömmigkeit und/oder Weltfremdheit, die einen geeigneten Nährboden bilden konnte für die späteren Allmachts- und Großmachtsfantasien. Doch wie Safranski betont: »Nicht die Romantik, sondern vor allem der Biologismus einer wissenschaftsgläubigen Welt hat das Denken moralisch korrumpiert«[65], eine Aussage, die angesichts der heutigen erneuten Wissenschaftsgläubigkeit zu denken gibt. Sie zeigt, dass Wissenschaft, die selbst als eine Geschichte der

60 Vgl. Sri Aurobindo 1992, 43ff.
61 Safranski 2007, 353f. und 249
62 a. a. O., 366
63 a. a. O., 360
64 a. a. O., 356
65 a. a. O., 358

Irrtümer begriffen werden kann, nicht vor Irrtümern schützt. Das meinten schon die Vertreter des Deutschen Idealismus. Seit dem ausgehenden 19. Jahrhundert jedenfalls bildeten Romantisierung, Rassenwahn, Sozialdarwinismus und Technikgläubigkeit ein Amalgam für eine menschenverachtende Ideologie. Die Macht der Ideen wurde durch die Macht der Ideologie abgelöst. Statt einer Öffnung hinein in den integralen Bewusstseinsraum erfolgte genau das Umgekehrte, der Rückfall in eine magisch-mythische Bewusstseinsstruktur, die dem Rationalismus abschwor. Mit den Worten von Tom Steininger:

»Beide, Idealismus und Romantik, haben den Versuch unternommen, einen *transrationalen* Raum zu beschreiben, also über den Rationalismus hinauszugehen. Doch es gibt eine verwirrende strukturelle Ähnlichkeit zwischen einem transrationalen Raum und einem *prärationalen* Raum, der mythisch-magisch-ethnisch-völkisch besetzt werden konnte. Der romantische Weltzugang enthält quasi unabsichtlich eine Art Einfallstor für die Aktivierung bzw. Reaktivierung eines magisch-mythischen Bewusstseins, das hinter die Aufklärung zurückfällt. Gesellschaftliche Krisen und eine allgemeine Verunsicherung, wie wir sie z.B. in der Weimarer Republik beobachten können, bieten einen idealen Nährboden, auf dem solch magisch-mythisches Bewusstsein gedeiht. Vorbereitet waren sie durch eine ›ganze Kultur‹ von Idealisten und Romantikern, die eine rein rationalistische Denkweise unterhöhlt hatten. Die geistigen Impulse des Idealismus und der Romantik, die eigentlich den Raum nach oben hätten freimachen können, haben daher in der damaligen Krisensituation den Raum nach unten freigemacht, und das hat dann zu einer Implosion des Kulturellen geführt.«

Folgt man diesen Gedankengängen, so lässt sich bezogen auf die Fragestellung dieses Buches schlussfolgern: Die Tendenz zur Innerlichkeit und die Öffnung für die geistig-spirituelle Dimension im deutschen Kulturraum, wie sie im Idealismus und in der

(Früh-)Romantik sichtbar werden, haben dazu beigetragen, ein dominant rationales Bewusstsein und Weltbild zu überschreiten. Doch der Romantik mit ihrer Weltfremdheit fehlte zunehmend die Verankerung in einer »politischen Klugheitslehre« (Safranski). Im Verbund mit einer biologistischen Wissenschaftsgläubigkeit wurde damit in der Krise der Weimarer Republik der Boden für einen geistig-zivilisatorischen Rückschritt bereitet, für einen Rückfall ins Prärationale, dessen Schatten bis heute über uns liegt.

Was bedeutet das im Hinblick auf die Entwicklungschancen eines posttraumatischen Bewusstseins? Eine posttraumatische Reifung erlaubt weder den Weg zurück in Romantik und Idealismus, insbesondere nicht in die Weltfremdheit der späteren Romantik, noch die Beschränkung auf einen rein rationalen Weltzugang, der sich den Dimensionen der Innenwelt verschließt. Vielmehr geht es darum, die spirituelle Dimension unseres Seins zu bejahen, Rationalismus und Idealismus zu versöhnen und – im Sinne der integralen Philosophie – sich in den integralen Bewusstseinsraum hinein zu öffnen. Das ist angesichts der Verwerfungen und Katastrophen der deutschen Geschichte eine Herausforderung. Steininger resümiert:

»Die Katastrophe ist nicht hintergehbar. Die ursprüngliche Kernkompetenz im deutschen Kulturraum ist die Sehnsucht und Öffnung für das Transrationale und eine Kultur der Verbundenheit. Doch wir müssen uns dem stellen, dass diese Kernkompetenz in eine globale kulturelle Katastrophe geführt hat.«

Für Steininger ergibt sich daraus eine spezielle Verantwortung in der Gegenwart. Diese Verantwortung sieht er im Kontext der Postmoderne. Die Postmoderne ist nicht nur eine Dekonstruktion der Moderne und ein Fortschritt wegen ihrer radikalen Kritik z.B. an Ungleichheit und Kolonialismus, sondern hat auch ihre Schattenseiten: narzisstische Selbstdrehung, ethische Indifferenz und Beliebigkeit. Diese gelte es heute zu transzendieren. Das

Bewusstsein der zurückliegenden Katastrophe könne sich zu einem verantwortlichen Korrektiv für postmoderne Irrwege entwickeln.

»Hier ist ein Grund, warum sich der Blick weltweit keineswegs nur auf die Schattenseiten der deutschen Geschichte richtet, sondern sich immer noch hoffnungsvoll der deutschen Kultur zuwendet, mehr als sich dies die Menschen in Deutschland bewusst sind. Die Frage ›Was machen die Deutschen?‹ hat auch damit zu tun, dass hier der Schlüssel dazu liegt, die postmoderne Kultur mit ihrer Idealismusverweigerung und ihrer Kultur der Ironie zu transzendieren.«

Steininger sieht in diesen Schattenseiten der Postmoderne eine »radikale Verzweiflung« darüber am Werk, dass das europäische kulturelle Projekt an den Katastrophen von Erstem und Zweitem Weltkrieg, von Auschwitz und Gulag (der stalinistischen Variante der Unmenschlichkeit) so katastrophal gescheitert ist. Eine Versöhnung von Rationalismus und Idealismus könne den Boden bereiten für eine *aufgeklärte Spiritualität*, die weder anfällig sei für eine Regression in ein magisch-mythisches Bewusstsein noch für ein Abdriften in eine abgehobene New-Age-Spiritualität.[66] Eine lebendige aufgeklärte Spiritualität brauche erfahrungstiefe Wahrnehmung *und* Verstehen. Letzteres schließe die Dimension von Intellekt/Rationalität mit ein und gebe der Erfahrungstiefe ein Gefäß des Verständnisses und der Interpretation.

Da ist es wichtig, sich zu vergegenwärtigen, dass dieses Potenzial auch jetzt schon lebendig ist und für vielversprechende Antworten auf Missstände der Gegenwart steht. So verbinden sich hohe Ideale und ein praktischer Weltbezug z.B. bei Menschenrechtsaktivisten, Greenpeace, Amnesty International, der Occupy-Bewegung (Hawken 2010). Zahllose Initiativen im zi-

66 Tom Steininger und Katrin Karneth im Gespräch: 10 Kriterien für eine moderne Spiritualität, Radio@EnlightenNext.de, 17.1.2013

vilgesellschaftlichen Bereich lassen sich ohne einen idealistischen Weltbezug überhaupt nicht erklären, der hier aber höchst praktisch und realistisch gelebt wird: für Migranten und Migrantinnen, für Arme und Obdachlose und gegen Gewalt. Künstler wie der Filmemacher Wim Wenders, Musiker wie Konstantin Wecker geben einem idealistischen oder sogar romantischen Lebensgefühl Ausdruck. Auch bedeutende politische oder geistliche Führer wie Nelson Mandela oder der Dalai Lama werden als große Idealisten gefeiert, weil sie den Versuch machen, ihre Ideale und Ideen auf die Erde zu bringen. Und Wissenschaftler wie Gerald Hüther, der die Bedeutung von Begeisterung für Lernprozesse in den Vordergrund stellt, oder Margret Rasfeld, die in ihrer Schule Verantwortungsbewusstsein auf dem Hintergrund einer Kultur der Wertschätzung von Mensch und Natur etabliert (siehe Teil 3), stehen gleichermaßen in einem Gedankenstrom, der sich vermutlich ohne Mühe bis in die Zeit des Idealismus und der (Früh-)Romantik zurückverfolgen lässt.

So lässt sich schlussfolgern: Wenn es uns in Deutschland gelingt, wieder Anschluss zu finden an die transformierende Kraft von Idealismus und (Früh-)Romantik, ohne im posttraumatischen Schrecken zu verharren, weil diese Geistesströmungen schrecklich missbraucht wurden, wenn es uns darüber hinaus gelingt, deren Erbe in die Gegenwart zu übersetzen und sie mit klarem Verstand, mit Realismus und Pragmatismus »zu erden«, werden wir auch freier, unseren genuinen Beitrag zur Lösung der gegenwärtigen Aufgaben innen wie außen leisten (vgl. dazu Teil 3).

## *Der Nationalsozialismus als Politische Religion*

Wie gingen die Nationalsozialisten mit diesem geistigen Erbe, mit Spiritualität, Transzendenz und Religion um? Diese Frage ist eine der spannendsten, wenn es um die Bewältigung der Missbrauchsthematik im Nationalsozialismus geht. Der Nationalsozialismus war – was gerne übersehen wird – eine Politische Religion.[67] Psychologisch gesprochen diente sie der Schamabwehr[68] – und das gilt sowohl für ihre Entstehung als auch für ihren ungeheuren Erfolg in der Bevölkerung. Der Nationalsozialismus zelebrierte sich als Religion, doch seinen Protagonisten ging es nicht um einen liebenden Gott, sondern um die Indienstnahme Gottes für eine Überwindung von Schamgefühlen, indem sie sich in einen Größenwahn flüchteten. Die Antwort auf die oft gestellte Frage »*Was ist mit Gott nach Auschwitz?*« lässt sich so beantworten, dass Gott sich für diese perfide Indienstnahme nicht eignet. Sie führte in ein von Menschen gemachtes Desaster.

Der Politikwissenschaftler Claus-Ekkehard Bärsch hat in seinem breit recherchierten Werk *Die politische Religion des Nationalsozialismus* (Bärsch 1998) die religiöse Dimension in der Geistes- und Gedankenwelt herausragender NS-Größen, insbesondere von Dietrich Eckart, Joseph Goebbels, Alfred Rosenberg und Adolf Hitler untersucht. Umfassende Forschungen zu diesem Themenfeld verdanken wir auch dem Filmemacher und Autor Rüdiger Sünner, dessen Buch *Entfesselung und Missbrauch der Mythen in Nationalsozialismus und rechter Esoterik* (1999) samt dem dazugehörigen Dokumentarfilm *Schwarze Sonne* erdrückendes Material über den Missbrauch mythischer und religiöser Elemente im Nationalsozialismus und in der Zeit bis heute enthält. Danach kann kein Zweifel mehr darüber aufkommen, dass der Nationalsozialismus eine religiös-spirituell-

67 Dieser Begriff geht auf den deutsch-amerikanischen Politologen und Philosophen Eric Voegelin zurück, der eine holistische und normative Politikwissenschaft unter Berücksichtigung der religiösen Dimension vertreten hat. Sein Schüler Claus-Ekkehard Bärsch lehrte Politikwissenschaft an der Universität Duisburg-Essen mit einer Spezialisierung auf dem Feld der Religionspolitologie und beschäftigte sich in seinem wichtigsten Werk mit der Politischen Religion des Nationalsozialismus: Vgl. Bärsch 1998

68 Vgl. dazu die Forschungen von Stephan Marks, der selbst nicht das Thema der politischen Religion, wohl jedoch die Mechanismen der Schamabwehr intensiv untersucht hat, u.a. Marks 1997, 2007 und 2010

mythisch aufgeladene Ideologie war, mit der ihre Protagonisten es fertiggebracht haben, ein ganzes Volk in seinen Bann zu ziehen und Verbrechen gegen die Menschlichkeit zu begehen. Claus-Ekkehard Bärsch fasst seine Forschungsergebnisse zusammen: »Sie waren alle gottgläubig, die Nazis! Aber es ist eine Entgleisung!«[69] Den Begriff Politische Religion definiert er so: »Das ist der Wille, die wesentlichen Merkmale einer politischen Ordnung religiös zu werten, zu rechtfertigen und zu begründen.« Dabei kommt nach seinen Recherchen der deutschen Mystik eine besondere Bedeutung zu. Sie wurde von den wichtigen NS-Ideologen und Protagonisten wie Rosenberg oder Goebbels rezipiert und als Legitimation für die NS-Ideologie verwendet:

»Hitler sagt: Der Arier ist das Ebenbild Gottes, und Rosenberg redet von der Gleichheit der Seele mit Gott. Rosenberg überträgt die Lehre der Gleichheit der Seele mit Gott auf ein Kollektiv, auf die nordische Seele. Für ihn ist der Arier und nur der Arier das Ebenbild Gottes.«

Im Sinne der integralen Philosophie Ken Wilbers würde man hierin die bereits erwähnte Verwechslung zwischen prärationalem Bewusstsein und einem transrationalen Bewusstsein erkennen, worauf ich später erneut zurückkommen werde. Bärsch jedenfalls ist zutiefst beunruhigt über die Folgen, die eine solche »Verdinglichung« des Mystischen mit sich bringt. Für ihn kommt es nicht drauf an, was die wahre Mystik ist. Ihm kommt es darauf an, was die Folgen sind für das Politische und das politische Leben. »Es ist *superbia*, also Hochmut, wenn ein Einzelner oder die Hälfte des Kollektivs glaubt, wir haben das Göttliche in uns, weil wir Teilnehmer am Kollektiv ›die Deutschen‹ sind.« Diese Art von Hochmut braucht, so Bärsch, eine Vorstellung von denen, die nicht zu den Auserwählten gehören:

69 Dieses und alle weiteren nicht näher gekennzeichneten Zitate in diesem Unterkapitel gehen auf ein mehrstündiges Interview vom 23. 7. 2011 zurück.

»Die anderen, die nicht so denken wie wir, sind *die* Bösen. Nicht das Böse, *die* Bösen oder die Personifikation des Bösen! Das ist das eigentliche Problem, dass man zu einer Personifikation in der Vorstellung des Bösen kommt. Das Problem ist nicht, dass es das Böse gibt – das gibt es einfach. Das Problem ist, dass hier eine *Personifikation des Bösen* vorgenommen und auf eine bestimmte Personengruppe bezogen wird, in diesem Fall insbesondere die Juden. Die Vorstellung von der Göttlichkeit des Ariers als Ebenbild Gottes und der Juden als Inkarnation des Bösen, das ist nur und nur ein Phänomen des Nationalsozialismus. Ich kenne keine andere Kultur mit einer vergleichbaren Ideologie. Die Nazis hatten einen ganz einfachen Mythos: Wir wollen die Erlösung der Menschen. Wir sind die Erlöser. Wir wollen die Herrschaft über die Welt, um die Welt vom Bösen zu erlösen. Und wir haben den Führer, der dieses Werk ausführt.«

Diese Auffassung der wichtigsten NS-Ideologen hat eine beispiellose Vernichtungsenergie und -strategie legitimiert, der sich unzählige Menschen willig beugten. Eng mit der Vorstellung von Gottgleichheit und der Vorstellung eines göttlich auserwählten Volkes, die sich gemäß NS-Ideologie ausschließlich im Arier verkörperte, war die Vorstellung eines Erlösungsauftrages für die »Arier« bzw. für die Menschheit.[70] Bärsch betont, wie stark sich diese Vorstellungen im Alltäglichen instrumentell nutzen ließen. Die einzelnen Menschen des auserwählten Volkes wurden zu einer verschworenen Gemeinschaft, in der Gefühle der Minderwertigkeit schwanden. In der Identifikation mit dem auserwählten Volk schien ein Weg der religiös aufgeladenen Erlösung auf, in der sich alle Selbstwertzweifel verflüchtigten.

»Die Nationalsozialisten haben die Begriffe Volk, völkisch, Volk und noch mal Volk besetzt! Da sie einen Bösen hatten, der an allem schuld ist, wurde jeder einzelne des völkischen Kollek-

70 Bärsch 1997, 107ff.

tivs aufgewertet. Polemisch gesprochen: Jeder Deutsche, der keinen Job hatte, der von seiner Frau betrogen wurde oder der unfähig war, sich zu ernähren, hatte so die Möglichkeit, sich via des Kollektivs aufzuwerten, nach dem Motto: Das deutsche Volk ist genial; ich bin Deutscher, also bin ich genial. Goethe war ein Genie; Goethe ist Deutscher; ich bin Mitglied des deutschen Kollektivs. Also bin ich oder sind meine Nachfahren auch genial. Die Menschen haben dann das Gefühl, sie nehmen teil. Sie sind Teil. Man könnte auch sagen: Sie verstehen sich als einen Teil des Corpus Christi Mysticum. Corpus Christi Mysticum heißt: die Einheit aller toten, lebenden oder nichtgeborenen Christen. Aus dieser Identifikation erwächst dann Gemeinschaft und Zugehörigkeit.«

Überhöht wird das Ganze, wie Bärsch zeigt, durch eine messianische Heilserwartung. Den Nationalsozialisten ging es um einen »Neuen Menschen«[71], der erst durch ethnische Säuberung unvermischt in seiner Genialität zur wahren Aufgabe heranwachsen sollte. Das Volk wird als vorläufig, als noch nicht vollendet begriffen, als ein Potenzial, das auf Vollendung drängt.

»Die Nazis vertraten die Auffassung: Das Volk ist genial, bzw. es hat ein geniales Potenzial. Es hat die Potenz, über die ganze Welt zu herrschen, aber dieses Potenzial ist noch nicht verwirklicht worden. Es brauchte daher eine Ursache, warum es noch nicht verwirklicht wurde. Aber das Entscheidende ist die Identifikation des Einzelnen mit dem Genialen oder Großartigen, Mächtigen – aber immer noch nicht vollendet mächtigen Volk. Hitler war der Meinung, das deutsche Volk habe noch keine rassische Reinheit. Die müsse erst geschaffen werden. Wenn Hitler der Überzeugung gewesen wäre, wir sind schon die Herrenmenschen, hätte er anders agiert. Sein Ansatz war: Nein, wir

71 Vgl. hierzu die materialreiche Dokumentation von Betz: Der »Neue Mensch« im Nationalsozialismus. Teil 3 der Reihe *Perversion einer Utopie*, unter: http://www.dradio.de/dlf/sendungen/essayunddiskurs/1312198/

wollen sie sein! Das heißt, potenziell sind wir die Herrenmenschen, das ist aber noch nicht realisiert. Doch ich als euer Führer mache euch dazu.«

Was als Verwirklichung oder Vollendung begriffen wurde, bedeutete die Vernichtung aller »Elemente«, von denen postuliert wurde, sie gehörten nicht dazu, und die Etablierung dieses auserwählten Volkes als Herrenvolk. Die Rassenpolitik diente der »Reinigung« des Volkskörpers, so wie die rassistische Ideologie der deutschen Christen der Reinhaltung des Christentums von jüdischen Einflüssen dienen sollte. Was nun sind die Wege, mit denen der Nationalsozialismus sich als Politische Religion festigte? Liturgie und Inszenierung stehen für Bärsch im Vordergrund:

»Ich bin der Überzeugung, dass Liturgie und Inszenierung eine sehr wichtige Rolle für die Bejahung oder Akzeptanz des Religiösen hatten. Dauernde Auftritte, Marschieren, gemeinsame Kleidung, Lieder, Feiern, der 1. Mai, die Parteitage – das alles würde ich als liturgisch bezeichnen.«

Rüdiger Sünner widmet in seiner kenntnisreichen Studie über Entfesselung und Missbrauch von Mythen im Nationalsozialismus (Sünner 1999) ein ganzes Kapitel dem Thema »Entwürfe und Praktiken einer neuen Kultreligion«. Dazu gehörten:

- Steinerne Heiligtümer
- Kultstätten und Sakralbauten
- Anrufungen des Lichtgottes
- Rituale und Weihefeiern
- Sonnenrad und Runenwissen
- Symbole und Sinnbilder.[72]

72 Vgl. Sünner 1999, 67ff.

Dabei wird sichtbar, dass die Liebe zur Gemeinschaft und die Liebe zur Natur Grundmelodien waren, welche die Nationalsozialisten benutzten, um die Menschen, nicht zuletzt die begeisterungsfähige Jugend, auf ihre Ziele einzustimmen. Die Jugendbewegung und die Wandervögel lieferten dafür ideale Voraussetzungen. Gemeinschaftliches Singen und mythisch aufgeladene Feiern in der freien Natur waren wichtige Elemente, um Menschen das Gefühl der Zugehörigkeit und Verbundenheit zu vermitteln. Besonders stark dürften auf die kollektive Psyche die öffentlichen Inszenierungen und Massenaufmärsche mit Fackeln, die Parteitage mit Lichtdomen, Lichträdern und Licht-Hakenkreuzen gewirkt haben. Sie tauchten die Veranstaltungen in ein mystisches Dunkel, bedienten Sehnsüchte nach Gemeinschaft und nach dem, was über das kleine Ich hinauswies, und gaben der »Bewegung« einen sakralen, auf Erlösung abzielenden Charakter.

Sakral aufgeladene Orte taten ein Weiteres, um den Nationalsozialismus als Politische Religion zu etablieren: Das »Reichsehrenmal Tannenberg in Ostpreußen«, mit dem Hindenburg als siegreicher Feldherr inszeniert wurde, orientierte sich in der Anlage an Stonehenge.[73] Der Steinkreis von Stonehenge selbst wurde zu einer germanischen Kultstätte erklärt, die Externsteine, die bis heute ein Wallfahrtsort von Rechtsextremisten sind, galten als Beweis für eine germanische Urreligion und als arischer Initiationsplatz, und die Wewelsburg, als Grals- und Ordensburg der SS, wurde zum Mittelpunkt der Welt erklärt und sollte monumental ausgestaltet werden.[74]

Erschreckend deutlich wird der religiöse Bezug bei der SS, die als Orden und Elite mythologisch geschult und religiös eingeschworen wurde. »Wir wollen religiöses Gefühl und religiöse

73 Vgl. a. a. O., 129
74 Vgl. a. a. O., 103ff.

Welterneuerung«, zitiert Sünner die SS-Zeitschrift *Das schwarze Korps* von 1936.[75] Die Totenkopfringe der SS trugen »Runen-Sinnsprüche«, die weit über das Religiöse in den Raum von Spiritualität und Mystik weisen:

- »Der Schöpfergeist muss siegen.«
- »Sei eins mit Gott, dem Ewigen.«
- »Deines Geistes Kraft macht dich frei.«
- »Umhege das All in dir, und du wirst das All beherrschen.«[76]

Bereits die Jugend sollte laut Sünner auf diese neue politische Religion eingeschworen werden durch Herstellung »suggestiver Klangräume, aufgeladen mit dem Ton geheimnisvollen Raunens, von Stimmungseffekten, in denen das Raue und Mystische des Nordens herausgearbeitet werden sollte«.[77] Und weiter: »Mit Fotos von meisterhaft geschmiedeten Waffen fesselte man die Herzen der Jungen und mit Hinweisen auf die germanische Verehrung des Weiblichen Mädchen und junge Frauen.«[78]

Hitler selbst war, wie sein Biograf Ian Kershaw ebenso wie Gordon Craig in seinen Studien über die Deutschen betont, taktisch zu klug, um sich öffentlich zu weit mit arischen Kultritualen oder gar einem Wotanskult zu identifizieren. Doch Hitlers Pläne für den Ausbau Berlins zur Hauptstadt *Germania* (Reichhardt/Schäche [11]2008) unter Albert Speer lassen sich nur religiös erklären. Der Gigantismus, der sich darin manifestierte, sollte auf das Übermenschliche, Überweltliche, Überzeitliche verweisen, es in Stein meißeln und die Größe und Herrlichkeit der von Gott auserwählten arischen Rasse durch Monumentalbauten der Nachwelt überliefern.

---

75 a. a. O., 103
76 a. a. O., 130 und 133
77 a. a. O., 62f.
78 a. a. O., 64

Die Gestalt des Führers war, wie Bärsch betont, der Dreh- und Angelpunkt dieser mythisch-magisch aufgeladenen Spiritualität. Mit ihr verband sich der suggestiv vermittelte Glaube, er werde das Volk aus der als apokalyptisch begriffenen Gegenwart erlösen und es zur eigenen Genialität und seiner vermeintlich menschheitsgeschichtlichen Aufgabe befreien:

»Der Führer stand im Kreuz der kollektiven Identität. Ohne einen Führer, der das Vermittelnde ist, hätte das alles nicht geklappt! Die Begeisterung für ihn ist nachweisbar. Es hat noch nie ein Politiker so viel Zustimmung erhalten. Meine Vermutung über die psychologischen Mechanismen am Werk kann ich in eine Kurzformel fassen: Die Leute sagten: ›Wir befehlen Dir, Hitler, uns zu befehlen!‹«

Dieser Befund von Bärsch wird auch von Ian Kershaw, dem profunden Kenner und Biografen Hitlers, geteilt:

»Hitler war kein Tyrann, der Deutschland aufgezwungen wurde…[Er] wurde zwischen 1933 und 1940 zum unbestritten beliebtesten Staatsoberhaupt auf der Welt.«[79] Weiter heißt es: »Hitlers Macht war … charismatischer, nicht institutioneller Natur. Sie hing von der Bereitschaft der anderen ab, in ihm ›heroische‹ Fähigkeiten zu erkennen. Und sie erkannten diese Fähigkeiten – vielleicht sogar, bevor er selbst an sie zu glauben begann.«[80] Kershaw schlussfolgert: »Er wurde zum Objekt zunehmender, zuletzt fast grenzenloser Massenverehrung (zugleich zur Hassfigur für seine politischen Gegner).«[81]

Aus heutiger Sicht ist diese Massenverehrung kaum nachvollziehbar. Doch es ist wichtig, dass wir uns ihr stellen, dass wir ihre Existenz als Tatsache annehmen, um die Tiefe des Missbrauchs zu verstehen, die im Nationalsozialismus mit spirituel-

79 Kershaw 2009, 22
80 a. a. O., 19
81 a. a. O., 8

len Gefühlen, mit Fragen nach dem Sinn des Lebens und mit der Fähigkeit von Menschen, sich zu begeistern, getrieben wurde. Hierzu ein Zeitzeuge, der Schriftsteller und Kulturphilosoph Denis de Rougement, der am 11. März 1936 an einer Massenveranstaltung in der Frankfurter Festhalle teilnahm. Die 35.000 Plätze waren, wie er schreibt, innerhalb weniger Minuten gefüllt, nachdem die Tore geöffnet worden waren. Als Hitler kommt, beginnt eine minutenlange Huldigung.

»Ich hatte gedacht, an einer Massenveranstaltung teilzunehmen, an einer politischen Kundgebung. Aber sie zelebrierten ihren Kult! Und dabei wird eine Liturgie abgehalten, die große sakrale Liturgie einer Religion, der ich nicht angehöre und die mich überrollt und mich mit sehr viel mehr Kraft, sogar physischer Kraft zurückdrängt als diese schrecklich strammen Körper ... Ich werde diesen ›Schrei‹, dieses unmittelbare Gebrüll von 40.000 Menschen, die sich in einer einzigen Bewegung aufrichten, nicht vergessen ... Nein, es handelt sich nicht um Hass, es handelt sich um Liebe. **Ich habe das Ächzen der Liebe aus der Seele der Massen vernommen** das dumpfe und machtvolle Ächzen einer Nation, die besessen ist von dem Mann mit dem ekstatischen Lächeln – von ihm, dem Reinen und Einfachen, dem Freund und sichtbaren Befreier.«[82]

Dass es zu einer so ungeheuerlichen »kumulativen Radikalisierung« des Unrechtsstaates und zu einem wahren Zusammenbruch aller zivilisatorischen Werte kam, lässt sich gemäß Kershaw nicht allein aus der Person Hitlers erklären, auch nicht allein aus der Identitätskrise, in die Deutschland nach dem Ersten Weltkrieg und seinen Folgen stürzte. Vielmehr gab es ein intensives Zusammenwirken zwischen Hitler und seinen begeisterten Anhängern. Kershaw nennt dieses Prinzip in Anlehnung an

82 de Rougement: *Journal aus Deutschland 1935–1936,* Wien 1998, 122ff., zit. nach: Sünner 1999, 12 f.

Willkens[83] »*dem Führer entgegenarbeiten*«[84]. In ihm verdichteten sich die religiös aufgeladenen Heilserwartungen der Menschen mit ihrer begeisterten oder opportunistischen Bereitschaft, aus eigener Initiative das in Gang zu setzen, was ihrer Meinung nach den Vorstellungen des Führers entsprach:

»Durch seine [Hitlers] Form der Führerschaft in Verbindung mit den von ihm verkörperten groben ›Aktionsrichtungen‹ – nationale Erneuerung, ›Beseitigung‹ der Juden, ›Aufartung‹ der Rasse, Wiederherstellung von Deutschlands Macht und Ansehen in der Welt – wurde in allen Politikbereichen eine anhaltende Dynamik entfesselt. Wie Willkens gesagt hatte, bestanden die größten Erfolgschancen (und die besten individuellen Aufstiegsmöglichkeiten) dort, wo der einzelne zeigen konnte, wie wirkungsvoll er ›dem Führer entgegenarbeitete‹.«[85]

Karriereziele dürften gerade bei den sogenannten Eliten eine wichtige Rolle gespielt haben, doch die Inbrunst der Begeisterung, die Hitler vor allem in der Bevölkerung entgegenschlug, zeigt, dass es sich um tiefer liegende Emotionen handelte. Antworten auf die Frage, wieso es zu dieser Inbrunst kam, finden wir wiederum bei Bärsch. Er gelangt zu der Auffassung, dass das Faszinosum für die Menschen aus dem Gemeinschaftsgefühl erwachsen sei, aus dem Volkskörper, der mittels einer politischen Religion geschmiedet wurde. Dem Führer fiel die entscheidende Rolle des Mittlers zu, des Mittlers zwischen den Einzelnen. Er habe die Verschiedenen zu einer Einheit zusammengebunden, zum »deutschen Volk«. In der verpflichtenden und unablässig wiederholten Formel »Heil Hitler« und dem Hitlergruß wird dieses Heilsversprechen quasi tagtäglich rituell bestätigt:

---

83 Werner Willkens, Staatssekretär im preußischen Landwirtschaftsministeriums, vgl. Kershaw a. a. O., 345
84 Kershaw a. a. O., 345ff.
85 Kershaw a. a. O., 348

»Das ›Heil Hitler‹ hat eine doppelte Bedeutung. Es ist erstens der Wunsch: Wir wünschen Dir Heil! Und zweitens bedeutet es: Wir wissen, dass das Heil von Dir kommt. Das Heil, unser Heil, kommt von Dir, Du erfüllst unser Heil und Dir wünschen wir Heil.«

## *Missbrauch der Mystik*

Wenn der Religionspolitologe Bärsch von einer geistigen »Entgleisung« spricht, dann meint er damit die Art, wie die Nationalsozialisten mystisches Gedankengut benutzt haben, um ihre Ideologie vom auserwählten Volk und Herrenmenschen zu begründen. Er sieht nur eine Möglichkeit, solchen geistigen Missbrauch zu verhindern: die grundlegende Ablehnung des mystischen Gedankenguts. So formuliert er: »Gott ist Gott und Mensch ist Mensch. Ich sage Ihnen: Das ist der große Unterschied: Es gibt eine Differenz zwischen Gott und Mensch und wenn die aufgehoben wird, wird's schrecklich, gerade im Politischen.« Sein eigener Lehrer, der bedeutende Religionspolitologe Eric Voegelin, scheint dies anders gesehen zu haben. An dessen Position wird deutlich, dass die »Entgleisung«, von der Bärsch spricht, letztlich nicht im mystischen Ansatz liegt, sondern in der Art, wie die Nationalsozialisten die Mystik rezipiert und missbraucht haben. Dazu Bärsch im Interview:

»Wissen Sie, was mein Lehrer Voegelin sagen würde? Er würde sagen: Es war ein großer Fehler der Nationalsozialisten, die Mystik nicht ernst zu nehmen, denn dann hätte der Dogmatismus verhindert werden können. Unter Dogmatik verstand Voegelin die Verdinglichung des Glaubens. Die Nationalsozialisten orientierten sich an äußerlichen Dingen statt am geistig-spirituellen Kern der Mystik.«

Diese Aussage ist so wichtig, dass sie eine Erläuterung verlangt. Mystisches Gedankengut geht davon aus, dass Gott nicht außerhalb des Menschen existiert, sondern sich das Göttliche im

Menschen manifestiert. Der Mensch ist die Verkörperung des geistigen Urgrundes – eine Auffassung, in der sich die mystischen Traditionen einig sind, egal ob es sich um christliche Mystiker (vgl. USA Foundation for Inner Peace 2012), um die indische Philosophie der Non-Dualität (z.B. Sri Shankaracharya 2002) oder den Sufismus handelt. Verwirrung entsteht, wenn das Göttliche mit der Welt der Dinge bzw. mit dem, was vergänglich ist, gleichgesetzt wird. Die Aussage, der verdinglichte Mensch sei Gott, gar noch, wie dies die nationalsozialistischen Ideologen postulierten, nur der Arier sei Gott – ist im Sinne mystischer Traditionen, die auf die geistige Dimension verweisen und den Menschen als Ausdruck des göttlichen Geistes begreifen, Unsinn. Der Mystik geht es um das Geistige, Formlose, nicht Gewordene und nie Vergehende, das, was ohne Anfang und ohne Ende ist.[86] Aus dieser Sicht ergeben sich schlüssig Aussagen wie:

»Es gibt nur eine Religion, die Religion der Liebe.
Es gibt nur eine Kaste, die Kaste der Menschheit.
Es gibt nur eine Sprache, die Sprache des Herzens.
Es gibt nur einen Gott; Er ist allgegenwärtig.«[87]

Sich vor dem Hintergrund mystischer Traditionen oder einer Philosophie der Non-Dualität mit einer Rasse oder Nation zu identifizieren und einen von Gott abgeleiteten Überlegenheits- und Herrschaftsanspruch einer bestimmten Gruppe von Menschen oder einer Nation zu postulieren, steht in direktem Gegensatz zum Kern der Mystik. Alle mystischen Traditionen orientieren sich am Grundsatz der Einheit. Der Irrtum basiert also auf einer Verdinglichung des Geistes, die benutzt wird, um

86 In der vedantischen Tradition heißt dies: Wenn der Mensch die Illusion der Identifikation mit dem Körper aufgibt, kann er die Illusion transzendieren und in das Gottesbewusstsein eintreten, d.h. in das Bewusstsein dessen, was er in letzter Essenz ist: SEIN-BEWUSSTSEIN-GLÜCKSELIGKEIT. Es bedeutet, sich der Allpräsenz, Allgegenwart und Allmacht Gottes zu öffnen.

87 Sathya Sai Baba (1926-2011), indischer Weisheitslehrer, der Advaita-Vedanta lehrte

in der Welt eine Überlegenheit und einen Herrschaftsanspruch zu etablieren, dem aus spiritueller Sicht nicht die geringste Berechtigung zukommt. Es ist Ausdruck mangelnden geistigen Unterscheidungsvermögens.

Nimmt man die Forschungsergebnisse von Bärsch und Sünner, so bleibt am religiösen Gehalt des Nationalsozialismus und seiner Ideologie kein Zweifel. Für Bärsch ist die Schlussfolgerung eindeutig: Religiöse, insbesondere aber mystische Prinzipien der Einheit von Mensch und Gott führen ins Chaos, öffnen, wenn sie politisch instrumentalisiert werden, dem Missbrauch Tür und Tor.

Für mich wirft dies die grundlegende Frage nach dem Verhältnis von Geist und Materie in einer politischen Kultur und in einer Gesellschaft auf. Handelt es sich um getrennte Sphären nach dem Prinzip: hier die Welt des Geistigen und dort die Welt der Dinge? Handelt es sich um unversöhnliche Gegensätze? Oder bedingen sie einander? Verweisen sie sogar aufeinander als polarer Ausdruck von Transzendenz und Immanenz? Ist nicht die ganze Welt der Dinge ein Ausdruck des Geistigen? Wenn ja, wie kann dann sichergestellt werden, dass die geistigen Grundlagen für die Gestaltung der Welt der Dinge das Humanum bewahren? Wes Geistes Kind wollen wir sein?

Die geistigen Irrwege der Politischen Religion des Nationalsozialismus und insbesondere der Missbrauch religiösen und spirituellen Gedankenguts zeigen, dass diese einem Massenmorden Vorschub geleistet, ja dieses sogar legitimiert haben. Doch was nach dem Zusammenbruch des Nationalsozialismus kam, kann ebenfalls als geistiger Irrweg interpretiert werden. In Westdeutschland und seit 1990 im vereinigten Deutschland uferten Materialismus und Kapitalismus regelrecht aus und sorgten für Zustände, die ebenfalls geeignet sind, unsere Lebensgrundlagen zu zerstören.

Muss das so sein? Diese Frage geht in zwei Richtungen: Muss

eine spirituelle Ausrichtung des politischen Handelns und von gesellschaftlichen Projekten notwendigerweise dem Irrationalismus und der Inhumanität Tür und Tor öffnen? Muss eine Ausrichtung politischen Handelns und gesellschaftlicher Projekte auf materielle Ziele notwendigerweise mit Kolonialismus, Imperialismus, einer die Lebensgrundlagen zerstörenden Globalisierung und einer Ausbeutung und Zerstörung von Mensch und Natur einhergehen?

Oder gibt es Wege, wie sich Geist und Materie, Spiritualität und ein In-der-Welt-Sein, Transzendenz und Immanenz versöhnen lassen? Es geht gerade angesichts des blutigen 20. Jahrhunderts und der Rolle, die Deutschland darin gespielt hat, angesichts des Missbrauchs spirituellen und religiösen Gedankenguts darum, aus kollektiven Erfahrungen und Irrwegen zu lernen. Wir haben die Möglichkeit, aus einer spirituellen Grundhaltung heraus eine Bewusstheit für die Verbundenheit und Würde allen Lebens zu entwickeln und aus diesem Bewusstsein heraus im Politischen und Gesellschaftlichen dem Leben zu dienen. Hat Deutschland hier möglicherweise eine genuine Aufgabe, die aus dem reifen Umgang mit den Traumata des nationalsozialistischen Erbes resultiert?

## *»Sensibilität für die Transzendenz« heute*

Spiritualität ist heute in Deutschland mit einem Tabu belegt. Wenngleich das Thema inzwischen für viele auf der Agenda steht, so z. B. des Evangelischen Kirchentags 2013 in Hamburg, ist es im politischen und medialen Mainstream weiterhin verpönt. Zugleich erfreut sich eine wachsende esoterische, antirationale Szene größter Beliebtheit, und im rechtsradikalen Untergrund brodeln die alten mythischen Konzepte und Vorstellungen unbeobachtet von der Öffentlichkeit weiter.[88] Wie hoch tabui-

88 Vgl. dazu Sünner a. a. O., 141ff.

siert Fragen nach Spiritualität und Transzendenz sind, die sich nicht in einen Kanon des etablierten Christentums einordnen lassen, kommentierte 1998 nachdrücklich der ungarische Historiker Láslό Földényi:

»Die Sensibilität für die Transzendenz, die selbst einander so kritisch gegenüberstehende Denker wie Adorno und Heidegger kennzeichnet, löst im heutigen Geistesleben Deutschlands – zumindest wenn man die öffentlichen Auseinandersetzungen verfolgt – Misstrauen, ja Hohn aus. Natürlich ist das ein weltweites Phänomen. Dennoch empfinde ich es in Deutschland als besonders schmerzlich, wo ich, wenn ich ankomme, instinktiv nach dem Vermächtnis, den Spuren der großen deutschen Kultur suche. Doch was finde ich stattdessen: eine geradezu besessen politische und soziologische, will sagen ideologische Weltdeutung, die jede Ansicht, die inhaltlich oder strategisch mit ihr unvereinbar ist, gnadenlos als ›überkommen‹ abstempelt.«[89]

Was der ungarische Historiker Láslό Földényi hier beklagt, ist die traurige Erfahrungsrealität vieler Deutscher, die sich auf die Suche nach ihren eigenen spirituellen Wurzeln begeben. Spiritualität, die Suche nach Transzendenz war und ist immer noch mit einem Tabu belegt. Wer in der ersten Generation der Kriegskinder dem Ausdruck gab, konnte erleben, dass die Eltern sie mit der stereotypen Warnung zurückpfiffen: »Sei bloß still, das hätten die Nationalsozialisten sagen können.« Heutige Vorwürfe reichen von irrational bis irrelevant. Zugleich gibt es, wie Tom Steininger feststellt, in Deutschland eine riesige Esoterik-Szene, die radikal gefühlsorientiert und antirational ist. Hier macht er ein Fortwirken des prärationalen Bewusstseins aus, doch deren Missbrauchsanfälligkeit sei heute eine andere. Mit seinen Worten:

89 So der ungarische Historiker Láslό Földényi in der *Süddeutschen Zeitung* vom 14. 1. 1998: Zit. nach: Schmidt-Reinecke 1998

»Die Missbrauchsanfälligkeit der New-Age-Kultur hat mit dem radikalen Individualismus unserer postmodernen Gegenwart zu tun. Darin sind zwei an sich wichtige positive Werte enthalten, zum einen, dass wir unsere Individualität in einer Art und Weise wahrnehmen und artikulieren können, wie es wahrscheinlich menschheitsgeschichtlich noch nicht der Fall war, zum anderen dass wir in der Lage sind, mehrere Perspektiven zu halten. Das ist eine große Bewusstseinsleistung, denn ich muss dazu bewusstseinsmäßig in der Lage sein, mich in eine mir fremde Sichtweise zu versetzen. Solche Multiperspektivität birgt in sich die Gefahr eines radikalen Relativismus, also einer Kontextlosigkeit und kann zum Nährboden einer narzisstischen relativistischen Kultur werden, in der sich viele Schattenseiten des Postmodernen ausdrücken. Selbst tiefste spirituelle Einsichten werden dann nur noch aus einer narzisstischen Selbstprägung heraus wahrgenommen.«

Könnte es sein, dass das starke Abdriften in eine gefühlsorientierte Esoterik auch eine Reaktion darauf ist, dass Spiritualität in Deutschland weiterhin ein Tabu ist und dass wir bis heute keine Formen gefunden haben, wie wir mit dem in unserem Sprachraum ausgeprägten Sehnen nach Transzendenz und Transpersonalität angemessen umgehen können? Der Missbrauch des Spirituellen im »Tausendjährigen Reich« ist eine der Ursachen für die heutigen Irrwege einer gefühlsbetonten Esoterik, die meint, sich der geistig-rationalen Durchdringung entziehen zu können (vgl. Anonyma in Teil 3).

Die Furcht, in die faschistische oder »spinnerte« Ecke gestellt oder als New-Age-Junkie abgestempelt zu werden, hat ihren Preis. Sie schneidet Menschen in unserem Land von ihrer tiefen Sehnsucht nach Spiritualität, nach höheren Werten und Idealen und nach Transzendenz ab. Was jenseits der etablierten Religionen existiert, läuft Gefahr, als Sekte, rückständig und irrational eingeordnet und bekämpft zu werden. Schmidt-Reinecke nennt es das »neudeutsche Irrationalitäts-Trauma« (Schmidt-Reinecke 1998). Unter Menschen, die sich Fragen nach dem Urgrund des Seins, nach der Essenz des Geistes, nach dem, »was die Welt zusammenhält«, zuwenden und dies nicht sektiererisch im stillen Kämmerlein, sondern als gestaltende Kraft im Alltag leben wollen, wird die Angst geschürt, sich lächerlich zu machen, nicht dazuzugehören, für rückständig gehalten zu werden. Das mentale Bewusstsein verlangt Allgemeingültigkeit.[90]

Ich erinnere mich an die Planung einer Vortragsveranstaltung im Innovationslabor der Deutschen Bank in der Berliner Friedrichstraße im Jahr 2009. Im Gespräch mit der damaligen Leiterin antwortete sie auf meine Frage, was für sie ein No-go sei: »Spiritualität.« Darüber dürften wir auf keinen Fall reden! Während wir also eher Angst haben, Spiritualität zu leben und zu Idealen zu stehen, warten manche im Ausland darauf, dass Deutschland und Deutsche sich mit den eigenen kulturellen Stärken und Fähigkeiten mutig in den internationalen Diskurs einbringen – und dazu gehört eben mehr als pragmatischer Realismus und Effizienz. Dazu gehört gleichermaßen die Fähigkeit, sich für höhere Ziele einzusetzen, die eigenen Egoismen zu überschreiten und aus tiefer Überzeugung dem Leben zu dienen. Barrett Brown, hochrangiger US-amerikanischer Berater im Umweltbereich, gab dem in einer Skypezuschaltung aus Rio de Janeiro anlässlich der im Juni 2012 stattfindenden *Rio +20*-Konferenz klaren Ausdruck. Auf die Frage nach der spezifisch deutschen Verantwortung in der Umweltpolitik auf dem Hintergrund der Schattenkräfte in der deutschen Vergangenheit formuliert er: »Instead of fixing the shadow – we need the full German being to show itself.« Zu deutsch: »Anstatt den Schatten festzuhalten, brauchen wir etwas anderes, nämlich dass sich das deutsche Wesen in seiner (ganzen) Fülle zeigt.« (Brown 2012).

90 Vgl. dazu Meibom, Tattva Viveka 2012

Chuck Spezzano, weltweit agierender Therapeut und Begründer der *Psychology of Vision*, geht – befragt nach dem besonderen Beitrag, den die Deutschen für die internationale Entwicklung leisten könnten – sogar noch weiter. Er äußert es in einem einzigen klaren Wort: *Transcendence* – Transzendenz![91] In einer öffentlichen Diskussion betonte er außerdem, in seiner weltweiten Arbeit mit Menschen gäbe es kein Land, in dem die Menschen ihre spirituelle Suche intensiver verfolgten als in Deutschland. Aus seiner Sicht komme Deutschland eine ganz besondere Rolle für die anstehenden Transformationsprozesse zu. Er sei zu der Auffassung gelangt, hier hätten sich viele Seelen inkarniert, die sich eine Friedensaufgabe gestellt hätten.[92]

So bietet unser Land heute ein paradoxes Bild. Immer mehr Deutsche öffnen sich der spirituellen und transzendenten Dimensionen unserer Existenz und der Frage, was diese für die Bewältigung unserer (welt-)politischen Probleme zu bedeuten haben, doch im offiziellen Diskurs und in der veröffentlichten Meinung stehen immer noch pragmatischer Rigorismus und materialistische Leistungsorientierung im Vordergrund. Dies hat mit den Traumata zu tun, die der Nationalsozialismus spirituell-geistig hinterlassen hat. Der Höhepunkt dessen, was man psychologisch eine Abspaltung/Dissoziation nennt, ist jedoch überschritten. Die Zeit ist reif, um sich den Traumata zuzuwenden und sie zu heilen.

Damit Deutschland, die Deutschen und die deutsche Nation ein entspanntes Verhältnis zur eigenen Spiritualität gewinnen und eine mutige Stimme in der Welt sein können, die unser zivilisatorisches Projekt in eine lebensfördernde Richtung lenkt, brauchen wir die Rückgewinnung des Spirituellen, ohne dabei in romantisch-mythische oder esoterische Träumereien und Spin-

91 In einem Interview mit der Autorin
92 Vortrag am 21. 2. 2011 in Berlin

nereien zu verfallen. Wir brauchen eine *aufgeklärte Spiritualität*, die sich dem Leben zuwendet und sich – in einer neuen Vergewisserung einer einst verkitschten Tradition dem Guten, Wahren, Schönen verpflichtet weiß. Wir brauchen eine Leistungsfähigkeit und Effizienz, die sich nicht von den Sinnfragen und der Herzintelligenz abkoppelt, sondern aus diesen ihre lebensdienliche Inspiration zieht. Nur so können wir unseren Beitrag leisten in einer gefährdeten Welt.

## Sekundärtugenden in Staat und Wirtschaft

Mit der Politischen Religion des Nationalsozialismus stand ein geistiger Rahmen zur Verfügung, der vielen Menschen im Deutschland Anfang der 1930er-Jahre half, einen Sinn zu finden und das reduzierte Selbstwertgefühl nach den beiden verlorenen Kriegen und in den Nöten der Wirtschaftskrise erneut aufzubauen. Die von den Nationalsozialisten propagierte Identifikation mit dem auserwählten Volk, der arischen Rasse, lieferte allen, die sich als Teil des »Volkskörpers« begreifen wollten, die Folie, um »über sich selbst hinauszuwachsen«, um Enthusiasmus und Energie für die Ziele der nationalsozialistischen Führungselite zu mobilisieren. Der Führer diente (s. o.) als Mittler, auf den sich alle Energien richteten und dem man voller Begeisterung und Enthusiasmus *entgegenarbeitete* (Kershaw), um als kleines Rad im Getriebe teilzuhaben am großen Werk der Erneuerung. Die jubelnden Menschenmassen, die wir in Film-Dokumenten aus dieser Zeit sehen können, waren, wie wir gesehen haben, nicht nur Ausdruck eines geschickt inszenierten Propagandamaterials, sondern gaben auch eine weit verbreitete Stimmung in Deutschland wieder. Die Begeisterung war vielerorts inbrünstig, mit Pathos und Eros aufgeladen. Im Überschwang der Gefühle ließen sich viele für die menschenverachtenden Ziele der Nationalsozialisten mobilisieren und instrumentalisieren, zuerst für die Ächtung der jüdischen Deutschen und ihres umgehend eingeleiteten Ausschlusses aus allen öffentlichen Funktionen und zunehmend mehr für die Vernichtung des Judentums und aller für »rassisch minderwertig« oder als »lebensunwert« erklärten Personen. Dass dies letztlich ohne größere Störungen systematisch, organisiert und effizient betrieben werden konnte, war Ausdruck einer weiteren Besonderheit im deutschen Kollektiv bzw. im deutschen »Sozialcharakter« (Erich Fromm), deren Bedeutung gar nicht überschätzt werden kann, der sogenannten Sekundärtugenden.

## *Ordnung, Fleiß und Sparsamkeit*

Ordnung, Fleiß und Sparsamkeit (Münch 1984) waren die herausragenden bürgerlichen Tugenden im deutschen Kulturraum, die – so die Forschungen des auf Mentalitätsgeschichte spezialisierten Historikers Paul Münch – eng mit den Idealen der Sauberkeit und Reinlichkeit verbunden waren.[93] Im Laufe des 19. Jahrhunderts fand eine Abkehr vom aufklärerischen Impuls der Vorzeit statt, die sich ökonomisch gut funktionalisieren ließ. So schreibt Münch:

»Das fortgeschrittene, aufklärerisch gesinnte Bürgertum des späten 18. Jahrhunderts hat mit der Betonung individueller, selbstverantwortlicher Leistung und mit den Forderungen nach ordentlicher und genügsamer Lebensführung stets auch das Postulat nach Freiheit und Gleichheit verbunden. Es verrät einiges über die ideologische Funktionalisierung des ›bürgerlichen‹ Tugendkanons, dass diese emanzipatorischen Bestandteile des aufklärerischen Programms später ausgespart wurden. Reduziert auf Fleiß, Ordnung, Genügsamkeit und Sparsamkeit, mithin fast völlig im ökonomischen Bereich von Wirtschaftlichkeit und Geschäftsmoral angesiedelt, ging der noch im 18. Jahrhundert le-

93 Münch 1984, 12

bendige emanzipatorische Impuls ›bürgerlicher‹ Tugend verloren. Der auch von der deutschen Aufklärung intendierte Citoyen verkümmerte zum Bourgeois.«[94]

Die Einübung der Tugenden geschah sowohl auf der staatlichen als auch auf der ökonomischen Ebene. So definiert Adolph Hensel in einem Lexikon von 1848 Bürgersinn und Bürgertugenden als »das Streben der (Staats-, Stadt-, Landgemeinde-) Bürger, das Beste der Gesamtheit und der besonderen Gemeinschaft in den Gemeinden, welchen sie angehören, mit Hintansetzung eigener Vortheile nach den ihnen zuständen Kräften zu befördern«.[95] Im Ökonomischen orientierten sich die Tugendkonzepte am vorindustriellen Produktionsmodell des »Ganzen Hauses«, für welches das patriarchale Herrschaftsmodell maßgeblich war.

»Den Bestand des Hauses, oder wie man lateinisch sagte, der *familia*, garantierte ein breites Ensemble von Verhaltensweisen, die man im Begriff der ›ökonomischen Tugenden‹ … zusammenfasste und die sich keineswegs in den Tugenden der Ordnungsliebe, des Fleißes, der Sparsamkeit und der Reinlichkeit erschöpften. Jeder häuslichen Rolle waren bestimmte Verhaltensweisen zugeordnet. Von der Frau forderte man Keuschheit, Treue und Geduld, außerdem Gehorsam, Anpassung an den Mann, ein friedliches Wesen, Zurückgezogenheit, Fleiß, haushälterische Sparsamkeit und eine akkurate Ordnung des Hauswesens. Vom Herrn des Hauses erwartete man umgekehrt Liebe und Sorge für seine Gefährtin. Das Verhältnis zwischen Eltern und Kindern sollte von gegenseitiger Achtung und Liebe geprägt sein. Die Stabilität der *societas herilis* glaubte man gewährleistet, wenn sich der Hausherr gegen sein Gesinde streng, aber menschlich ver-

94 Münch 1984, 13f.

95 Hensel: Bürgersinn, Bürgertugend, R. Blum (Hg.): *Volksthümliches Handbuch der Staatswissenschaften und Politik. Ein Staatslexicon für das Volk*. 1. Bd., Leipzig 1848, 173,zit. nach: a.a.O., 21

hielt, die *familia* ihrem Herrn mit Achtung, Gehorsam und Treue begegnete.«[96]

Obgleich sich mit der Industrialisierung die Grundlagen einer Ökonomie des »Ganzen Hauses« zunehmend auflösten, hielt die Bedeutung dieses Tugendkanons an und prägte, wie Münch betont, Schule, Militär und Bürokratie.[97]

Was hat dies mit unserem Thema zu tun? Wie oben ausgeführt, suche ich nach Identitätselementen im deutschen »Sozialcharakter«, die die lichten, die Würde des Menschen achtenden Seiten ausmachen. Was bedeuten die bisherigen Ergebnisse im Zusammenhang damit? Gemeinsinn, die Bereitschaft und Fähigkeit, Verantwortung für sich und andere und für das Ganze zu übernehmen sowie die eigenen Interessen zurückzustellen, sind Tugenden, die jede Gesellschaft braucht, wenn sie funktionieren soll. Sie sind unverzichtbar. Das gilt generell und insbesondere in den heutigen Zeiten eines überbordenden Individualismus, in dem jede und jeder sich aufgefordert fühlt, die eigenen Interessen zu verfolgen. Solche Tugenden ermöglichen eine Kultur der Verbundenheit, die wir heute mehr denn je benötigen (Hüther/Spannbauer 2012). Sie sind der Kern einer Führungskunst, die dem Leben dient.

Man könnte also vermuten, dass hier im deutschen Kulturraum eine Kernkompetenz schlummert. Doch was auf den ersten Blick seine lichte Seite zeigt, offenbart in der deutschen Geschichte eine tiefdunkle Schattenseite. Die Einübung dieser Tugenden geschah offenbar in großem Ausmaß vor dem Hintergrund eines Menschenbildes, in dem der Mensch zu diesen Tugenden dressiert, geschlagen, zugerichtet wurde. Stephan Marks hat in seinen Forschungen über den Umgang mit der Würde des Menschen in der deutschen Geschichte gezeigt, auf welche Weise dies

---

96 a. a. O., 23f.
97 a. a. O., 24

geschah und welch schreckenerregende Spur des Leidens dies an Körper, Geist und Seele hinterlassen hat. Über Jahrhunderte hinweg wurde die Menschenwürde missachtet, durch Mord, Vergewaltigung und Raub in den Zeiten des Dreißigjährigen Krieges, durch Feudalismus und Erbuntertänigkeit, durch öffentliche Feme und Demütigungen aller Art, durch Verfolgung, Bestrafung und Folter und durch eine schwarze Pädagogik, die die Seelen von Kindern mit Liebesentzug, Angst und Gewalt auf Gehorsam hin zurichtete. Was als Tugend erscheint, erweist sich vor diesem Hintergrund nicht zuletzt als eine mittels Gewalt, Scham, Missachtung und Angst eingeübte Anpassung an autoritäre Gewalt in Familie, Gesellschaft und Staat.[98] Der Preis war hoch. Mit der Zerstörung der Persönlichkeit durch Anpassung an vorgegebene Autoritäten und mit der Entwicklung einer Gehorsamskultur wurde ein fruchtbares Feld bestellt, auf das die nationalsozialistische Führungselite unmittelbar zugreifen konnte.

Der erschütternde Film »Das weiße Band – Eine deutsche Kindergeschichte« von Michael Haneke (2009) zeigt in eindrücklichen Bildern, mit welcher Härte und Rigidität noch Anfang des 20. Jahrhunderts moralische Prinzipien in der Erziehung durchgesetzt wurden, die geeignet waren, den Kindern schweren seelischen Schaden zuzufügen. Persönlichkeit und persönliche Entfaltung wurden sofort im Keim erstickt. Die Zurichtung der jungen Seele zum Gehorsam geschah perfekt und ging einher mit einer unterschwellig ebenso intensiv ausagierten Aggressivität. Heinrich Mann hat das Produkt dieser Erziehungsdressur zur Hauptfigur seines 1918 veröffentlichten Romans *Der Untertan* gemacht. Auch die Frankfurter Schule mit Erich Fromm, Theodor Adorno und anderen hat versucht, die gesellschaftlich vermittelten psychologischen Grundlagen des Faschismus zu benennen, indem sie die Grundzüge des *autoritären Cha-*

98 Marks 2010, S. 56ff.

*rakters* herausgearbeitet hat (Adorno et al. 1950), einer in Deutschland besonders ausgeprägten Form des »Sozialcharakters«. Klaus Theweleit (2000) hat mit seinen Forschungen über die Zurichtung des Mannes im Militär des wilhelminischen Reiches zu einem von seinen Gefühlen abgeschnittenen Erfüllungsgehilfen gezeigt, wie tief in Deutschland das seelische Gewebe gerade auch von Männern zerstört wurde. Und Alice Miller hat mit ihren Studien zur schwarzen, auf Gewalt basierenden Pädagogik die Wurzeln einer Anpassungsmentalität in der frühen Entwicklung von Kindern und Jugendlichen ausgemacht (Miller 1983). Diese geht einher mit der Herausbildung einer unterschwelligen umso heftigeren Aggressivität – eine Tat-sache, die Alice Miller nicht nur bei Adolf Hitler, sondern auch bei dem Kindermörder Jürgen Bartsch herausgearbeitet hat.

Prinzipien der schwarzen Pädagogik erfuhren nicht nur viele der prominenten Vertreter der nationalsozialistischen Führungselite am eigenen Leib, sie konnten diese auch für ihre Ziele nutzen und auf ihren Wirkungen in der Bevölkerung aufbauen. Ob dies spezifisch deutsch war oder in anderen Gesellschaften ähnliche Sozialisationspraktiken existierten, sei dahingestellt.[99] Die Bereitschaft in Deutschland, sich selbst zu verleugnen, weil man von den eigenen Gefühlen abgeschnitten ist, war jedenfalls hoch. Dies ging einher mit einer hohen Bereitschaft zu Anpassung und Gehorsam und einer latenten Wut und Aggressivität, einem Nebenprodukt der schwarzen Pädagogik. Wer sich selbst nicht wahrnehmen kann, ist umso bereiter, sich durch Aggressivität zu spüren oder die eigene Macht anderen gegenüber auszuüben. Hitler selbst war, wenn man Alice Millers Forschungen folgt, ein Opfer der schwarzen Pädagogik seines Vaters und wusste selbst bravourös auf der Klaviatur von Machtgebaren, Einfordern von Gehorsam und Ausagieren latenter Aggressionen zu spielen. Er

99 Zum Beispiel die berüchtigten Praktiken in den englischen Public Schools

appellierte an die Sehnsucht der Menschen nach Größe, an ihre bürgerlichen Tugenden und ihre Aufopferungsbereitschaft, ihren Glauben und ihren Willen und konnte diese – darin von seinem Korps unterstützt — auf die Ziele seines Menschen vernichtenden Kampfes einschwören.

## *»Tugendprojekte« im Nationalsozialismus*

In welchem Ausmaß Tugenden als wesentlicher Grundkanon der nationalsozialistischen Führungs(un)kultur pervertiert wurden, zeigt sich besonders deutlich in drei Feldern:

- der rassistisch motivierten Strategie einer Vernichtung bestimmter Bevölkerungsgruppen, insbesondere von Menschen jüdischer Herkunft,
- der Inszenierung von Krieg als »Gottesdienst« und
- der Zwangsarbeit und Ausbeutung von Millionen von Menschen aus den verschiedensten Ländern zur Durchsetzung des nationalsozialistischen Herrschaftsanspruches.

Diese Projekte wurden quasi zu Tugendprojekten überhöht, indem sie eingewoben wurden in einen zutiefst deutschen Tugendkanon. So prangten im KZ-Sachsenhausen, dem Prototyp für nachfolgende KZ-Gründungen, die folgenden Worte Himmlers in großen Lettern auf den Frontseiten der Baracken des ersten Barackenrings – gut sichtbar vom Appellplatz: »Es gibt nur einen Weg zur Freiheit. Seine Meilensteine heißen: Gehorsam, Fleiß, Ehrlichkeit, Ordnung, Sauberkeit, Nüchternheit, Wehrhaftigkeit, Opfersinn und Liebe zum Vaterland.«

Himmler als Reichsführer SS steht für den extremen Missbrauch von Tugenden, sowohl in seiner Person als auch in seinem Verantwortungsbereich, der SS. In seinem als Eliteorden konzipierten Männerbund mit Vernichtungsaufgaben wurde das Massenmorden zum »Tugendprojekt« stilisiert. »Arbeit macht frei«, lautete der Satz über dem Eingangstor des Vernichtungslagers Auschwitz, auch hier begleitet von einem in großen Lettern sichtbaren Tugendkanon auf dem Dach des Mensagebäudes. Bis zu welchem Grad der zynische Missbrauch von Sekundärtugenden getrieben wurde, ist der Posener Rede Himmlers zu entnehmen. Er hielt sie am 4. Oktober 1943 vor SS-Gruppenführern. Hier werden die Tugenden explizit in den Dienst der Rasseideologie und der Germanisierung samt Massenmorden gestellt:

»Ein Grundsatz muss für den SS-Mann absolut gelten: Ehrlich, anständig, treu und kameradschaftlich haben wir zu Angehörigen unseres eigenen Blutes zu sein und zu sonst niemandem. Wie es den Russen geht, wie es den Tschechen geht, ist mir total gleichgültig. Das, was in den Völkern an gutem Blut unserer Art vorhanden ist, werden wir uns holen, indem wir ihnen, wenn notwendig, die Kinder rauben und sie bei uns großziehen. Ob die anderen Völker in Wohlstand leben oder ob sie verrecken vor Hunger, das interessiert mich nur soweit, als wir sie als Sklaven für unsere Kultur brauchen, anders interessiert mich das nicht. Ob bei dem Bau eines Panzergrabens 10.000 russische Weiber an Entkräftung umfallen oder nicht, interessiert mich nur insoweit, als der Panzergraben für Deutschland fertig wird. Wir werden niemals roh und herzlos sein, wo es nicht sein muss; das ist klar. Wir Deutsche, die wir als einzige auf der Welt eine anständige Einstellung zum Tier haben, werden ja auch zu diesen Menschentieren eine anständige Einstellung einnehmen, aber es ist ein Verbrechen gegen unser eigenes Blut, uns um sie Sorgen zu machen und ihnen Ideale zu bringen, damit unsere Söhne und Enkel es noch schwerer haben mit ihnen. Wenn mir einer kommt und sagt: ›Ich kann mit den Kindern oder den Frauen den Panzergraben nicht bauen. Das ist unmenschlich, denn dann sterben sie daran‹, – dann muss ich sagen: ›Du bist ein Mörder an Deinem eigenen Blut, denn, wenn der Panzergraben nicht gebaut wird, dann sterben deutsche Soldaten, und das sind Söhne deutscher Mütter. Das ist unser Blut.‹ Das ist das, was ich dieser SS einimpfen möchte und – wie ich glaube – eingeimpft habe, als eines der heiligsten Gesetze der Zukunft: Unsere Sorge, unsere Pflicht, ist unser Volk und unser Blut; dafür haben wir zu sorgen und zu denken, zu arbeiten und zu kämpfen, und für nichts anderes. Alles andere kann uns gleichgültig sein. Ich wünsche, dass die SS mit dieser Einstellung dem Problem aller fremden, nicht germanischen Völker gegenübertritt, vor allem den Russen. Alles andere ist Seifenschaum, ist Betrug an unserem eigenen Volk und ist ein Hemmnis zu einer früheren Gewinnung des Krieges«.[100]

Diese monströse menschenverachtende Ideologie wird sodann mit einem ellenlangen Tugendkanon unterlegt, den Tugenden, die der Reichsführer SS Himmler von seinen SS-Männern erwartete: »Treue, Gehorsam, Tapferkeit, Wahrhaftigkeit. Ehrlichkeit, Kameradschaft, Verantwortungsfreudigkeit, Fleiß, Alkohol vermeiden.«[101]

Hier wird eine blutdurchtränkte Ideologie, hinter die sich Zehntausende von Männern in einer bündischen Organisation stellten, als Heilsbotschaft interpretiert, die es gelte, weiterzugeben, insbesondere an die Wehrmacht. Erneut der Reichsführer SS Heinrich Himmler:

»Sehen Sie immer das Positive und betrachten Sie als Ihre Aufgabe, Menschen zu gewinnen und Prediger zu sein. Sehen Sie nicht das Negative, das Ihnen nicht gefällt, sondern versuchen Sie, die Menschen zu gewinnen, die vielfach danach dürsten, etwas zu hören. Versuchen Sie, ihnen den Sinn dieses Krieges und die Aufgabe, die sie haben, klarzumachen. Unterrichten Sie sie über die Rassenfrage. Wir sind ja so glücklich, sagen zu können, dass wir das alles wissen. Deswegen haben wir ja unsere Festig-

100 Vgl. http://www.nationalsozialismus.de/dokumente/texte/heinrich-himmler-posener-rede-vom-04-10-1943-volltext.html;
http://de.wikipedia.org/wiki/Posener_Reden#Literatur

101 a. a. O.

keit, deswegen sind wir ja krisenfest. Geben Sie sich die Mühe zu vermitteln und diese Gedanken weiter zu verbreiten. Jeden Kompaniechef, dem Sie diese unsere Gedanken vermitteln, den machen Sie fest und Sie machen seine Kompanie fest. Jeder Divisionskommandeur, den Sie nicht abstoßen oder beleidigen, sondern gewinnen, wird ein bedingungslos harter Kämpfer dieses Krieges sein, und der führt 15.000 bis 20.000 Mann. Seine Front wird dann halten, denn das Herz hält die Front, nicht der Leib, nicht das Gewehr und nicht die Kanone.«[102]

Krieg wird bei diesen Worten Himmlers – wie Sünner betont – zum *Gottesdienst.*[103] Morden und Töten werden zu »Tugendprojekten«. Die Inbrunst eines Himmler, eines Hitler – sie sind unverkennbar religiös und zutiefst inhuman. Die NS-Elite appellierte erfolgreich an spirituelle Sehnsüchte und an den auf Staat und das Gemeinwesen gerichteten bürgerlichen Tugendkanon und lenkte ihn auf Morden und Töten derer, die zu Tieren erklärt wurden und denen man den Status des Menschseins aberkannte. Sie spielte mit Gefühlen und missbrauchte Ideen, die für jedes funktionierende Gemeinwesen unverzichtbar sind, und stellte sie in den Dienst von brutalsten Verbrechen gegen die Menschlichkeit. Und sie fand genügend willfährige Geister, die sich – durch Angst, Anpassungs- und Gruppenscham (Marks), durch Karriereziele, Dumpfheit oder Begeisterung – in Dienst nehmen ließen, die es zuließen, sich von ihren Gefühlen und ihrem Gewissen abzuschneiden und zum willfährigen Rad im Getriebe zu werden.

Eine ähnliche Perversion von Tugenden lässt sich im ökonomisch-organisatorischen Bereich ausmachen. Wie oben ausgeführt, wurden die Sekundärtugenden im restaurativen Deutschland der zweiten Hälfte des 19. Jahrhunderts nicht nur auf das

---

102 a. a. O.
103 Sünner 1999, 110ff.

Staatliche gelenkt, sondern auch auf den Bereich des Ökonomischen. Hier geht es nicht nur um Tugenden und Fähigkeiten wie Ordnung, Fleiß und Sparsamkeit, sondern auch um Pünktlichkeit, Zuverlässigkeit, Verbindlichkeit, Präzision, Tüchtigkeit sowie um technischen Sachverstand und Organisationsfähigkeit. Sie alle tragen zu einer hohen ökonomischen und organisatorischen Effizienz und Effektivität bei. Sie haben bewirkt, dass Deutschland – trotz des Wechselbads seiner Geschichte – immer wieder herausragende Ingenieursleistungen, weltweit operierende Unternehmen und eine wirtschaftliche Leistungsfähigkeit und Stärke hervorbrachte, die unser Land trotz zweier verlorener Weltkriege erneut zur mächtigsten Industrienation in Europa und zum Exportweltmeister gemacht haben.

Auch hier kann man also im deutschen »Sozialcharakter« bzw. im deutschen Kollektiv eine Kernkompetenz ausmachen, um die uns manche Länder beneiden. Doch auch hier gibt es äußerst dunkle Seiten, deren Existenz die Verstrickungen der Wirtschaft in das Unrechtssystem des nationalsozialistischen Faschismus deutlich macht.

Max Horkheimer sagte, wer vom Faschismus spreche, dürfe vom Kapitalismus nicht schweigen. In der Tat ist die Verstrickung der deutschen Wirtschaft in das nationalsozialistische Unrechtssystem so erdrückend, dass man die Augen davor nicht verschließen kann. Die Hitlersche Aufrüstungspolitik bot der Industrie die willkommene Möglichkeit, über staatliche Aufträge den industriellen Produktionsapparat extrem auszubauen. Kriegführung – insbesondere solche, die sich auf megalomane Welteroberungsfantasien stützt – ist nicht möglich ohne massiven Ausbau der Straßen- und Telekommunikationsinfrastrukturen, ohne breite Motorisierung, ohne immense Waffenproduktion, ohne die Zuarbeit der chemischen Industrie, ohne Forschung und Entwicklung, Produktion, Logistik, Transport und Vertrieb. So begrüßte die Industriestadt Essen, Sitz der der Kruppschen

Villa Hügel, der Kruppschen Hauptverwaltung und der Kruppschen Stahlwerke weithin sichtbar ihre Besucher mit dem Slogan *Essen – die Waffenschmiede der Nation.*[104] Die immensen Eroberungsfantasien Hitlers brachten es mit sich, dass die vom Rüstungsministerium unter Speer gelenkte Rüstungsindustrie riesige Ausmaße annahm. Das Gleiche galt für die Pläne, die Reichshauptstadt zum Megakomplex einer Germania huldigenden Nation auszubauen. Sie kosteten Geld und verlangten Kapazität, Raum und Material – alles Dinge, die Hitler seinem Minister in schier unbegrenztem Ausmaß zur Verfügung stellte. Auch die Propagandapolitik des Reiches, die Selbstinszenierung als großartige Nation entpuppte sich als Impuls für die Wirtschaft, für Handel und Dienstleistungsgewerbe: Radioempfänger, Schriftmaterial, Parteitage, Uniformen – all dies musste finanziert, hergestellt und betrieben werden. Es war eine gigantische, vom Staat finanzierte Ankurbelung der Wirtschaft.

Als Deutschland 1939 seinen Kriegs- und Eroberungsfeldzug begann, schien die Rechnung mit der »Eroberung von Lebensraum« im Osten und der Besetzung von Nachbarländern im Süden, Westen und Norden aufzugehen. Damit standen Ressourcen und Menschen (Zwangsarbeiter, Kriegsgefangene) zur Verfügung, die eingesetzt und ausgebeutet werden konnten. Auf der Wannseekonferenz von 1942 wurde die sogenannte Endlösung der Judenfrage beschlossen. Vergessen wir nicht – die Legitimation hierfür bot eine Politische Religion, die in die Köpfe und Herzen von Menschen eingehämmert wurde und um die sich Menschen nicht nur im Orden der SS scharten. Die Judenvernichtung wurde vor dem Hintergrund dieser unfassbaren Ideologie, ebenso wie die Vernichtung aller als »minderwertig«

104 Sie war angebracht auf dem Gebäude, das dem Bahnhof direkt gegenüber lag. Nach dem Krieg wurde die Aufschrift verschämt umformuliert in »Essen – die Einkaufsstadt«. Hitler selbst war viele Male Gast auf der Villa Hügel, dem Stammsitz der Krupps, um seine Rüstungspläne zu besprechen.

(Sinti und Roma, Homosexuelle, Behinderte ...) oder gefährlich für die »arische Rasse« eingestuften Personengruppen (Intellektuelle, Kommunisten), zu einem »Tugendprojekt« (s.o. insbesondere die Posener Rede Himmlers).

Die Ermordung von Menschen oder ihre Vernichtung durch Arbeit war jedoch noch etwas ganz anderes: Sie hatte eine wichtige Funktion; sie war ein entscheidender Faktor der Kriegswirtschaft. Das begann damit, dass Besitz und Vermögen der Deportierten beschlagnahmt wurden. Am Ziel der Deportation angekommen, wurden einige sofort als *nicht arbeitsfähig* ausgesondert und vergast, beispielsweise Kinder unter 18 Jahren, Alte und Kranke. Wer nicht gleich für die Vergasung selektiert und stattdessen als arbeitsfähig eingestuft wurde, wurde der »Vernichtung durch Arbeit« zugeführt. Die Arbeitskraft sollte ausgebeutet, »effizient verwertet« werden. Alle – Tote, Ermordete, Verhungerte oder an Entkräftung Verstorbene – wurden zur »verwertbaren Ware«. Die wenige Habe (Kleidung, Geld, Schmuck, Koffer, Schuhe, Brillen...) wurde konfisziert, und selbst die Körper der Toten wurden »ausgeschlachtet« (Haare, Zahngold). Was so durch Millionen Tote zusammenkam, wurde der Heimatfront zur »wirtschaftlichen Verwertung« zugeführt. Die Rampe in Auschwitz-Birkenau steht als Prototyp für Orte in anderen Lagern, wo die Arbeitsfähigen von den Arbeitsunfähigen getrennt wurden. Rund um Lager wie Auschwitz-Birkenau, dies galt für viele KZs, waren rüstungsrelevante deutsche Industriebetriebe angesiedelt – eine Tatsache, die immer noch wenig Beachtung findet. Dorthin marschierten die noch arbeitsfähigen Gefangenen tagtäglich, um ihre Arbeit unter Fronbedingungen zu absolvieren und damit ihren Beitrag dafür zu leisten, dass die Eroberungskriege weitergeführt werden konnten. Dies geschah so lange, bis die Häftlinge an Erschöpfung, Entkräftung oder Hunger starben. Je mehr Männer an die Front mussten, je mehr ihr Leben ließen oder in Gefangenschaft kamen, desto mehr arbeitsfähige Menschen fehlten an der »Heimatfront« in Industrie, Handwerk und Landwirtschaft. Umso intensiver wurden nun Zwangsarbeiter – Forscher sprechen von rund zwölf Millionen – in dieses monströse System eingebunden. Nicht unerwähnt bleiben soll eine weitere, besonders sadistische Variante, wie sich Morden und Töten in ein rassistisch motiviertes »Tugendprojekt« integrieren ließ. Gemeint sind die rassistisch legitimierten medizinischen Forschungen und Versuche an KZ-Häftlingen, nicht zuletzt an Kindern, unter Ärzten wie Josef Mengele (Bastian 2001; Mitscherlich 2009).

An diesen Rüstungs-, Eroberungs- und Vernichtungsprojekten waren nicht nur führende Vertreter der Wirtschaft aktiv beteiligt – einige von ihnen wurden in den Nürnberger Prozessen zum Tod verurteilt –, sondern auch unzählige Führungskräfte aus Verwaltung und Wissenschaft – von Militär, SD und SS ganz zu schweigen. Die auf Staat und Wirtschaft bezogenen deutschen Tugenden ließen sich offenbar weitgehend reibungslos in Dienst stellen. Die Frage, warum und wozu diese Entfesselung von Produktion, Leistung, Effizienz betrieben wurde und welche Folgen sie für Mensch, Natur, Werte und Zusammenleben haben würde, stellte sich offenbar nicht für jene, die ihre eigene Macht an einen Führer abgegeben hatten, dem sie willfährig folgten. Angst, Anpassungsscham, Gruppenscham und Denunziantentum dürften dabei sicherlich eine enorme Rolle gespielt haben. Doch die Reibungslosigkeit, mit der dieses System bis in die letzten Kriegstage aufrechterhalten werden konnte, zeigt, dass sich die Führungsriege im Nationalsozialismus so gut auf die deutschen Sekundärtugenden verlassen konnte, dass einzig eine Implosion der Herrschaft oder die Befreiung von außen Deutschland aus diesem Albtraum erlösen konnte. Die Tugenden und Gaben, die im deutschen »Sozialcharakter« zur Verfügung standen – Pflichtbewusstsein, Ordnung, Fleiß, Leistungsfreude –, zeigten in diesem mörderischen System ihre tiefsten Schattenseiten: Rücksichtslosigkeit, Gewissenlosigkeit, Gier, ein mörderisch abstraktes Denken, das Menschen auf Nummern mit Waren reduziert, Regelkonformität um jeden Preis, Brutalität, blinde Effizienz und eine Leistungs- und Organisationsfähigkeit, die sich in den Dienst tiefster Inhumanität stellte und stellen ließ.

## *Sekundärtugenden heute*

Wenn ich die Entwicklung bis heute verfolge, erkenne ich folgende Grundzüge:

Erstens trug der Kalte Krieg ab 1947 entscheidend dazu bei, dass die alten Sekundärtugenden Ordnung, Fleiß, Sparsamkeit ungebrochen in den Wiederaufbau investiert werden konnten. Die westlichen Siegermächte brauchten Deutschland nunmehr als Bollwerk gegen die Sowjetunion. Seit Beginn des Marshallplans 1947 flossen enorme Kapitalmengen in die westlichen Besatzungszonen, um diese ökonomisch wieder aufzubauen und zu stärken. Die von den Westalliierten breit angelegte Entnazifizierungs- und Re-Education-Politik wurde immer halbherziger betrieben, je mehr sich der Kalte Krieg entwickelte und die Amerikaner die Deutschen für ihre antikommunistischen Ziele brauchten. Bald schienen sich sehr viele Fragen nach dem ungeheuren Missbrauch von Sekundärtugenden in der Zeit des Nationalsozialismus nicht mehr zu stellen. Die Menschen wollten den Wiederaufbau und Leistung war wieder gefragt. Wirtschaftswunder und die Wiedererlangung einer starken Position in Europa und der Welt folgten. Heute tragen die deutschen Sekundärtugenden erheblich zum Wohlstand unseres Landes bei. Im rastlosen Tun scheinen sich (erneut oder anhaltend) die Fragen nach dem Warum und Wozu nicht zu stellen. Auch ausbeuterische Praktiken in der Wirtschaft werden wieder toleriert (größer werdende Wohlstandsschere, Minijobs, Prekariat, Zwang zur ständigen Erreichbarkeit).

Zweitens sorgte die 1968er-Generation dafür, dass ein *busi-*

*ness as usual* in Politik und Gesellschaft nicht mehr so einfach möglich war. Die sogenannten Achtundsechziger machten die Tatsache, dass die Menschen dem Unrechtsstaat willfährig zugearbeitet hatten, erstmals zu einem ganz großen Thema. Sie erkannten, dass der Hang im deutschen »Sozialcharakter« zum Autoritarismus eine der wesentlichen Ursachen für das Geschehene war. Mit absoluter Schonungslosigkeit hielt man der Elterngeneration den Spiegel vor. Gehorsam und Pflichtbewusstsein galten von nun an nicht mehr per se als deutsche Pflichttugenden, sondern wurden als Brücken erkannt, die in ein mörderisches System geführt hatten. Rebellion und Aufbegehren wurden nunmehr zu Tugenden, die helfen sollten, Ähnliches für die Zukunft zu verhindern. Allerdings ist auch Rebellion eine Form des Steckenbleibens, sofern sie nicht einmündet in ethisch verantwortliches Tun.

Drittens hatte dies nicht unerhebliche Folgen für die Pädagogik. Bereits die Siegermächte hatten einen Endpunkt hinter Praktiken der schwarzen Pädagogik gesetzt, indem sie körperliche Züchtigung in der Schule verboten. Die 1968er-Generation versuchte nun mit aller Macht, demokratische Prinzipien in Schule und Familie einzufordern. Die Folgen waren ambivalent. Die antiautoritäre Erziehung führte teilweise zu einem Laisser-faire, zur pauschalen Ablehnung von Prinzipien wie Ordnung und Disziplin in der Erziehung und vereinzelt sogar zur Hinnahme von sexuellen Übergriffen unter dem Deckmantel einer Reformpädagogik. Lehrer und Eltern wollten geliebt werden und verzichteten auf ihre natürliche oder ihnen qua Amt gegebene Autorität. Das Grundbedürfnis von Kindern nach Liebe *und* Grenzen blieb und bleibt immer noch vielfach unbeantwortet.

Viertens war dies einer der Gründe, warum sich eine große Wertedesorientierung und Werteindifferenz breitmachte. Daran konnte auch die sogenannte Konservative Wende unter Helmut Kohl, die eine werteorientierte Politik in den Mittelpunkt stellen wollte, nichts ändern. Ganz im Gegenteil, sie war – wie spätestens die Parteispendenaffäre der CDU zeigte – eher eine machtpolitische Option und folgte eher Opportunitätsgesichtspunkten, als dass sie eine Wende im Sinne einer moralisch-ethischen Erneuerung eingeleitet hätte. Dem gegenüber stellten die GRÜNEN, deren Mitglieder sich z.T. von der SPD abgewandt hatten und ihre Anhänger im alternativen, liberalen und wertekonservativen politischen Spektrum gewannen, eine ethisch verantwortliche und nachhaltige Politik ins Zentrum ihrer Aktivitäten, wofür sie anfangs geächtet und bekämpft wurden.

Fünftens: In den 1990er-Jahren fand die Vereinigung zwischen West und Ost, alten und neuen Bundesländern statt; ein gesamtdeutscher Staat entstand. Die sichtbare ökonomische Überlegenheit des Westens führte zu einer kulturellen Hegemonie des Westens über den Osten und dazu, dass materialistische und utilitaristische Werte Überhand gewannen. Angefeuert wurde dieser Prozess durch die in den 1990er-Jahren einsetzende massive Globalisierung, in der sich die Konkurrenzbedingungen in Wirtschaft und Gesellschaft kontinuierlich verschärften. Die erheblichen Beschleunigungsprozesse durch Anwendung von Informations- und Kommunikationstechniken warfen für Herbert Kubicek die Frage auf, ob es eine »Rolle rückwärts in den Frühkapitalismus« gibt, zu einer Ökonomie, die auf die Menschen in allen Lebensbereichen zugreift. Die Deutschen reagieren – nicht zuletzt aufgrund der abgespaltenen Traumata – mit Arbeitssucht beziehungsweise einer immer weiter verbreiteten Mischung aus Existenzangst und innerer Kündigung.

Sechstens und last but not least lässt sich eine große Sehnsucht nach Werten, Spiritualität und Verbundenheit ausmachen, die alle Arten von Erscheinungsformen erkennen lässt. Auf der einen Seite des Spektrums finden sich Vertreter einer New-Age-Kitsch-Welle, die mit Heilsversprechen locken, welche die Anstrengungen eines auf innere Transformation zielenden spirituellen Weges ausblenden und damit wenig zur Entwicklung von Selbstführung und Selbstverantwortung beitragen. Auf der anderen Seite des Spektrums gibt es prominente Persönlichkeiten, die das Tugendthema ganz neu entdecken und propagieren. Ein Beispiel hierfür liefert Bernd Kolb, ehemaliges Vorstandsmitglied der Telekom, hoch prämierter internationaler Innovator und Gründer des Club of Marrakesh. Er hat die sieben Tugenden in Anlehnung an die sieben Todsünden zu seinem zentralen Vortragsthema gemacht. Mit Verweis auf die Tugenden *Weisheit, Gerechtigkeit, Mut, Mäßigung, Glaube, Liebe* und *Hoffnung* will er Führungskräfte in der Wirtschaft wachrütteln und zu einer dem Leben dienenden Führungspraxis anregen.[105] Solche Ansätze spiegeln die wachsende Bereitschaft auch von Führungskräften aus Wirtschaft und Gesellschaft wider, sich ernsthaft für spirituelle Fragen zu öffnen und Orte der Stille für eine Auszeit aufzusuchen, um nach dem Sinn des Lebens zu forschen und Orientierung in einer orientierungslosen Welt zu finden.[106]

## *Eine Zwischenbilanz*

Erinnern wir uns: Wir sind auf der Suche nach positiven Seiten des deutschen »Sozialcharakters«, nach Seiten also, auf die eine aufgeklärte Rückbesinnung lohnen könnte – trotz oder gerade angesichts ihres massiven Missbrauchs im Nationalsozialismus. Nimmt man die bisherigen Ergebnisse unserer Suche, so lassen sich zwei Aspekte hervorheben.

---

105 Vgl. B. Kolbs vielbeachteten Vortrag auf dem Entrepreneurship Summit 2011 in Berlin: Die 7 Tugenden und wie wir die Welt neu erfinden können, http://www.youtube.com/watch?v=QaYsrfrecGU

106 Die Zahl entsprechender Angebote wächst beständig. Den Anfang machte in den 90er-Jahren das Lassalle-Institut in der Schweiz mit einem auf Zen basierten Führungskräftetraining. Der Benediktushof, Zentrum für Spirituelle Wege in Holzkirchen, gegründet unter Leitung des Priesters und Zen-Meisters Willigis Jäger, ist inzwischen zum größten Anbieter in Deutschland geworden. Der Benediktinermönch Anselm Grün ist hochgeschätzter Redner auf Podien in Wirtschaft und Gesellschaft.

Zum einen kann man so etwas wie eine Bereitschaft im deutschen Kulturraum erkennen, sich im Bewusstsein dem Transpersonalen und Transzendenten zu öffnen und das Projekt der Aufklärung mit der anhaltenden Frage nach den Idealen und der Bedeutung der seelischen Innenwelten zu verbinden. So konstatiert z.B. der englische Autor Peter Watson in seinem 2010 erschienenen Buch *Der deutsche Genius*, dass deutsche Geister in besonderer Weise klares Denken und Innerlichkeit miteinander verbunden hätten. Eine spirituelle Öffnung gibt es auch in anderen Gesellschaften, so z. B. in der US-amerikanischen, allerdings ist sie weitaus gefühlsbetonter als bei uns. Die indische Gesellschaft praktiziert eine völlig selbstverständliche spirituelle Alltagspraxis, verfügt aber auch über eine elaborierte *Philosophia perennis,* die Ausdruck eines Unterscheidungsvermögens und einer Bewusstheit ist, die wir im Westen so nicht kennen.[107] Für den deutschen Kulturraum bestand – wenn man der bisherigen Argumentationslinie folgt – eine Chance, den Rationalismus dadurch zu transzendieren, dass der seelischen Innenwelt anhaltend Beachtung geschenkt, Gemeinschaft und Verbundenheit als tragfähige Grundlage des Zusammenlebens erkannt sowie der Liebe zur Natur ein wichtiger Platz gegeben wurde. Dieses Erbe gilt es heute wieder zu beleben (siehe dazu auch die Porträts in Teil 3).

Zum anderen sind im deutschen »Sozialcharakter« zumindest seit der Neuzeit Sekundärtugenden angelegt und gefördert worden, die sich sowohl auf das staatliche (heute würde man sagen, das gesellschaftliche) Leben richten als auch auf die Art des Arbeitens und Wirtschaftens. Sie waren getragen von Werten wie Ordnung, Fleiß und Sparsamkeit, Reinlichkeit, Zuverlässigkeit, Pünktlichkeit.

---

107 Dies wird schon an der sprachlichen Grundlage der indischen Spiritualität sichtbar. Das Sanskrit als eine von Sehern und Weisen offenbarte Sprache gilt als so eindeutig, dass sie als einzige Sprache »computergerecht« ist, weil ihre Semantik keine Fragen offen lässt.

Zugleich haben diese beiden Kompetenzen – also sowohl die Öffnung gegenüber dem Spirituellen als auch die typischen Sekundärtugenden, die den Deutschen zugesprochen werden – Schattenseiten, die im nationalsozialistischen Unrechtsstaat wirksam werden konnten. Der romantische Gegenimpuls zur Aufklärung und zum Rationalismus bot in der völkischen Bewegung und in Krisenzeiten auch die Möglichkeit einer Regression in magisch-mystische Vorstellungen, mit denen man das eigene reduzierte Selbstwertgefühl aufzuwerten suchte und die sich – im Sinne einer individuellen und kollektiven Schamabwehr – in den Dienst einer menschenverachtenden politischen Religion stellte und stellen ließ. Und die bürgerlichen Sekundärtugenden erwiesen sich – auf dem Hintergrund ihrer Jahrhunderte währenden autoritären Einübung – als Grundlage für einen latent aggressiven autoritären »Sozialcharakter«, der sich zu allen Arten von inhumanen Instrumentalisierungen in Politik, Wirtschaft und Gesellschaft missbrauchen ließ.

# Bedürfnisse – Werte – Missbrauch – Traumata

Um den Schattenkräften ihre Macht zu nehmen und den Weg frei zu machen für die Gaben, um mithin den Weg von der Kernverletzung zur Kernkompetenz im Sinne einer posttraumatischen Reifung aufzuzeigen, werde ich im Folgenden versuchen, Art und Ausmaß des aktiven wie des passiven geistigen Missbrauchs im Nationalsozialismus anhand von zwei theoretischen Konzepten auszuloten: dem Konzept der *Bedürfnisse* nach Abraham Maslow und dem Konzept der *Werte* in den Spiral Dynamics von Don Beck und Christopher Cowan (Beck/Cowan 2007).

## Bedürfnisse und Bedürfnismissbrauch (Maslow)

*»Destruktivität, Sadismus, Grausamkeit*
*sind nicht inhärent...,*
*sondern wesentliche Reaktionen auf Frustrationen*
*unserer inhärenten Bedürfnisse.«*[108]

Der amerikanische Philosoph und Therapeut Abraham Maslow, der als Begründer der humanistischen Psychologie gilt, hat in

108 Maslow: Psychologie des Seins – Ein Entwurf, 1973, 21, zit. nach: http://de.wikipedia.org/wiki/Maslowsche_Bed%C3%BCrfnishierarchie

den 1950er-Jahren eine Systematik menschlicher Bedürfnisse und Motivationen entwickelt (Maslow 1954), die hilfreich ist, wenn man verstehen will, warum der nationalsozialistische Unrechtsstaat eine so außerordentliche Zustimmung in der Bevölkerung gefunden hat.

Seine Unterscheidung zwischen unterschiedlichen Bedürfnisarten und -ebenen wurde von seinen Schülern in der sogenannten Bedürfnispyramide veranschaulicht.

*Abb. 3: Bedürfnispyramide nach Abraham Maslow*

Welche Bedürfnisse und Motivationen individuell oder kollektiv im Vordergrund stehen und das eigene Denken, Fühlen und Handeln motivieren, variiert von Fall zu Fall. Ein Mensch mit einer gefestigten Identität und gereiften Persönlichkeit ist z. B. weniger abhängig von sozialen Bedürfnissen, die sich als Wunsch nach Verbundenheit und Zugehörigkeit manifestieren, als eine Person mit geringem Selbstwertgefühl. Eine instabile Person hingegen wird Angst, Anpassungs- und Gruppenscham erleben, sofern sie sich nicht akzeptiert oder zugehörig fühlt.

Die Grafik auf der folgenden Doppelseite stellt einen systematischen Versuch dar zu zeigen, welche Strategien der nationalsozialistische Unrechtsstaat entwickelt hat, um auf die unterschiedlichen Bedürfnisse zu antworten, wie diese Strategien auf verbrecherische Ziele ausgerichtet wurden, welche Traumata daraus erwuchsen und worin Heilungswege zu finden sein könnten.

## *Körperliche Grundbedürfnisse*

Die soziale Lage in Deutschland war äußerst prekär, als Hitler mit seinen Heilsversprechen an die Macht kam. Die unmittelbar einsetzende verdeckte Aufrüstung brachte den Menschen Lohn und Arbeit und führte zu einem Erstarken der Industrie. Damit wurden grundlegende physische Bedürfnisse erfüllt. Doch diese waren ausgerichtet auf Krieg und Eroberung und endeten in dem totalen Desaster von zerstörten Städten, Arbeitsstätten und Familien mit Beschädigungen an Leib und Leben durch Tod, Vergewaltigung und Vertreibung. Die dabei erlittenen Traumata werden intergenerativ weitergegeben, nähren extreme Sicherheitsbedürfnisse und Süchte aller Art, nicht zuletzt die Arbeitssucht.

Heilung auf der Ebene *physischer* Bedürfnisse entsteht durch Mitgefühl mit sich und anderen und Dankbarkeit für das, was das Leben einem schenkt. Mitgefühl und Dankbarkeit sind eine Grundlage, auf der es leichter möglich wird, für die schwächeren Glieder im eigenen Land und im internationalen Raum einzutreten.

## *Sicherheitsbedürfnisse*

Die teilweise chaotischen Zeiten der Weimarer Republik mündeten in eine Phase, in der mittels massiver Unterdrückung und Verfolgung Andersdenkender durch SA, SD, Gestapo, SS und das System der Blockwarte »Ruhe und Ordnung« hergestellt wurden. In der Bevölkerung, sofern sie sich angepasst hatte und/

oder mit den politischen Vorgaben des Regimes konform ging, wuchs ein Sicherheitsgefühl in dem Maße, in dem die Menschen wieder Brot und Arbeit hatten. Der Preis für diese Ordnung und diesen bescheidenen Wohlstand war die »Reinigung« des »Volkskörpers« von allen als »subversiv« begriffenen Elementen, der Ausschluss der jüdischen Deutschen vom Arbeitsmarkt, die Beschlagnahme ihres Besitzes, ihres Vermögens und ihres Wohnungseigentums. Sicherheit stellte sich also her durch Ausgrenzung, von der die Mehrheitsgesellschaft unmittelbar profitierte, durch tiefgreifende Inhumanität und rassistisch begründete Rücksichtslosigkeit. In den Kriegsjahren kamen die systematische Ausbeutung von rund zwölf Millionen Zwangsarbeitern sowie die Vernichtung durch Arbeit aller unter Rassengesichtspunkten »unerwünschten Elemente« hinzu. Rüstungswirtschaft und Landwirtschaft profitierten von billigen oder kostenlosen Arbeitskräften.

Die Rücksichtslosigkeit und Brutalität dieser Art der Ökonomie ist über lange Jahrzehnte verdrängt und beschönigt worden. Stattdessen wurden alle Kräfte in den Wiederaufbau investiert. Zu einer Wiedergutmachung an den Zwangsarbeitern kam es erst nach jahrelangem Tauziehen im Jahr 2000 mit der Errichtung der Bundesstiftung *Erinnerung, Verantwortung und Zukunft* – nicht zuletzt, um Sammelklagen im Ausland zu verhindern. Erst im Jahr 2010 wurde das System der Zwangsarbeit durch eine umfassende Ausstellung im Jüdischen Museum in Berlin dokumentiert.[109] Zwangsarbeit, das in aller Öffentlichkeit praktizierte Verbrechen an rund zwölf Millionen Frauen und Männern (bzw. rund 20 Millionen, wenn die KZ-Insassen und Kriegsgefangenen einbezogen werden), zeigt ein erschreckendes Ineinandergreifen von Judenvernichtung und Vernichtung durch

109 Vgl. http://www.jmberlin.de/main/DE/01-Ausstellungen/02-Sonderaustellungen/2010/zwangsarbeiter.php

**Bedürfnisse und Bedürfnismissbrauch**

| Bedürfnisse nach Maslow | Strategien im Dritten Reich | Ausrichtung auf … |
|---|---|---|
| Spirituelle Bedürfnisse<br>Sinnfindung;<br>geistige Ausrichtung;<br>Selbstverwirklichung | Politische Religion;<br>Der Führer als Messias;<br>Das Volk als Herrenrasse;<br>Heilsversprechen | Vernichtung aller, die nicht zur ›Herrenrasse‹ gehören, ›Arisierung‹ und ethnische Säuberung |
| Ich-Bedürfnisse<br>Anerkennung/<br>Geltung,<br>Potenzialentfaltung | Individuelle Potenzialentfaltung durch »Dem Führer entgegenarbeiten« (Kershaw); Einbinden der konservativen Eliten in Verwaltung, Militär und Wirtschaft | »nationale Erneuerung; Vernichtung der Juden; Rassenwahn; Wiederherstellung von Deutschlands Macht und Ansehen in der Welt« (Kershaw) |
| Soziale Bedürfnisse<br>Freundschaft, Liebe,<br>Gruppenzugehörigkeit,<br>Verbundenheit | Etablieren einer Politischen Religion mit Führerkult; Schmieden einer Volksgemeinschaft auf der Basis von Freund-Feind-Bildern nach innen und außen; von Mythen, Feiern, Verbänden, Vereinen, Orden und Sport; Rituale der Beschämung und Verfemung des Fremden | Aufwertung des ›Eigenen‹ (Volk, Nation, Rasse);<br>Fremdenhass,<br>Exklusion und Vernichtung/ ›Ausmerzung‹ des Fremden |
| Sicherheitsbedürfnisse<br>Materielle und berufliche Sicherheit;<br>Wohnen, Arbeiten | Sicherheit durch Sieg über »Feinde«; Aufrüstung und Militarisierung; Exklusion jüdischer Deutscher vom Arbeitsmarkt;<br>Beschlagnahme (›Arisierung‹ von deren Besitz) | Etablierung der ›Herrenrasse‹;<br>Entmischung;<br>Räumung, Deportation;<br>Krieg; Vernichtung, fremder Elemente durch Mord oder Zwangsarbeit |
| Physiologische Grundbedürfnisse<br><br>Essen, Trinken, Schlafen | Brot und Arbeit durch Aufrüstung | Lebensraum für die arische Rasse;<br>Militarisierung, Ausbeutung;<br>Krieg, Vernichtung |

| Traumata | Nachwirkungen | Heilungswege |
|---|---|---|
| Geistige Verführung; Missbrauch von Begeisterung, Liebe, Verehrung durch umfassende Verbrechen | Spiritualitätsangst; ›Irrationalitätstrauma‹; Rationalismus als sichere ›Zuflucht‹; New Age Kitsch; rechte Esoterik | Ankerkennung spiritueller Bedürfnisse auch jenseits etablierter Religionen; Aufgeklärte Spiritualität; Idealismus und Rationalismus versöhnen; Vergebung sich und anderen; Versöhnung mit sich und anderen |
| Totaler Zusammenbruch Deutschlands; Besatzungsherrschaft, Entnazifizierung, Re-Education; Ächtung der Deutschen in der Welt; Gefühle von Schuld und Scham | Identitätskrise; Angst vor der eigenen Macht; Schwanken zwischen Ohnmacht und Machtansprüchen; Arbeitssucht und Burn-out; Gefühlskargheit | Die eigene Macht (auf der Mikro-, Meso- und Makroebene) erkennen, annehmen und sie in den Dienst des Lebens auf allen Ebenen stellen; Selbstachtung und Selbstliebe; Demokratisches Citizenship; Handeln aus Gewissensverantwortung |
| Zugehörigkeit zu einer verbrecherischen Gemeinschaft; Zerstörung von sozialen Beziehungen durch Tod, Vertreibung und Verstrickungen in das verbrecherische System | Angst vor Gemeinschaft und Verbundenheit; Einsamkeit; überwertiger Individualismus; Süchte | Kultur der Vielfalt und Inklusion nach innen und außen; Kultur der Verbundenheit; individualisierte Gemeinschaften; Einübung in Demokratie und Verantwortung; Wertschätzende Pädagogik, die Zugehörigkeit, Potenzialentfaltung und Verantwortungsfähigkeit fördert |
| Kriegstraumata; Ausbeutung in der Rüstungsindustrie; Totaler materieller Zusammenbruch; Kriegszerstörungen; Vertreibung; Reparationen | Identifikation mit materieller Sicherheit; Konzentration aller Energien auf materiellen (Wieder-) Aufbau und Erfolg; Wirtschaftswunder; Exportweltmeister | Wirtschaftliches Handeln auf Ziele ausrichten, die dem Leben dienen; Inklusion der Schwächeren innerhalb und außerhalb; »Das Einzige, was sicher ist, ist der Wandel« |
| Beschädigung von Leib, Leben und Behausung; Hunger, Existenzängste | Überwertige unbewusste Sicherheitsbedürfnisse; Süchte; Rücksichtslosigkeit | Kultur des Mitgefühls mit sich und anderen; Eintreten für die Schwachen |

*Tab. 2: Bedürfnisse und Bedürfnismissbrauch in Anlehnung an Abraham Maslow (eigenes Modell)*

Arbeit, an welchem unter den Augen der Menschen vor allem Industrie und Landwirtschaft schamlos profitierten und die Kriegsmaschinerie am Laufen gehalten wurde.[110]

Heilung von überbordenden *Sicherheitsbedürfnissen* erfahren wir, wenn wir die Vordergründigkeit aller Sicherheitsbedürfnisse anerkennen und akzeptieren, dass alles dem Wandel unterworfen ist. Damit reduzieren sich das materielle Sicherheitsbedürfnis und alle auf ihm aufbauenden Sicherungsstrategien. Die Chance wächst zu einem wirtschaftlichen Handeln, das sich weniger an vermeintlichen Sicherheiten als an humanen Wertvorstellungen orientiert.

### *Soziale Bedürfnisse*

Der Mensch als soziales Wesen ist existenziell angelegt auf Verbundenheit und Gemeinschaft. Menschliches Sehnen richtet sich auf den Versuch, die körpergebundene getrennte Existenz durch ein Gefühl der Zugehörigkeit zu überschreiten. Wird dieses Bedürfnis nicht befriedigt, so sind Leiden, Unsicherheit, Identitätsbrüche die fast unvermeidliche Folge. Bestätigt wird dies durch die moderne Hirnforschung. Sie zeigt, dass das Gefühl der sozialen Isolierung dieselben Schmerzzonen im Körper aktiviert wie körperliche Schläge.

Das im deutschen »Sozialcharakter« ohnehin angelegte Bedürfnis nach Gemeinschaft und Verbundenheit erfuhr im 19. Jahrhundert im Gefolge von Restauration, Bismarckscher Eroberungspolitik, Industrialisierung und dem Materialismus der Gründerjahre eine empfindliche Beeinträchtigung. Das frühe 20. Jahrhundert brachte neue Verunsicherungen für Kriegsheim-

110 Im Text zur Ausstellung heißt es: »Im Zweiten Weltkrieg wurden in Deutschland auf nahezu jeder Baustelle und jedem Bauernhof, in jedem Industriebetrieb und auch in Privathaushalten Zwangsarbeiter ausgebeutet. Dort wie in den besetzen Gebieten mussten insgesamt über 20 Millionen Männer, Frauen und Kinder aus ganz Europa als ›Fremdarbeiter‹, Kriegsgefangene oder KZ-Häftlinge Zwangsarbeit leisten«. a. a. O.

kehrer, Arbeitslose, Hungernde. Die Niederlage und das Ende des Kaiserreiches machten die Hoffnung der konservativen Eliten auf Kontinuitäten in den Herrschaftsverhältnissen zunichte und führten zu einer tiefen Beschädigung des nationalen Identitätsgefühls, auf das sich der Großmachtanspruch des Deutschen Reiches gegründet hatte. Es kam zu einer gefühlten kollektiven Beschämung. Die Folge war – individuell und kollektiv – ein reduziertes Selbstwertgefühl, das in besonderem Maße nach Heilung verlangte.

Den Mangel, den diese Gruppierungen empfanden, bediente der nationalsozialistische Unrechtsstaat. Den konservativen Eliten in Verwaltung, Industrie und Militär versprach er Zugehörigkeit zu einer großartigen Nation, indem er Gefühle der nationalen Ehre zur Grundlage von Aufrüstungs- und Eroberungspolitik machte. Der Jugend verschaffte das System ungeahnte Möglichkeiten, sich als Teil eines über sie hinausgreifenden Kollektivs, des auserwählten Volkes, zu begreifen, indem die völkischen und bündischen Elemente der Jugendbewegung nun auf das Ziel der nationalen Erneuerung ausgerichtet wurden. Den Arbeitslosen und Hungernden verschaffte die Aufrüstung Brot und Arbeit. Die Mittel – Politische Religion, Führerkult, Volksgemeinschaft, Freund-Feind-Denken, Kampf gegen die »äußeren Feinde«, bündische Elemente, Mythen, Feiern, Fackeln, Orden, Sport – waren allgegenwärtig. Sie trugen dazu bei, dass für viele Menschen die Jugend im Nationalsozialismus zur schönsten Zeit ihres Lebens wurde – was auszusprechen bis heute nur wenige wagen.

So gelang es der nationalsozialistischen Führung, den Menschen, die sich der NS-Ideologie nicht widersetzten, ein Gefühl der Zugehörigkeit, des Aufgehoben- und des Eingebunden-Seins zu vermitteln. Dass dies einherging mit Verleugnung, Ächtung, Verfemung der »unerwünschten Elemente«, allen voran der Juden, wurde von der Mehrheitsgesellschaft auf Kosten der Ausgeschlossenen billigend oder indifferent in Kauf genommen. Der Mechanismus der Gruppenscham tat dazu das seinige. Stephan Marks zeigt in seinem Buch über Scham ein Foto, das bei der öffentlichen Beschämung eines jüdischen Studenten aufgenommen wurde. Dieser war gezwungen worden, eine Schautafel mit den Worten »Ich habe ein Christenmädchen geschändet« zu tragen. Ein weiteres Bild zeigt die öffentliche Beschämung einer jungen Frau wegen ihrer Liebesbeziehung zu einem französischen Kriegsgefangenen, die als »Rassenschande« verunglimpft wurde. Hunderte von strahlenden Gesichtern sind zu sehen, die dem Spektakel beiwohnen.[111] Wer solchen Beschämungsritualen Widerstand entgegensetzen wollte, brauchte Gewissensscham und Furchtlosigkeit. Für die anderen stellten sie offenbar ein Gefühl der Zugehörigkeit und Verbundenheit her. Wer irgendwann aus diesem inhumanen Missbrauch des eigenen Bedürfnisses nach Verbundenheit erwachte, musste feststellen, dass er oder sie sich willig zu einer verbrecherischen Gemeinschaft bekannt hatte. Dies hat im individuellen und kollektiven Bewusstsein der Deutschen tiefe Spuren hinterlassen. Es hat unsere Fähigkeiten reduziert, eine Kultur der Verbundenheit und Inklusion zu bejahen und zu leben. Die aktive Beschämung von anderen Menschen, nur um selbst Zugehörigkeit zu erleben, gehört zu den selbstverständlichen Ritualen in unserer Gesellschaft und in den Medien. Wenngleich dies auch für andere Gesellschaften gilt, sind die Erfahrungen der Vergangenheit eine Aufforderung, mit dieser menschlichen Schwäche sorgfältiger umzugehen.

Heilung *sozialer Grundbedürfnisse* kann geschehen, wenn wir uns von einem extremen Individualismus verabschieden und – statt die Wünsche nach Verbundenheit ins Unbewusste abzuspalten – uns eine Kultur der Verbundenheit erschließen, die einen erneuten Missbrauch verhindert. Nach dem Missbrauch

111 Marks 1997, 107f.

aller auf Gemeinschaft abzielenden Bedürfnisse im Nationalsozialismus verlangt dies heute *individualisierte Gemeinschaften*, in denen sowohl Verbundenheit als auch Individualität gelebt werden können und die Fragen des Warum und Wozu und der Werte immer mitbedacht werden. Da die Grundlagen für ein Gefühl der Verbundenheit in Kindheit und Jugend gelegt werden, brauchen wir Bildungseinrichtungen, die eine wertschätzende Beziehungskultur pflegen und Räume für die individuelle Potenzialentwicklung sowie für das Einüben von demokratischer Verantwortung bieten.

## *Ich-Bedürfnisse*

Als Menschen haben wir ein Bedürfnis, unsere Potenziale zu entfalten. Dabei kann es sich um soziale, emotionale, mentale, künstlerische, kinästhetische oder andere Potenziale handeln. Gelingt dies, stellen sich Glück und Zufriedenheit ein. Das Leben bekommt einen Sinn, weil wir uns Möglichkeiten des Ausdrucks und der Gestaltung erschlossen haben. Solche Möglichkeiten boten sich in der Weimarer Republik nur für eine kleine kulturelle Elite. Mit dem Einbruch der Weltwirtschaftskrise verschärfte sich die Lage. Angesichts von Arbeitslosigkeit, Besatzung, Reparationszahlungen und Hunger lebten viele Menschen im Elend. Die Antwort der Nationalsozialisten auf diese Herausforderung war eindeutig. Sie wollten das Land und seine Bevölkerung zu einer nie da gewesenen Macht und Größe führen und versprachen damit allen, die an dem Projekt mitwirken würden, eine Chance, ihre Potenziale zu entfalten. Aufforderung und Möglichkeit dazu waren, wie der Hitlerbiograf Ian Kershaw herausgearbeitet hat, *dem Führer entgegenarbeiten* (s. o.). Dabei handelte es sich weitaus weniger um eine von oben direktiv durchgesetzte Politik als um die Eröffnung von Handlungsräumen, in denen eigenständig Aktivitäten – quasi in vorauseilendem Gehorsam – entwickelt werden konnten, die dem nationalsozialistischen Anliegen zu entsprechen schienen. So stellten zahllose Menschen ihre Begeisterung und Leistungsfreude – als kleines Rädchen oder großes Rad im Getriebe – in den Dienst eines zutiefst inhumanen Projektes nationaler Größe, dem die Idee der Arisierung und Welteroberung zugrunde lag.

Dem Allmachtswahn folgte die Ohnmachtserfahrung des totalen Zusammenbruchs. Doch dies währte nur kurz. Im Gefolge des Kalten Krieges waren die Westmächte ab 1947 an einem Wiederaufbau Deutschlands interessiert. Dies schuf für die traumatisierte Bevölkerung zahlreiche Möglichkeiten, die eigenen Potenziale erneut zur Entfaltung zu bringen. So kam es nicht nur zum deutschen Wirtschaftswunder, sondern auch zur Stabilisierung der individuellen und kollektiven Identität. Auf der Strecke blieb dabei jedoch die Vergangenheitsbewältigung. Dass man Erfolg hatte, war genug. Womit man Erfolg hatte, blieb als Frage unbeantwortet. Eine posttraumatische Reifung fand nicht statt. Die Überbewertung von Leistungsstreben und -fähigkeit unter Absehung von Fragen nach dem Warum und Wozu blieb ungebrochen und richtete sich gegen alle Arten von Abweichlern. So konnte sich kein reifer Umgang mit der eigenen Macht entwickeln, weder im Westen noch im Osten Deutschlands, weder vor noch nach der deutschen Wiedervereinigung. Wohl ist sich Deutschland seiner besonderen Verantwortung gegenüber Israel bewusst. Doch was es heißt, heute die mächtigste Nation in Europa und damit eine weltpolitisch bedeutsame Kraft zu sein, bleibt weitgehend unbewusst.

Heilung auf der Ebene der *Ich-Bedürfnisse* geschieht, wenn Ich-Entfaltung und Achtsamkeit gegenüber den Bedürfnissen anderer miteinander einhergehen. Gewissensscham (Marks) kann eine Hilfe sein, den eigenen Machtmissbrauch zu erkennen. Wenn die Gaben in der Persönlichkeit entdeckt werden, öffnen sich Möglichkeiten, in einer reiferen Weise die eigene Macht anzunehmen, ihre Gefahren auszuloten und sich verantwortlich für das eigene Wohl, das Wohl anderer und das Wohl insbesondere der Schwächeren einzusetzen.

### *Spirituelle Bedürfnisse*

Menschen haben bewusst oder unbewusst spirituelle Bedürfnisse. Als geistige Wesen stellen wir Fragen nach dem Woher und Wohin und danach, was dem Leben Sinn gibt. Das Bedürfnis nach Antworten auf die Sinnfrage ist so wichtig, dass sie einer ganzen Therapierichtung, der Logotherapie von Viktor Frankl, den Namen gegeben hat. Im deutschen Kulturraum haben sich diese Fragen, wie oben ausgeführt, mit großer Intensität gestellt und einen wesentlichen Aspekt der Identität ausgemacht.

Der Kern der Traumatisierung und des Missbrauchs im Nationalsozialismus war aus meiner Sicht ein seelisch-geistiger, an dem ein ganzes Volk unter einer verbrecherischen Führung und deren willfährige Helfer beteiligt war. Die geistige Verführung fand, wenn man die Bedürfnispyramide nach Maslow nimmt, von der Spitze her statt, von den höchsten Idealen und Aspirationen. Es war eine Kernverletzung der Liebeskraft und Begeisterungsfähigkeit, der es an Unterscheidungsvermögen, Gewissensstärke und Furchtlosigkeit mangelte. Mitläufer und Mittäter gaben sich einem religiös motivierten und legitimierten Fundamentalismus hin, unterstützten ihn oder ertrugen ihn voller Angst, weil er alles, was sich ihm widerstrebte, mit Vernichtung überzog.

Krieg als Gottesdienst (Sünner 1999), wie ihn die nationalsozialistische Führungselite zelebrierte, ist in der Geschichte nicht neu. Das Christentum hat mit Kreuzzügen, Inquisition und Zwangsbekehrungen eine Blutspur in der Geschichte hinterlassen, und es steht zu vermuten, dass die daran Beteiligten sich im göttlichen Recht wähnten. Auch die Stalinistische Gewaltherrschaft trug religiöse Züge, indem sie einen »Neuen Menschen«

züchten wollte[112] und dies mit Mord und Totschlag ins Werk setzte. Die fundamentalistischen Terroristen der islamischen Welt der Gegenwart zeigen uns die ungebrochene Dynamik einer religiös motivierten Gewaltstrategie, und auch der christliche Fundamentalist George W. Bush, der den Krieg Amerikas gegen Teile der islamischen Welt mit der »Achse des Bösen« legitimierte, griff auf Vorstellungswelten zurück, die Gewalt mit religiösen Inhalten legitimieren.

Das Besondere am deutschen religiösen Fundamentalismus nationalsozialistischer Prägung war neben dem ausgeprägten Rassismus, dass er mit der dem deutschen »Sozialcharakter« inhärenten Effizienz und Gründlichkeit betrieben wurde. »Der Tod ist ein Meister aus Deutschland«, so hat der Dichter Paul Celan die Effizienz der Deutschen im Morden beschrieben. Meisterschaft meint hier die Fähigkeit, eine Maschinerie des Tötens mit technisch-organisatorischer Effizienz ins Werk zu setzen. Das geht wahrlich nicht von alleine, sondern verlangte, wie bereits ausgeführt, organisatorische und personelle »Anstrengungen« auf allen Ebenen – in Politik, Verwaltung, Militär, Industrie, Dienstleistungen, Zivilbevölkerung, Polizei, Geheimdienst, SS und SD.

Wer eine Ahnung von der Effizienz und Reibungslosigkeit der Tötungsmaschinerie erhalten will, möge die Rampe der Zugstation Berlin-Grunewald entlanggehen, wo die fast täglichen Judentransporte auf kleinen, in den Boden eingelassenen Schriftplatten mit Datum und Anzahl der deportierten Personen dokumentiert sind. Oder er oder sie möge in Auschwitz die Schauräume besuchen, in denen die penible Buchführung der Vernichtungsaktivitäten ebenso zu sehen ist wie Berge von Haaren, Brillen, Schuhen, Taschen, Koffern, die einer systematischen

112 Vgl. Betz: Der sowjetische »Neue Mensch«. Teil 1 der Reihe *Perversion einer Utopie,* unter: http://www.dradio.de/dlf/sendungen/essayunddiskurs/1302817/

industriellen Verwertung an der Heimatfront zugeführt werden sollten und wurden. Hier kann man hautnah fühlen, mit welcher rücksichtslosen, menschenverachtenden Akribie und Tüchtigkeit die Todesmaschinerie am Laufen gehalten wurde, eine Maschinerie, mit der es »gelang«, rund sechs Millionen Juden zu töten, rund zwölf Millionen Zwangsarbeiter in Rüstungsbetrieben, in der Landwirtschaft, im Bergbau einzusetzen oder – sofern es den ethnischen Zielen der Nationalsozialisten entsprach – durch Arbeit zu vernichten.

Organisatorisch-technische Effektivität ist ohne Frage eine Gabe, die dem deutschen »Sozialcharakter« inhärent ist. Sie ließ sich willig in den Dienst eines religiösen Fundamentalismus, einer rassistischen »Arisierungspolitik« und einer nationalistischen Eroberungspolitik stellen. Wenn wir uns heute über Fundamentalismus und Fundamentalisten ereifern und mit Fug und Recht ihr Wirken fürchten und bekämpfen, dann ist es gut, sich zu vergegenwärtigen, dass sich Deutschland vor nur wenigen Jahrzehnten als höchst effizienter, religiös begründeter, fundamentalistischer Staat positionierte, der rund 50 Millionen Menschen das Leben kostete.

Heilung auf der Ebene der *spirituellen Bedürfnisse* tritt ein, wenn wir – im Sinne einer aufgeklärten Spiritualität – die geistige Dimension unserer Existenz bejahen *und* sie mit Entschiedenheit auf Ziele ausrichten, die von einer Liebe zum Leben gekennzeichnet sind.

## Werte und Wertemissbrauch (Beck & Cowan)

Erleichtert wird ein tieferes Verständnis dafür, mit welchen Gaben und Schattenkräften wir es in der individuellen und kollektiven Psyche in Deutschland zu tun haben, auch durch das Konzept der *Spiral Dynamics* und der sogenannten Werte-Meme von

Don Beck und Christopher Cowan.[113] Während Gene die biochemische DNA konstituieren, bilden nach der Definition von Beck und Cowan Meme unsere *psychologische DNA*. Als $^{W}$Meme, d.h. Werte-Meme bezeichnen sie die »Aminosäuren« unserer psychosozialen DNA. Sie wirken als magnetische Kraft, als ein organisierendes Prinzip, welches die Meme in »*zusammenhängenden Gedankenbündeln*« verbindet.[114] Die Theorie der *Spiral Dynamics* beschreibt die Wirkung auf drei unterschiedlichen, aber deutlich miteinander verbundenen Ebenen:

- »*Individuen* besitzen dominante $^{W}$Meme, die ihre Lebensziele und wichtigsten Werte bestimmen, vom einfachsten Überleben bis zum Lifestyle des globalen Dorfs und darüber hinaus …
- *Unternehmen und Organisationen* tragen die $^{W}$Meme, die über ihren Erfolg oder Misserfolg entscheiden – in der Konkurrenz des Marktes ebenso wie auf dem Feld der sozialen Verantwortung… Memetische Veränderungen sind eine weitaus größere Herausforderung, als lediglich härter und raffinierter zu arbeiten …
- *Gesellschaften*, lokal oder national, werden hin und her geworfen, es sei denn, sie besitzen ein starkes Fundament in den entscheidenden $^{W}$Memen, kongruent mit der Umwelt, in der sie agieren …«[115]

Nach Beck und Cowan kodieren die $^{W}$Meme »die Anleitungen für unsere Weltsichten, für unsere Grundannahmen über das Funktionieren der Dinge und für die Begründungen unserer

113 Beck/Cowan: Spiral Dynamics, Bielefeld: Kamphansen 2007. Grundlage dieses Konzepts sind die Forschungen von Claire W. Graves, der selbst in engem Kontakt zu Maslow gestanden hat, jedoch eine über Maslow hinausgehende Theorie der Motivationsstufen entwickelt hat. Vgl. http://www.clarewgraves.com/home.html

114 a. a. O., 34

115 a. a. O., 37

Entscheidungen.«[116] Geraten solche Werte-Meme miteinander in Konflikt, so »führen [sie] zu aufgewühlten Menschen, nicht mehr funktionierenden Familien, körperlichem Unwohlsein, gespaltenen Kirchen und zerfallenden und zusammenbrechenden Zivilisationen«.[117]

Ganz offensichtlich gab es im Nationalsozialismus Wertekonflikte, die zu einem zivilisatorischen Zusammenbruch geführt haben. Mit welchen Werte-Memen hatten wir es zu tun? Welche vertraten ihre führenden Vertreter? Wie konnte es die nationalsozialistische Führungselite fertigbringen, sich ein ganzes Volk und seine konservativen Eliten willfährig zu machen?

Zum Verständnis der nachfolgenden Grafik und der in ihr verzeichneten Werte-Meme ist es wichtig, sich zu vergegenwärtigen, dass sie vielfältige Ähnlichkeiten mit den Konzepten einer evolutionären Bewusstseinsentwicklung von Jean Gebser und Ken Wilber aufweist, (s.o. S. 85ff.), obgleich sie nicht unmittelbar aufeinander aufbauen. Schaut man auf die unterschiedlichen Werte-Meme der nachfolgenden Tabelle, so lässt sich unschwer erkennen, dass sie Ausdruck unterschiedlicher Bewusstseinsstrukturen sind. Während wir uns im beigen, purpurnen und roten Werte-Mem in der archaisch-magisch-mythischen Bewusstseinsstruktur bewegen, sind die orangefarbenen und blauen Werte-Meme wichtige Triebfedern der mentalen Bewusstseinsstruktur. Mit den grünen, auf Gemeinschaft und Harmonie ausgerichteten Werte-Memen wird ein erster Schritt in Richtung Verbundenheit gesucht, der den rationalen Verstand nicht ablehnt, jedoch transzendiert.

In den vorangehenden Erörterungen über Elemente einer deutschen Identität vor dem Trauma sind wir insbesondere in Idealismus und (Früh-)Romantik auf Werte gestoßen, wie sie ty-

116 a. a. O., 36
117 a. a. O., 35

pisch sind für das grüne Werte-Mem: Harmonie, Gemeinschaftlichkeit, Überschreiten einer rein rationalen Weltsicht. Auch die blauen und orangefarbenen Werte-Meme, die zur hohen organi-

## Werte – Gaben – Schattenkräfte

| Farbe | Typ | Grundthema | Glaubensvorstellungen |
|---|---|---|---|
| Türkis | Holistisch | Erfahre die Ganzheit der Existenz mit dem menschlichen Verstand und dem höheren Geist. | Holistisches, intuitives Denken und kooperatives Handeln sind zu erwarten |
| Gelb | Integrativ | Lebe umfassend und verantwortlich als der, der du bist und lerne zu werden. | Flexibilität, Spontaneität und Funktionalität Wissen und Kompetenz sollten Rang, Macht und Status ersetzen |
| Grün | Gemeinschafts-orientiert | Suche nach Frieden im inneren Selbst und erkunde mit anderen die fürsorglichen Dimensionen von Gemeinschaft. | Befreiung von Habgier Dogma, Entzweiung; Gefühle und Sensibilität statt kalte Rationalität |
| Orange | Erfolg | Handle im eigenen Interesse und spiele so, dass du gewinnst. | Veränderung und Fortschritt Strategien, Technologie, Konkurrenzdenken |
| Blau | Ziel-gerichtet | Das Leben hat eine Bedeutung, eine Richtung und einen Zweck mit vorbestimmten Ergebnissen. | Die Wahrheit, der rechte Weg; die Ordnung; Schuldgefühle, Gesetze, Moral |
| Rot | Impulsiv | Nimm keine Rücksicht. Tu, was du willst. | Die Welt ist ein Dschungel voller Gefah Aggressivität |
| Purpur | Magisch | Stelle die Geister zufrieden und halte das Nest des ›Stammes‹ warm und sicher. | Anweisungen von Geistwesen folgen, Riten, Bräuche, Zyklen, heilige Gegenstände |
| Beige | Überleben | Tu, was du für dein Überleben tun musst. | Instinkt und Überlebensnotwendigkeiten |

satorisch-technischen Leistungsfähigkeit beitragen, haben sich als ein genuiner Ausdruck des deutschen »Sozialcharakters« gezeigt.

| Gaben | Schattenkräfte |
| --- | --- |
| Weisheit, Erleuchteter Geist | Weltabgewandtheit, Weltflucht |
| Vielfalt zulassen und achten Integral denken, fühlen, handeln | Beliebigkeit, Abgehobenheit, fehlende Kohäsion |
| Gemeinschaftsfähigkeit<br>Fürsorge<br>Harmonie<br>Verbundenheit<br>Friedfertigkeit | Antirational, antiindividualistisch, Abhängigkeit<br>New Age Kitsch<br>Rechte Esoterik |
| Leistungsfähigkeit, Geschicklichkeit<br>Organisationstalente | Egoismus, Egozentrik |
| Regelbewusstsein, Ordnungsliebe, Strukturen, Ordnungen, Systeme | Rigidität<br>Dogmatismus<br>Autoritarismus |
| Durchsetzungsfähigkeit | Rücksichtslosigkeit |
| Eingebundenheit in die Natur | Antirational, Aberglaube, Manipulation |
| Überlebensfähigkeit | Instinktgetrieben, rücksichtslos |

*Tabelle 3: Werte – Gaben – Schattenkräfte (in Anlehnung an $^{W}$Meme nach Beck/Cowan[118]) Eigene Zusammenstellung©*

118 Vgl. Beck/Cowan 2007, 54ff.

Ein Blick auf die Protagonisten des nationalsozialistischen Unrechtsstaates und der Politischen Religion des Nationalsozialismus lässt hingegen unschwer erkennen, dass hier rote, purpurne und beige Werte-Meme am Werke sind, die eindeutig dem magisch-mythischen, teilweise sogar dem archaischen Bewusstsein zuzuordnen sind. Hier herrschen Glaubensvorstellungen vor, die von einem Kampf ums Überleben geprägt sind und die eine rücksichtslose aggressive Strategie der Interessendurchsetzung nahelegen. Und all dies wird durch eine Politische Religion legitimiert.

Die zugleich geniale wie zutiefst inhumane und traumatisierende Führungsleistung Hitlers und seiner NS-Elite bestand darin, Menschen mit allen unterschiedlichen Werte-Memen hinter die eigene Fahne, sprich das Hakenkreuz, zu scharen. Grüne Wertvorstellungen wurden durch Werte befriedigt, welche auf bündische Gemeinschaft abzielten und einen großen, auf vermeintlicher Harmonie basierenden Volkskörper. Die orangefarbenen Werte-Meme von Effizienz und organisatorisch-technischer Brillanz fanden bei den Vertretern von Industrie, Rüstung und »Tötungsmaschinerie« ein »reiches« Betätigungsfeld. Die Vertreter der blauen Werte-Meme in Verwaltung und Militär sahen sich gebunden an Führung und Gefolgschaft; sie wurden befriedigt durch das Führerprinzip als Ordnungsprinzip, den Appell an Sekundärtugenden wie Ordnung, Fleiß und Sparsamkeit und durch eine Politik, die mit militärischen Mitteln und Unterdrückung im Inneren Sicherheit und Ordnung zu garantieren schien. Die Vertreter der roten Werte-Meme schließlich fanden ein reiches Betätigungsfeld in Schlägertrupps, in Kapos und in der Todes-, Verfolgungs-, und Vernichtungsmaschinerie. Die Legitimationsfolie für all dies bot die Politische Religion des Nationalsozialismus. Sie war das Verbindende, der Kitt, der (Un-)Geist, auf den alles ausgerichtet wurde. Er verdichtete sich in der Person Hitlers und in einem auf ihn ausgerichteten messianischen Führerkult. In der Gefolgschaft gegenüber dem Führer wurden kritische Fragen obsolet. In einem dem Arier vorbehaltenen Dienst an Gott, Volk und Nation erübrigten sich scheinbar die Gewissensregungen. Damit konnte das, was durchaus den Charakter von Gaben im deutschen Sozialcharakter hat, seine dunklen Schattenkräfte entfalten und einem beispiellosen Morden und kompletten Angriff auf das zivilisatorische Projekt Vorschub leisten.

Das Ausmaß der Schuld, die sich aus diesem Zusammenwirken ergab, ist so monströs und jenseits jeglicher menschlichen Vorstellungskraft, dass eine posttraumatische Reifung angesichts des Wissens um das Mörderische im eigenen »(Sozial-)Charakter« nur schwer gelingen kann. Dazu braucht es eine Begegnung von Schuld und Schmerz. Für die einen gelingt dies durch die entschiedene Hinwendung zum Glauben an das Humane und an die uns mögliche Menschlichkeit; für andere liegt die einzige Möglichkeit in der Hinwendung zu einem gnädigen Gott, zu der Liebeskraft, die uns hervorgebracht hat und die wir in letzter Essenz selber sind. In solchen Wegen kann eine Versöhnung mit den individuellen und kollektiven Schattenkräften möglich werden, die nicht auf Abspaltung oder Verdrängung basiert, sondern die dem Täter in der eigenen Psyche und der eigenen seelisch-geistigen Verführbarkeit ins Auge blickt und Verantwortung vor dem Gewissen für das eigene Denken, Fühlen und Handeln übernimmt.

Dieser Weg führt deswegen nicht – wie in den letzten Jahrzehnten versucht – über eine Flucht in einen puren Rationalismus und eine Wissenschaftsgläubigkeit, die letztlich nur eine vordergründige Orientierung zu geben vermögen. Er führt auch nicht über das Verleugnen von Spiritualität, wie dies in der bundesrepublikanischen Gesellschaft so weit verbreitet ist. Als genauso wenig hilfreich erweist sich die anhaltende Vergötterung von materiellen Werten, Leistungsfähigkeit und Effizienz auf Kosten aller und unserer natürlichen Lebensgrundlagen.

Vielmehr verlangt die posttraumatische Reifung eine aufgeklärte Werteorientierung im Sinne einer aufgeklärten Spiritualität, die zutiefst durchdrungen ist vom Wissen um die Würde des Menschen, um die Verantwortlichkeit eines jeden für sich und das Ganze und von der Bereitschaft, sich für das eigene Wohl ebenso wie das des Anderen einzusetzen. Um das zu erreichen, werden die Gaben aller Werte-Meme gebraucht, die aber nur dann nicht zu Schattenkräften mutieren, wenn sie von einer seelisch-geistigen Orientierung getragen sind, die sich dem Leben und seiner Würde in allen Facetten verpflichtet weiß.

Es ist kein Zufall, dass mit den sich allmählich auflösenden Traumata in der deutschen kollektiven Psyche erneut Persönlichkeiten in den Vordergrund treten, die sich einem spirituellen oder religiösen Weltbild verbunden fühlen. Bundeskanzlerin Angela Merkel hat ihre Prägung in einem evangelischen Pfarrhaus erhalten. Bundespräsident Joachim Gauck ist Pfarrer und Verfechter eines demokratischen Freiheitsprinzips, das sich der eigenen Verantwortung stellt. Bereits im ersten Wahlgang war er der favorisierte Präsident der Bevölkerung und folgte schließlich bei seiner Ernennung auf einen Präsidenten, dem man eine opportunistische Haltung fern jeglicher Werteorientierung vorwarf. Auch Katrin Göring-Eckardt, Vizepräsidentin des Deutschen Bundestages und zeitweilig Vorsitzende der Synode der EKD, ist Theologin. Die Theologin Margot Käßmann, kurzzeitig Präses der EKD, bis sie über Alkohol am Steuer stolperte, erfreute und erfreut sich größter Beliebtheit, weil sie unverblümt für ihre christlich-humanistischen Werte eintritt. Heute scheint die Offenheit im deutschen »Sozialcharakter« für die spirituelle Dimension erneut aufzubrechen und auch im öffentlichen Raum sichtbar zu werden. Sie drückt die Bereitschaft aus, das eigene Wirken in einen umfassenderen Kontext zu stellen, der die Würde des Menschen achtet.

Mit welcher Entschiedenheit und mit welcher Konsequenz dies geschieht, ob es gelingt, ein integrales Bewusstsein zu entwickeln, bleibt offen. Man mag die genannten Protagonisten als

Vertreter der im deutschen »Sozialcharakter« wohlbekannten blauen Werte-Meme interpretieren und in dem Verhalten der Bundesregierung im Gefolge der Finanzkrise eine erneute Dominanz des blauen Werte-Mems mit seiner Ausrichtung auf Ordnung und Disziplin entdecken oder ein Aufscheinen des orangefarbenen Werte-Mems mit seinen auf Effizienz und Leistungsstärke abzielenden Glaubensvorstellungen. Wenn die Bundesregierung, wie 2012 geschehen, zustimmt, dass deutsche Panzer an ein zutiefst autokratisches Regime wie Saudi-Arabien selbst auf die Gefahr hin verkauft werden, dass dieses Regime mithilfe der Panzer einen Kampf gegen die eigene Bevölkerung führen könnte, dann ist die Vermutung einer Dominanz ökonomischer Effizienzmotive sicherlich nicht aus der Luft gegriffen. Auch das rigide Durchsetzen von Spardiktaten auf europäischer Ebene, durch die eine ganze Gesellschaft, wie dies in Griechenland der Fall ist, an den Rand des Abgrunds gerät, demonstriert eine Rücksichtslosigkeit und einen Machtanspruch des Stärkeren, der nicht ausreichend nach Wegen sucht, wie die schwächeren Glieder einer Gemeinschaft eingebunden werden können.

Dennoch: Viele prominente Akteure, von denen einige im zweiten Teil des Buches zu Wort kommen werden, lassen vermuten, dass eine posttraumatische Reifung und Verantwortungsfähigkeit möglich erscheint, die Ausdruck einer bewussten Auseinandersetzung mit Schattenkräften im deutschen »Sozialcharakter« ist. Im schmerzlichen gewahr werden der eigenen Untiefen werden Wege frei von reinem Effizienz- und Gewinnstreben, von Rationalismus und Wissenschaftsgläubigkeit hin zu humanistischen Werten und zu einer Kultur partnerschaftlicher Verbundenheit. Letztere kann Ausdruck sein eines integralen Bewusstseins, das sich aus einer ganzheitlichen Verantwortung speist. Gelingt solche posttraumatische Reifung, dann entwickelt sich die Kernverletzung zur Kernkompetenz und Deutschland wird freier, mit der Kraft seiner Gaben dem Leben zu dienen.

## Umgang mit Traumata – Irrwege und Wege

Das Monströse, dem sich viele Deutsche – sei es als Täter, sei es als Opfer, sei es als (Mit-)Betroffene – ausgesetzt sahen, verwandelte sich bei den einen in nagende, vielfach unbewusste Schuld- und Schamgefühle, bei anderen in Wut und Aggression, die sich auf andere projizieren ließ, bei den dritten in regressive Selbstdrehung und Selbstmitleid. Um im Alltag gut funktionieren zu können, boten sich verschiedene Strategien an, die eine – oft unbewusste – Antwort auf das Erlebte darstellten. Fünf dieser möglichen Strategien möchte ich in aller Kürze hervorheben: *Einfrieren von Gefühlen, Materialismus, Rationalismus und Werteindifferenz, Freund-Feind-Denken, neue Heilserwartungen.* Bei jeder dieser Bewältigungsstrategien benenne ich in aller Kürze Ansatzpunkte für Prozesse der Transformation und Heilung.

*Einfrieren von Gefühlen:* Auf den Überschwang der missbrauchten oder erlittenen Gefühle folgte deren Einfrieren. Das unheilvolle Gebräu aus Schuld und Scham, Wut und Aggression, Hass und Selbstmitleid wurde unter der Last des Schweigens begraben und hat das Leben unzähliger Deutscher zutiefst belastet. Wo Gefühle nicht angenommen und gelebt werden, macht sich »Coolness« breit. Wir erscheinen als eine – nach außen hin – eher gefühlskarge Nation. Diese Gefühlskargheit wurde an die Kinder und Kindeskinder weitergegeben und hat Mangelerfahrungen hervorgerufen, die kaum greifbar, geschweige denn bewusst gewesen wären. Beziehungs- und Bindungsstörungen waren und sind die Folge (u.a. Baring 2011; Bode 2013; Müller-Hohagen 2005), die durch alle Arten von Süchten kompensiert werden müssen. Nicht zufällig sind wir Deutschen Weltmeister im Reisen geworden. Wir sehnen uns nach einem emotionalen Klima, in dem sich die Menschen freier, freudvoller, unbeschwerter und liebevoller begegnen, und finden dies vielfach erst im Ausland.

*Heilung* kann erfolgen, wenn wir bereit sind, die eigenen Gefühle aufzutauen, anzuschauen und anzunehmen. Dies ist ein Weg, um Schmerz und Kummer in das Geschenk der Lebensfreude zu transformieren (siehe dazu die Porträts zur Mikro- und Beziehungsebene).

*Materialismus:* Wenn alle materiellen Sicherheiten wegbrechen, wenn ein Land in Trümmern liegt, Besitztümer vernichtet sind und ein Wiederaufbau ansteht, dann versprechen materielle Werte nicht nur ein Ende der Not, sondern auch Sicherheit. Auf die idealistische Begeisterung, die sich für einen »totalen Krieg« entflammen ließ, folgte daher eine umso entschiedenere Phase des Tanzes um das Goldene Kalb. *»Hast du was, dann bist du was«* – diese schlichte Wahrheit prägte und prägt bis heute das Gros der Menschen in unserem Land. Damit einher geht ein extremes Unsicherheitsgefühl, sobald die wirtschaftlichen Verhältnisse sich eintrüben, so z. B. derzeit in der europäischen Finanzkrise. Kein anderes europäisches Land hat die Krise bisher materiell so gut überstanden wie Deutschland, selbst wenn dies mit hoher sozialer Ungleichheit einhergeht. Doch dies spiegelt sich nicht in Zufriedenheit und Zuversicht wieder, sondern begegnet bei uns einer Grundmelodie der Angst vor materiellem Mangel.

*Heilung* kann erfolgen, wenn wir bereit sind, die eigenen Mangelängste loszulassen, dankbar für das Gegebene zu sein und eine Einsicht in die Wechselfälle des Lebens zu entwickeln, in denen Fülle und Mangel, Freude und Leid sich abwechseln, auch für uns Deutsche. Aufgabe der Wirtschaft ist es, Mensch und Leben zu dienen, nicht umgekehrt (vgl. Werner in Teil 3).

*Rationalismus und Werteindifferenz:* Der Nationalsozialismus als Politische Religion instrumentalisierte spirituelle Sehnsüchte, Ideale und höchste humane Werte, indem er diese auf zutiefst menschenverachtende Ziele lenkte. Diese Kernverletzung von Liebes- und Begeisterungsfähigkeit ließ alles in Misskredit geraten, was nur irgendwie mit Spiritualität und Idealen zu tun hatte. Einen sicheren Hafen schienen Rationalismus und Wissenschaftsgläubigkeit zu bieten. Werte galten als verhandelbar, wenn nicht gar beliebig. Wissenschaftlichkeit wurde zum neuen Glaubensbekenntnis. Als besonders gefährlich wurden mythische und magische Inhalte erlebt. So überließ man den Hunger der Menschen nach Bildern den Verführern aller Art. Die Seele denkt – wie jeder Therapeut weiß – in Bildern, lernt in Bildern und kreiert Neues und noch Vorsprachliches in Bildern. Deswegen ist es wichtig, dass wir uns der Kräfte des mythischen Bewusstseins in einer lebensfördernden Weise bedienen.

*Heilung* kann erfolgen, wenn wir ein eindimensionales, rationales Weltbild überschreiten. Auf der Basis einer aufgeklärten Spiritualität, der Akzeptanz von nicht hintergehbaren humanen Werten und Idealen und dem Respekt für unterschiedliche Bewusstseinsstrukturen (vgl. Heldenprinzip in Teil 3) kann die Öffnung hin zu einem integralen Bewusstsein stattfinden (vgl. Teil 2).

*Freund-Feind-Denken:* Der Nationalsozialismus war geprägt von einem Freund-Feind-Denken, das die Verfolgung und Ausrottung alles »anderen« zum Ziel hatte. Eigene Angst- und Unzulänglichkeitsgefühle wurden in menschenverachtender Weise auf verschiedene Menschengruppen projiziert, in erster Linie auf die jüdische Bevölkerung bzw. die Deutschen jüdischen Glaubens oder jüdischer Herkunft. Nach dem Holocaust verbot sich diese Fortführung des Freund-Feind-Denkens. Gleichwohl lebte sie fort: als Antibolschewismus im Westen, als Antikapitalismus im Osten. Man hatte neue Feindbilder gefunden, die an die Stelle der alten, überwunden geglaubten traten. Im Bodensatz der nicht bewältigten Vergangenheit waberten außerdem die alten antisemitischen Feindbilder weiter und vermischten sich insbesondere nach 1989 mit einem Ausländerhass, der sich in Pogromen in Rostock, Hoyerswerda, Solingen, in der Mordserie der Zwickauer Terrorzelle, im Ruf nach »ausländerfreien Zonen« und in Bünden, Ritualen, Büchern, in Musik, Bands und Symbolen der rechtsradikalen Szene niederschlägt. Auch die Begeisterungswelle, die bei vielen das Buch von Thilo Sarrazin *Deutschland schafft sich ab* (2010) hervorgerufen hat, zeigt, wie leicht in unserem Land ein verhängnisvolles Freund-Feind-Denken aktivierbar ist.

*Heilung* kann erfolgen, wenn wir uns vom Ohnmachts-Allmachts-Komplex verabschieden und aus der Haltung der Selbstermächtigung heraus eine Kultur der Partnerschaft auf Augenhöhe leben – nach innen und nach außen, gerade auch mit denen, die schwächer sind (vgl. Teil 3).

*Neue Heilserwartungen:* Unbewältigte Traumata und Unsicherheiten füttern neue Heilserwartungen. Es sind Heilserwartungen, die man als New-Age-Kitsch interpretieren kann, wenn sie Heilsversprechen jenseits von Einsicht, Akzeptanz und Verantwortung zu liefern scheinen. So ist es besonders beliebt, Wünsche in den Himmel zu schicken ohne Achtung spiritueller Gesetze der Manifestation – ein Weg, der dem Missbrauch Tür und Tor öffnet. Wo derartige Heilserwartungen auftauchen, findet eine antirationale magische Verlagerung der eigenen Verantwortlichkeiten auf unsichtbare Kräfte und Meister statt, denen man sich willig ausliefert. Dies scheint das Individuum der Notwendigkeit zu entheben, um den rechten Geist zu ringen, das eigene Denken und Fühlen auf die Liebeskraft auszurichten und dem Leben mit Dankbarkeit, Demut und Hingabe zu begegnen.

*Heilung* kann erfolgen durch eine aufgeklärte Spiritualität, in der Glauben und Rationalität eine fruchtbare Synthese eingehen und in der sich die Liebeskraft mit der Bereitschaft verbindet, mitten im Leben für sich und andere Verantwortung zu übernehmen (vgl. Anonyma in Teil 3).

Was bedeutet dies alles für Führungskunst und einen verantwortlichen Umgang mit Macht? Dieser Frage gehe ich im folgenden Kapitel nach, das sich mit einigen wichtigen Aspekten einer Führungskunst befasst, die sich in Führung und Selbstführung als Ausdruck einer posttraumatischen Reifung erweist.

# Teil 2

# DEM LEBEN DIENEN

# Führungskunst entwickeln

*»Ich bin Leben, das leben will*
*inmitten von Leben, das leben will.«*
*Albert Schweitzer*

Wer von Führungskunst spricht, meint mehr als Steuerung, Management oder Machtausübung. Vielmehr geht es um einen *verantwortlichen Umgang mit Macht, der das Leben in seinen unterschiedlichen Formen und Bedürfnissen berücksichtigt.* Wenn ich mich im Folgenden mit Führungskunst befasse, so tue ich dies vor dem Hintergrund der bisherigen Erörterungen, es geschieht also aus der Perspektive eines Menschen, der in Deutschland aufgewachsen ist, Teil seines kollektiven Erbes ist und aus diesen Erfahrungen bestimmte Aufmerksamkeiten und Verantwortlichkeiten ableitet.

Mit dem Begriff des Führens verbinden sich in Deutschland bestimmte Traditionen: Bis zum Ende der Monarchie diente man dem König bzw. dem Staat. Im Nationalsozialismus wurden alle Funktionsträger und die gesamte Bevölkerung darauf eingeschworen, dem Führer zu dienen. Die Traumata, die daraus erwuchsen, führten über einen langen Zeitraum und z.T. heute noch zur Diskreditierung jeglicher Art des »Führens« und des »Dienens«. Demgegenüber verstehe ich Führungskunst in der Tradition des *Servant Leadership* als ein Konzept, bei dem Führung sich in den Dienst des Lebens stellt und Sorge trägt für Mensch und Natur, eine Kultur der Verbundenheit nach innen und außen und für die Erhaltung der natürlichen Lebensgrundlagen.

Dies bedeutet weder, dass Führungskunst eine spezifisch deutsche Angelegenheit ist, noch dass sich die hier angestellten Überlegungen allein auf Deutschland beziehen. Vielmehr betrifft die Frage, ob Führung zu einer Kunst wird, alle Kulturen und alle Handlungsebenen – die Mikro-, Meso- und Makroebene. Die Bedeutung einer so verstandenen Führungskunst überschreitet das, was in der wissenschaftlichen Diskussion unter *good governance* thematisiert wird, indem sie diese in einen spirituellen Kontext stellt.

Bevor ich mich Details zuwende, beginne ich mit einigen allgemeinen Gedanken, die den Rahmen umreißen, in dem ich Führungskunst verorte.[119]

*Wo Führung zur Kunst wird und dem Leben dient, gründet der Machtgebrauch auf der Liebe zum Leben* – dem eigenen, dem der anderen und dem Leben auf unserem Planeten. Dessen Grundlage ist eine *Fähigkeit zur Selbstführung*, die sich auf folgende Werte gründet:

- Verantwortung gegenüber der Herzintelligenz
  *(Führung aus der Mitte)*
- Verantwortung dafür, die eigenen Potenziale zur Entfaltung zu bringen
  *(Empowerment und Potenzialentwicklung)*
- Verantwortung für ein friedliches Zusammenleben
  *(Unity in Diversity)*
- Verantwortung für das Gemeinwohl
  *(Community Spirit)*
- Achtsamkeit gegenüber der natürlichen Mitwelt
  *(Mit-Welt-Bezug, »Convivialität«).*

119 Vgl. auch: http://www.communio-fuehrungskunst.de/de/willkommen/mission.php

*Wo Führung zur Kunst wird, ist sie im Einklang mit universalen Gesetzmäßigkeiten*, die den menschlichen Möglichkeiten des Zugriffs, der Kontrolle oder der Steuerung entzogen sind – und zwar Gesetzmäßigkeiten des Lebens, des Zusammenlebens und des seelisch-geistigen Wohlbefindens. Führungskunst ist dabei ein Weg, im Rahmen dieser Gesetzmäßigkeiten Verantwortung für sich und andere zu übernehmen, in dem sich vermeintliche Gegensätze versöhnen – solche zwischen Macht und Liebe, Wertschöpfung und Wertschätzung, Wissen und Weisheit, Führen und Geführt-Werden, Effizienz und Nachhaltigkeit, Männern und Frauen, Wissenschaft und Spiritualität, Verändern und Bewahren. Grundlage dieser Führungskunst ist eine Selbstführung, die sich vor Gott und Mensch verantwortet (Meibom 2009).

*Wo Führung zur Kunst wird, bringt sie Schönheit hervor* – in uns, in unserem Zusammenleben, in unserem Zusammenwirken, im gestalteten Raum, in unseren Organisationen, in unseren Produkten und Dienstleistungen, in unseren Städten, in unserer Umwelt. Grundlage solcher Führungskunst ist eine Haltung der Wertschätzung gegenüber sich selbst, anderen und der natürlichen Umwelt. Eine solche Wertschätzung ermöglicht eine nachhaltige Wertschöpfung (Mettler-v.Meibom 2006 und 2008).

Damit komme ich zum Konkreten. In jedem Land stellen sich andere Herausforderungen. Deutschland trägt als hochgerüstete Industrienation maßgeblich bei zum derzeitigen Zustand der Welt-Ökonomie, der Ökologie und der europäischen und Welt-Gesellschaft. Aufgrund seiner ökonomischen Machtfülle fällt ihm eine Verantwortung zu, die seine geografische Größe überschreitet. Aufgrund der Tatsache, dass von Deutschland ein Krieg gegen Mensch und Ethik unternommen wurde, hat dieses Land Erfahrungen mit Machtmissbrauch gemacht, die es verpflichten, aus den Erfahrungen zu lernen und sie konstruktiv zu wenden. Weder ist Deutschland das einzige Land, das Schuld auf sich geladen hat, noch ist Deutschland verpflichtet, »die Welt zu retten«. Gleichwohl ist es aus meiner Sicht aufgerufen, traumatische Selbstblockierungen aufzulösen, um in seine Verantwortung angemessen eintreten zu können. Dies legt eine (Neu-)Orientierung auf verschiedenen Ebenen nahe. Einige davon möchte ich im Folgenden skizzieren:

- Spiritualität und Führung
- Integrale Führung
- Weisheit des Weiblichen
- Selbstführung
- Kultur der Verbundenheit
- Lebensgrundlagen – natürliche Mitwelt
- Sprache und Bilderwelten.

## Spiritualität und Führung

Spiritualität, ein Tabu in der bundesrepublikanischen Gesellschaft, ist eine machtvolle Kraft. *Spirit* ist nicht Verstand *(mind)*. Vielmehr verstehe ich darunter das bewegende Schöpfungsprinzip in jedem Einzelnen. Leben aus dem Geist heißt, das Leben auf die Liebeskraft, die wir als Gott bezeichnen, auszurichten und im Denken, Fühlen, Handeln lebendig werden zu lassen. In der Vorstellung, wonach der Urgrund des Seins Liebe ist, können wir einen Weg finden, um bei aller Verschiedenheit von Menschen, Interessen und Kulturen das Gemeinsame zu entdecken. Wenn wir uns alle als Ausdruck des Einen begreifen, lernen wir, nicht nur Sorge für die eigenen Interessen zu tragen, sondern auch nach Lösungen zu suchen, welche die Interessen anderer in sich aufnehmen und berücksichtigen. Wir werden reifer für Lösungen, die weise sind, weil sie der Vielfalt des Lebens und seiner Bedürfnisse mehr Achtsamkeit und Respekt entgegenbringen.

Die Gottesvorstellungen der führenden nationalsozialistischen Ideologen waren gänzlich andere. Sie verdichteten sich in einer politischen Religion, die Gott zum alleinigen Besitz der Arier im Sinne einer auserwählten Rasse erklärte. Wie in der Mystik wurde der Mensch als gottgleich wahrgenommen, jedoch – im Sinne einer völligen Umdeutung mystischen Gedankenguts – wurde die Gottgleichheit allein dem Arier zuerkannt und daraus ein Herrschafts- und Erlösungsanspruch für die ganze Welt abgeleitet. Diese Politische Religion des Nationalsozialismus war die Pforte zu einem tiefgreifenden spirituellen Missbrauch, in den das zur mystischen Gemeinschaft zusammengeschweißte Volk mit großem Erfolg eingebunden wurde. An die Stelle eines Gottes, der sich in allen als Liebeskraft manifestiert, tritt hier das Bild eines trennenden und unterscheidenden Gottes, der in der dinglichen Welt Exklusivrechte verteilt, aus denen die Rechte einer vermeintlichen Herrenrasse abgeleitet werden. Diese übernimmt einen Erlösungsauftrag für die Menschheit, indem sie sie von denen, die zu »Tiermenschen« erklärt werden, befreit. Kriege werden damit zu »Gotteskriegen« und der Holocaust zum »Dienst am Leben«.

Solche Gottesvorstellungen und daraus abgeleitete Beherrschungs- und Eroberungspolitik traumatisieren auf lange Zeit und legen es nahe, sich von allem »spirituellen Kram« zu distanzieren und – wenn überhaupt – »Zuflucht« in den etablierten christlichen Religionen zu suchen. Doch zum einen leben wir in multireligiösen Gesellschaften, müssen also die Existenz und die Rechte anderer Religionen anerkennen, ob wir es wollen oder nicht. Zum anderen steht es auch mit dem Christentum nicht zum Besten. Nicht nur herrschen dort vielfach Gottesvorstellungen vor, die den Fokus auf Sünde, Schande, Scham, Strafe und Verfolgung legen; auch dort werden Exklusivrechte für die Christen »gegen« die Nichtchristen reklamiert nach dem Motto: Mein Gott ist nicht dein Gott. Die Geschichte zeigt, dass daraus krasseste Inhumanität in Form von Inquisition und Kreuzzügen erwachsen ist. Auch dem Nationalsozialismus hatten die Kirchen – sieht man von der Bekennenden Kirche und einzelnen Katholiken ab – wenig entgegenzusetzen. Und Missbrauch im Namen der Religion findet auch heute noch statt.

Solche Irrwege machen Spiritualität jedoch nicht obsolet. Vielmehr rufen sie auf zu einem Unterscheidungsvermögen, das prüft, wes Geistes Kind jemand oder eine Institution ist, die den Geist – *spirit* – von Menschen beeinflussen will. Da spirituelle Strebungen dem Menschen inhärent sind und die Fragen nach dem Sinn des Lebens und nach dem Woher und Wozu nicht übergangen werden können, auch nicht die Frage, wie die innere Gewissensführung im Alltag gelebt werden kann, braucht der Mensch Antworten. Gesundung bei seelischer Not verlangt, dass der Mensch für sein Tun einen Sinn findet, mit anderen Worten, eine Antwort auf die grundlegende Frage, warum er lebt.

Wenn wir Gott nach Auschwitz suchen, dann kann das nur ein liebender Gott sein, ein Gott, der sich nicht für einen von Menschen gemachten Größenwahn welcher Art auch immer missbrauchen lässt; ein Gott, der ein Liebender ist und uns zu einer Haltung einlädt, die einbindet, statt auszugrenzen, liebt, statt zu hassen, achtsam ist, statt rücksichtslos zu sein.

Liebe ist der Kern aller Religionen oder, wie der verstorbene spirituelle Meister Sathya Sai Baba sagt: »*Es gibt nur eine Religion, und das ist die Liebe.*«[120] In diesem Sinne kann eine spirituelle Grundhaltung nicht hinter die Aufklärung und die Formulierung der Menschenrechte zurückfallen. Jeder Mensch ist Ausdruck Gottes, hat darin seine Würde, seinen Wert und seine Rechte. Ohne diese spirituelle Grundhaltung ist dem Kampf aller gegen alle Tür und Tor geöffnet.

Wir brauchen also eine aufgeklärte Spiritualität und erneuten Mut für unsere spirituellen Aspirationen. Wenn wir uns dabei

120 Vgl. www.srisathyasai.org

auf die Liebe als den Urgrund und das geistige Gestaltungsprinzip verlassen, nehmen wir Abstand von allen Versuchen, uns selbst zu überhöhen oder einen Machtmissbrauch mit Spiritualität zu legitimieren. Wo Liebe ist, kann Macht zur Liebesmacht werden – im Alltag, in der Familie, im Beruf, in der Öffentlichkeit, in Gesellschaft und Politik. Sie befreit von Selbstsucht und einem Kreisen um sich selbst. Wir können bei der Humanisierung unserer Verhältnisse nicht auf diese spirituelle Kraft verzichten. Es hilft nicht weiter, das Tabu der Spiritualität in unserem Lande aufrechtzuerhalten und weiter im Trauma zu verharren, weil wir das Ohnmachtsgefühl einer missbrauchten Liebeskraft aus der individuellen und kollektiven Psyche abspalten. Es verhilft genauso wenig zu einer humaneren Zukunft und zu größerer innerer Zufriedenheit und Gelassenheit, weiterhin den modernen Göttern Materie, Konkurrenz und wissenschaftliche Rationalität zu opfern. Mut zu einer aufgeklärten Spiritualität zu entwickeln ist daher ein wichtiger Heilungsschritt auf dem Weg zu einer Führungskunst, die Antworten auf aktuelle Herausforderungen sucht und bietet.

## Integrale Führung

Dass eine solche Öffnung in die spirituelle Dimension von Führung ansteht, lässt sich auch an den bereits zitierten *Spiral Dynamics* von Graves, Beck und Cowan (Beck/Cowan 2007) nachvollziehen. Dieses Modell macht anschaulich, wie unterschiedlich die Motivationen und Glaubensvorstellungen von Menschen sind. Integrale Führung muss dem Rechnung tragen und einen Weg finden, um unterschiedliche Anliegen und Interessen zum Ausgleich zu bringen. Ohne spirituelle Werte, die allem Leben Würde zugestehen und die natürlichen Lebensgrundlagen ehren, dürfte dies nicht möglich sein.

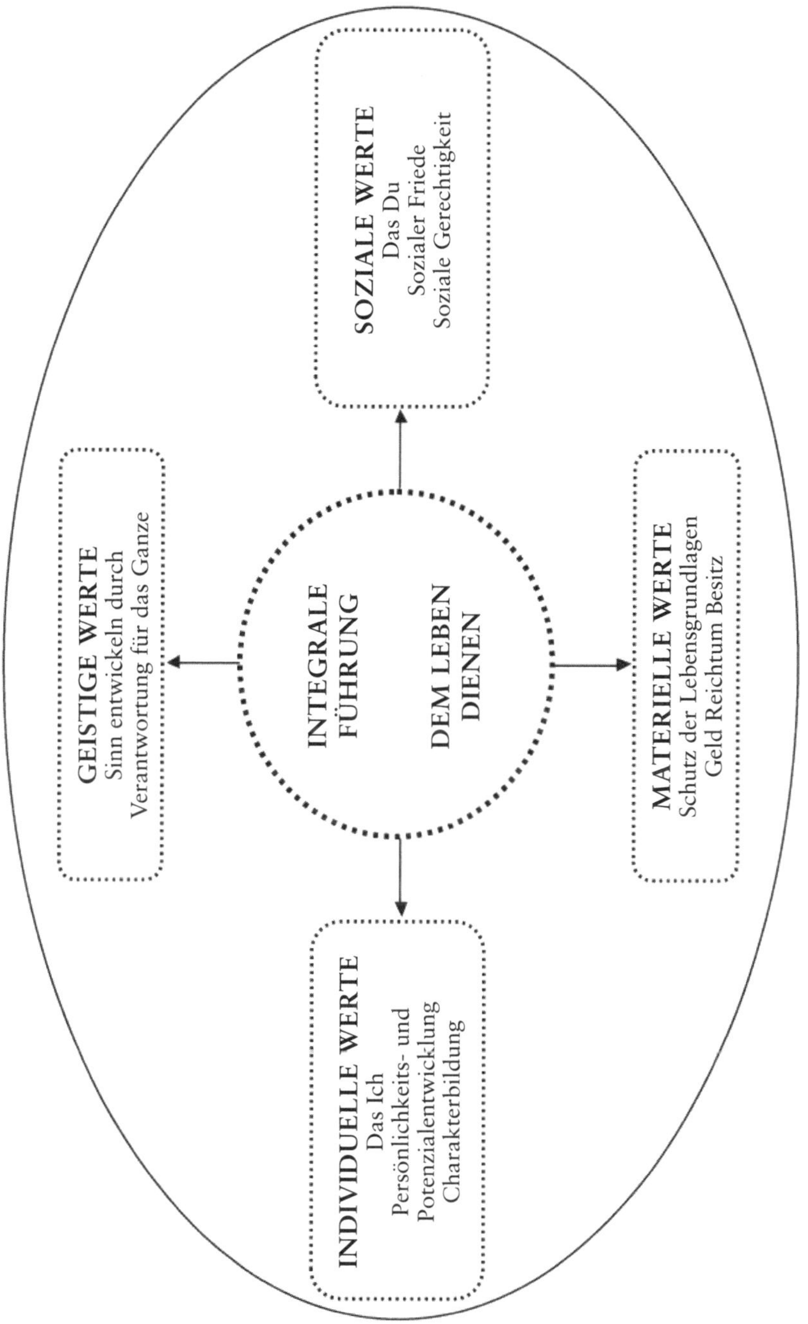


*Abb. 4: Integrale Führung (eigenes Modell©)*

Integrale Führung hat darüber hinaus einen Raum zu schaffen, in dem die Vielfalt menschlicher Aspirationen und Denkweisen wahrgenommen und anerkannt wird. Wie unterschiedlich diese sein können, war ein zentrales Ergebnis der mehr als zwanzigjährigen Forschungen von Graves. Er wollte keinen neuen Menschen hervorbringen. Er wollte wissen, was Menschen bewegt, und entdeckte gravierende Werte- und Motivationsunterschiede. Er vertrat die Auffassung, dass Menschen nicht unter Druck gesetzt werden sollten, sich zu ändern, sondern dass man Bedingungen schaffen müsse, in denen sie sich ihren Anlagen und Sichtweisen gemäß entfalten können.

Tabelle 3 (S. 148f.) zeigt, wie unterschiedlich die handlungsleitenden Motivationen von Menschen sein können.[121] Man spricht in diesem Zusammenhang auch von »Attraktoren«, um die herum sich Motive entwickeln. So kann das Streben nach Erfolg ebenso als Attraktor wirken wie das Streben nach Harmonie und Gemeinschaft. Interessant ist nun, auf welcher Bewusstseinsstufe Attraktoren wirken, welche Antworten auf die heutigen globalen Herausforderungen suchen. Folgt man dem Modell, so begegnen wir ihnen jenseits der sogenannten Graves'schen Spalte, d.h. auf der achten und neunten Stufe seines Modells und damit im Raum einer integralen Führung. Statt die Anliegen der vorangehenden Stufen zu negieren, wird Führung hier zu einem Versuch, die unterschiedlichen Motivationen und Sichtweisen zu einem friedlichen Miteinander zu verbinden.

---

121 Vgl. http://www.graves-systeme.de/, Dort findet sich die Übersetzung eines Zitats von C.W. Graves, unter: www.clarewgraves.com: »In jeder Stufe der menschlichen Existenz ist der erwachsene Mensch auf der Suche nach dem heiligen Gral, der Art, wie er zu leben, wünscht. Auf der ersten Stufe sucht er nach automatischer körperlicher Befriedigung (1). Auf der zweiten Stufe sucht er eine sichere Art zu leben (2), und dies ist gefolgt, als nächstes, von der Suche nach Heldentum, Macht und Ruhm (3), einer Suche nach höchstem Frieden (4), einer Suche nach materieller Zufriedenheit (5), einer Suche nach liebevollen Beziehungen (6), einer Suche nach Selbstachtung (7) und einer Suche nach Frieden in einer unverständlichen Welt (8). Und wenn er merkt, dass er diesen Frieden nicht findet, wird er sich auf die Suche der neunten Stufe machen.«

Integrale Führung zeigt sich also darin, dass Unterschiedlichkeit akzeptiert und produktiv gewendet wird. Integrale Führungs*kunst* geht meines Erachtens noch darüber hinaus. Integrale Führungskunst ist von einem Bewusstsein inspiriert, welches das Ganze in den Blick nimmt und Wege sucht, wie unterschiedliche Bewusstseinsstufen, Anliegen und Interessen nachhaltig und harmonisch miteinander leben können. Grundlage einer integralen Führungskunst ist daher in meinem Verständnis eine aufgeklärte Spiritualität, die sich von einer globalen Vision des Lebens und Überlebens inspirieren lässt und Raum lässt für die Vielfalt und Unterschiedlichkeit menschlicher Anliegen und Inspirationen.

## Weisheit des Weiblichen

Von einer globalen Vision und einem Paradigmenwechsel in Richtung auf eine Kultur der Verbundenheit sind wir heute leider noch weit entfernt. Zwar gibt es Ansätze für globale Verantwortung und für die Einrichtung globaler Institutionen wie der UN und ihrer Unterorganisationen. Doch unser ökonomisches System und unsere Gesellschaften funktionieren lokal und global weiterhin nach den Prinzipien eines ungezügelten Wachstums und wechselseitiger Konkurrenz. Dabei handelt es sich um ein Dogma mit zerstörerischen Folgen für Natur, Mensch und Gesellschaft.

Wenn ich im Folgenden diese Thematik in den Zusammenhang einer »*Weisheit des Weiblichen*« stelle, so bewege ich mich erneut in einem gesellschaftlichen Tabubereich, dessen Ursprung in unserem Land vermutlich auch als eine Spätfolge des Nationalsozialismus begriffen werden kann. Die Frau und Mutter bzw. das Weibliche wurden im Sinne der arischen Rasseideologie zu einem Idol erhoben. Frauen gehörten wohl nicht zuletzt deswegen zu den glühendsten Verehrerinnen Hitlers. Gleichwohl waren die Wirkungen des Systems hochambivalent. Die Frauen wurden aus der Arbeitswelt gedrängt, dafür jedoch in ihrer Mutterrolle mit dem Mutterkreuz prämiert. Sie »schenkten dem Führer ihre Kinder«. Mit voranschreitenden kriegerischen Aktivitäten und Luftangriffen auf die Zivilbevölkerung mussten sie an der Heimatfront die Folgen des verbrecherischen Eroberungssystems und des Militärdienstes der Männer tragen: Hunger, Zerstörung, Krankheit, Verletzungen, Tod. Als Arbeitskräfte in Industrie und Landwirtschaft hatten sie z.T. die fehlenden männlichen Arbeitskräfte zu ersetzen.[122] Nach 1945 wurden nicht nur rund zwei Millionen Frauen Opfer von Vergewaltigungen[123], sondern hatten auch als Trümmerfrauen den Wiederaufbau zu bewältigen, bis sie – nachdem sie als Reservearmee auf dem Arbeitsmarkt eingesetzt worden waren – schließlich von den heimkehrenden Männern wieder von den Arbeitsplätzen verdrängt wurden.

Die Entzauberung des Weiblichkeitskultes, wie ihn der Nationalsozialismus inszeniert hatte, fand in der Realität also auf allen Ebenen statt. Dies dürfte aus meiner Sicht dazu beitragen, dass man den Begriff des Weiblichen in unserem Land nur schwer gebrauchen kann, ohne sich dem Vorwurf des Essentialismus auszusetzen. Dabei lassen sich viele Missverständnisse vermeiden, wenn man unterscheidet zwischen einerseits den *Prinzipien des Männlichen und Weiblichen*, die in jedem Menschen – egal ob Mann oder Frau – wirksam sind, und andererseits zwischen *Männern und Frauen im Sinne von Gender*, womit Unterschiede

---

122 Interessanterweise wehrte sich Hitler gegen die wiederholte Forderung seines Rüstungsministers Albert Speer nach einer totalen Mobilisierung der Frauen für die Kriegsproduktion mit dem Hinweis auf ihre Mutterrolle. Nach Speers Berechnung wären fünf Millionen Frauen einsatzfähig gewesen, was weitere drei Millionen Arbeiter für den Militärdienst freigesetzt hätte. Craig macht die Haltung Hitlers für ein früheres Kriegsende verantwortlich. Vgl. Craig 1982, 188

123 Vgl. Marks 2010, 75

in Sozialisation, Rollenerwartungen und Alltagserfahrungen einhergehen. Hier lohnt ein neuer Blick darauf, ob die *Kräfte des Weiblichen* helfen können, lebensbedrohliche gesellschaftliche Ungleichgewichte abzubauen.[124]

Konkurrenz und Eroberung sind, wenn man zwischen *Prinzipien des Männlichen und Weiblichen* unterscheidet, ausgesprochen männliche Prinzipien. Sie haben beigetragen zu einem fantastischen technischen Fortschritt, allerdings – wie wir heute sehen müssen – nicht ohne höchst unerwünschte Folgen, welche die Existenz dieses Globus und der Menschheit als Ganzes gefährden. Die Dominanz dieser Prinzipien hat zu instabilen Systemen geführt, die in Gefahr sind zu implodieren. Indikatoren für die Implosion *ökologischer* Systeme sind die Ausbreitung der Wüsten, Wasserknappheit, klimatischer Wandel, Zerstörung der Ozonschicht, Effekte von unkontrollierbaren Risikotechnologien wie Nuklearenergie (Tschernobyl, Fukushima) oder von Off-Shore-Ölgewinnung. Die Implosion der *ökonomischen* Systeme zeigt sich in einer wachsenden Schere zwischen öffentlicher Armut und privatem Reichtum und in einem Finanzsystem, das sich zunehmend als unkontrollierbar durch staatliche Autoritäten erweist. Die Implosion *sozialer* Systeme zeigt sich in der wachsenden Schere zwischen Reichen und Armen, sowohl global als auch innerhalb von Gesellschaften. Unter dem Druck der Globalisierung zerfällt das soziale Kapital, d.h. die unterstützen-

---

124 Der Text des folgenden Abschnitts greift Überlegungen auf, welche das Ergebnis einer einjährigen Teamarbeit waren von Regina Boensel (Art of Living), Regina Hunschock (Change Processing), Barbara v. Meibom (Communio-Institut für Führungskunst) und Susanne Leithoff (Institut für gesunde Organisationsentwicklung). Unsere gemeinsame Vision war und ist es, das Bewusstsein für weibliche Weisheit im Denken, Fühlen und Handeln zu stärken. Zwischen November 2009 und Juli 2011 hat dieses Team fünf Städte besucht (Berlin, München, Frankfurt, Düsseldorf, Hamburg) und dort in Workshops Frauen eingeladen, sich zu begegnen, miteinander zu diskutieren, zu lernen und die Bedeutung weiblicher Weisheit für die heutige Welt zu erkunden und zu würdigen. Das Projekt mündete ein in eine Internationale Frauenkonferenz im Juni 2011, in der diese Überlegungen vorgetragen wurden: Vgl. Boensel/Hunschock/Leithoff/v. Meibom 2011

den Beziehungen zwischen Menschen. Die Dominanz des Machens, Gestaltens, Veränderns gegenüber den Qualitäten des Seins, Zulassens, Sich-Entwickelns zeigt ihren Preis.

Wir haben einen Punkt in der Evolution erreicht, an dem wir dringend einen Weg finden müssen, wie wir natürliche lebenswichtige Balancen wieder herstellen bzw. einen Ausgleich der Kräfte wieder zulassen können. Dies geht nicht, ohne die ausgleichenden, ausbalancierenden *Prinzipien des Weiblichen* zu aktivieren und damit zu einer Balance auf einer höheren Stufe zu gelangen. Was ist damit gemeint?[125] Ich unterscheide im Folgenden zwischen drei Dimensionen, die zu einem besseren Verständnis der anstehenden Herausforderungen verhelfen:

- spirituelle Dimension (weibliche Seite Gottes),
- Prinzipien des Männlichen und Weiblichen
- Geschlechterbeziehung zwischen Männern und Frauen.

## *Die weibliche Seite Gottes*

Alle großen Religionen, auch das Christentum, kennen einen weiblichen Aspekt Gottes. Im Alten Testament ist er repräsentiert durch Sophia, die Weisheit; im Hinduismus ist es Prakriti, im Schamanismus ist es Mutter Erde. Im Katholizismus repräsentiert Maria als Himmelskönigin einen Aspekt der weiblichen Seite Gottes. Auf einer transkulturellen Ebene wird der männliche Aspekt Gottes mit Geist, Sonne, Logos, dem Wort, dem Akt der Schöpfung und der Qualität des Handelns in Verbindung gebracht. Dem gegenüber wird der weibliche Aspekt Gottes assoziiert mit Weisheit, Mond, Fühlen, mit der materiellen Seite

125 Interessanterweise fordern einige der großen Weisheitslehrer wie der Dalai Lama, Sri Sri Ravi Shankar, Sathya Sai Baba oder auch Wissenschaftler wie Hans-Peter Dürr genau dies: die Kräfte des Weiblichen zur Überwindung eines menschheitsbedrohenden Ungleichgewichtes zu fördern, um damit die Leben zerstörenden Dynamiken des Patriarchats zu überwinden.

von Gottes Schöpfung und mit der Qualität des Seins. Ungleichgewichte entstehen, wenn eines der beiden göttlichen Schöpfungsprinzipien auf Kosten des anderen vernachlässigt wird. Dies jedoch geschieht seit Jahrtausenden. Insbesondere im Westen wurde die Vorstellung von Spiritualität auf das »männliche« Gesicht Gottes reduziert, sich die Erde »untertan zu machen«. Im christlichen Protestantismus gibt es noch nicht einmal eine weibliche Repräsentation des Göttlichen.

Wenn die weibliche Seite Gottes ins Bewusstsein treten soll, geht es – biblisch gesprochen – darum, sich mit Sophia neu zu verbinden. Die Sophia der Bibel formuliert eine Botschaft, die sich an die Herrschenden richtet. Sie lehrt den »rechten Geist«, der zu »rechter Herrschaft« befähigt, und fordert dazu auf, die Schöpfung als Gottes Ausdruck und Wille zu erkennen. Den Herrschenden trägt sie die Aufgabe an, diese Schöpfung (Mutter Erde, die Elemente, die materielle Welt, den Körper) als den Körper Gottes zu ehren. Der Mensch steht hier in der Verantwortung für die Verletzbarkeit des Lebens und die Verbundenheit und Einheit von allem, was existiert.[126] Mit anderen Worten: Wenn wir uns stärker an der weiblichen Seite Gottes orientieren, sind wir eingeladen, den rastlosen und exzessiven *habit of doing*, d. h. die Gewohnheit, alles verändern, kontrollieren und steuern zu wol-

126 Weish. 7.7f., 7.12–15, 7.17–21: »Deshalb betete ich und mir wurde Einsicht gegeben; ich rief den Herrn an und der Geist der Weisheit kam zu mir. Ich achtete sie höher als Zepter und Throne, und Reichtum hielt ich ihr gegenüber für nichts. … Ich wurde über alle diese Dinge fröhlich, weil die Weisheit sie mit sich führte; ich wusste aber noch nicht, dass sie auch ihre Schöpferin ist … Arglos habe ich sie gelernt, neidlos teile ich sie aus; ich will ihren Reichtum nicht verbergen. Denn sie ist für die Menschen ein unerschöpflicher Schatz; die ihn erwarben, erlangten Gottes Freundschaft, weil die Gaben sie empfahlen, die die Unterweisung verleiht … Denn er gab mir sichere Erkenntnis dessen, was ist, sodass ich den Bau der Welt begreife und das Wirken der Elemente: Anfang, Ende und Mitte der Zeiten; wie die Tage zu- und abnehmen; wie die Jahreszeiten wechseln und wie das Jahr umläuft und wie die Sterne stehen; die Natur der Tiere und die Kraft der Raubtiere; die Macht der Geister und die Gedanken der Menschen; die Vielfalt der Pflanzen und die Kräfte der Wurzeln. So erkannte ich alles, was verborgen und was sichtbar ist; denn die Weisheit, die alles kunstvoll gebildet hat, lehrte mich's«.

len, zurückzustellen zugunsten einer Weisheit des Seins, eines *habit of being*. Die männlich konnotierte Haltung des »*Mach' dir die Erde untertan*« braucht eine Ausrichtung und Ausbalancierung durch die weiblich konnotierte Haltung eines »*Pflege den Garten Erde*«. Wie könnte eine Synthese dieser beiden Prinzipien gelingen?

## *Synthese von Prinzipien des Männlichen und Weiblichen*

In der materiellen Welt nehmen wir Gegensätze wahr: hell und dunkel, heiß und kalt, stark und schwach, plus und minus, gebären und sterben, gesund und krank, glücklich und unglücklich. In diesem Sinne unterscheiden wir auch zwischen dem männlichen und dem weiblichen Prinzip, für die im Taoismus die Synonyme Yin und Yang stehen. Yin und Yang sind nicht wirklich polare Gegensätze, sondern zwei Seiten ein und derselben Medaille, die in allem, was ist, in bestimmten Abstufungen vorhanden sind. Yin ist z. B. Erde und Yang Himmel, Yin ist Nacht, Yang Tag, Yin ist konservativ, Yang progressiv. Ein nebliger Tag ist Yang mit einem hohen Yin-Anteil und eine sternklare Nacht ist Yin mit einem hohen Yang-Anteil. Die Unterscheidung zwischen Prinzipien des Männlichen und des Weiblichen kennen wir auch im Westen. C. G. Jung hat die Lehre von den Archetypen des kollektiven Unbewussten formuliert. In Anima (weiblicher Archetyp) und Animus (männlicher Archetyp) identifiziert er Kräfte, die auf der intrapersonalen, interpersonalen und gesellschaftlichen Ebene wirksam werden. Es sind Archetypen des Unbewussten, die in beiden Geschlechtern existieren.

In den patriarchalen Gesellschaften herrscht das männliche Prinzip vor – nunmehr seit Tausenden von Jahren. Heute erfahren wir die Folgen dieses Ungleichgewichtes als absolut zerstörerisch. Deswegen ist es unabdingbar, dass die beiden Prinzipien wieder in ein Gleichgewicht gebracht werden, indem die weiblichen Kräfte innen und außen gestärkt werden. Wie unterscheiden sich die beiden? Die nachfolgende Liste mit einigen Aspekten ließe sich beliebig verlängern.

| **Das Weibliche/Yin/** Anima | **Das Männliche/Yang/** Animus |
|---|---|
| Empfangen | Erschaffen |
| Fühlen | Denken |
| Weisheit | Wissen |
| Fluss | Richtung |
| Sein | Tun |
| Vertrauen | Kontrolle |
| Empathie | Fordern |
| Nähren | Gebrauchen |
| Prozess | Ergebnis |
| Organismus | Fakten und Zahlen |

*Tabelle 4: Prinzipien des Weiblichen und Männlichen (eigene Zusammenstellung)*

Die beiden Prinzipien ergänzen einander; sie widersprechen sich nicht. Zusammen bilden sie ein Ganzes. Doch in einer patriarchalen Gesellschaft kämpft das männliche gegen das weibliche Prinzip. Das Geschenk Gottes für die Menschheit ist zweifach. Es enthält das weibliche und das männliche Prinzip. Wir brauchen Partnerschaft und Ko-Kreation zwischen den beiden Prinzipien anstelle von Konkurrenz, wechselseitiger Leugnung oder Abwertung.

Beziehe ich diese Überlegungen auf Deutschland, so stelle ich fest, dass im Verständnis von Führung die männlichen Prinzipien dominieren. Dies gilt sowohl historisch als auch in besonderem Maße für die Unrechtssysteme des Nationalsozialismus und der sozialistischen DDR.[127] Doch die Spuren einer fehlenden Balance zwischen beiden Prinzipien zeigen sich auch in der Gegenwart:

127 Eine erhellende historische Analyse hierzu findet sich bei Craig 1982, 167ff.

In einem lebensfeindlichen Umgang mit der Natur, in einer Arbeitswelt, die menschliche Grundbedürfnisse missachtet, und in einer Politik, die zu einer schleichenden Spaltung der Gesellschaft beiträgt.

### *Neue Partnerschaft zwischen Frauen und Männern*

Die dritte Dimension verweist auf die unterschiedliche gesellschaftliche Wertigkeit zwischen Frauen und Männern. Wie und bis zu welchem Grade Frauen diskriminiert werden, unterscheidet sich von Land zu Land. Aber es gibt keine Gesellschaft, in der Frauen einen den Männern gesellschaftlich gleichwertigen Status (im Hinblick auf Bildung, Einkommen und Rechte) besitzen. Dies verletzt nicht nur die Menschenrechte und Würde von Frauen, sondern es ist auch ein Grund, warum unsere Gesellschaften in Unordnung geraten sind. Im Vergleich zu anderen westlichen Industrienationen hinkt Deutschland immer noch hinterher, wenn es um die Vereinbarkeit von Beruf und Familie, den Zugang von Frauen zu Führungspositionen und um gleichen Lohn für gleiche Arbeit geht.

Wichtiger als Quantitäten in der Teilhabe der Geschlechter sind jedoch veränderte Qualitäten. Wie die Soziologin Elisabeth Beck-Gernsheim herausgearbeitet hat, leben Männer in hohem Maße eine Tauschwertorientierung, während Frauen eher eine Gebrauchswertorientierung an den Tag legen (Beck-Gernsheim 1976). Dies spiegelt unterschiedlichen Lebenswelten und unterschiedliche Prioritäten wider. Partnerschaft erfordert deswegen einen wechselseitigen Respekt für unterschiedliches Erfahrungswissen, unterschiedliche Wahrnehmungen und Wertvorstellungen. Die Gestaltung unserer gesellschaftlichen Verhältnisse braucht das *ganze* Erfahrungswissen, nicht nur das aus männlich geprägten (Berufs-)Welten. »*Wenn Frauen respektiert werden, entsteht Weisheit*«, lautet bezeichnenderweise ein afrikanischer Weisheitsspruch.

So lässt sich zusammenfassen: Eine Führungskunst, die dem Leben dient, braucht Möglichkeiten, die Weisheit des Weiblichen auf drei Ebenen zu fördern, sodass lebensfördernde Balancen entstehen können:

- *Spirituell*, indem wir uns für die weibliche Seite Gottes im Sinne eines »den Garten Erde Pflegens« öffnen;
- *mental und emotional*, indem wir die vorherrschenden männlichen Prinzipien des Tuns mit den weiblichen Prinzipien des Seins ausbalancieren, und zwar sowohl als Männer wie als Frauen;
- *gesellschaftlich*, indem wir einen konstruktiven Dialog zwischen Männern und Frauen erreichen mit dem Ziel einer neuen Partnerschaft und einer ko-kreativen Gestaltung unserer Zukunft vor dem Hintergrund eines unterschiedlichen Erfahrungswissens.

## Selbstführung und Führung

Führungskunst kann sich nur auf der Basis von Selbstführung entwickeln, denn in der Führung teilen sich die eigenen Werte bewusst oder unbewusst mit. Deswegen ist die Kunst der Selbstführung grundlegend für jede Führungskunst.

Der übliche Begriff für Selbstführung ist Selbstmanagement. Die Herkunft dieses Begriffes verweist jedoch auf Ziel- und Zweckzusammenhänge meist wirtschaftlicher Art, bei denen es vor allem darum geht, die sogenannten *soft skills* zu entwickeln, die heute von einer erfolgreichen Führungskraft erwartet werden: Kommunikationsfähigkeit, Konfliktfähigkeit, Selbstausdruck und Rhetorik etc. Diesem Verständnis von Selbstmanagement stelle ich das Prinzip des Spirituellen Selbstmanagements an die Seite (Meibom 2009). Dabei geht es darum, eine Selbstführung zu entwickeln, die sich vor der ordnenden Kraft des Herzens (Herzintelligenz) und vor dem eigenen Gewissen bewährt.

Eine Selbstführung, die sich der Quelle der Liebeskraft gegenüber verantwortlich weiß und sich auf diese ausrichtet, ist mit vielerlei Herausforderungen konfrontiert. Herausfordernd ist vor allem die bewusste Wahrnehmung von Gedanken und Gefühlen, die im Widerspruch zur Achtung der eigenen Person, der Person des anderen und der natürlichen Mitwelt stehen. Spirituelles Selbstmanagement ist ein Prozess, in dem ich mich diesen Herausforderungen stelle mit dem Ziel, Zugang zu meiner inneren Führung und zu meiner inneren Weisheit zu erlangen, um aus dieser Mittezentrierung heraus in der Welt tätig zu werden. Dazu bieten sich vor allem zwei Wege an:

Der erste Weg bringt mich in direkten Kontakt mit meinen Gefühlen. Ich erkunde und erforsche sie, weniger um sie zu analysieren, sondern um ihre Existenz – wörtlich – für wahr zu nehmen. Dies verlangt Mut, da in jedem von uns zahlreiche Gefühle ihr Unwesen treiben, die wir lieber nicht zur Kenntnis nehmen wollen: Angst, Scham, Aggression, Neid, Eifersucht, Zorn, Hass, Rache. Der potenzielle Mörder, die potenzielle Mörderin ist in jedem von uns (vgl. Gamma in Teil 3). Wohl niemand kann sich von der Gefahr freisprechen, dass er oder sie in einem Unrechtssystem wie dem nationalsozialistischen möglicherweise selbst zum Mitläufer oder Mittäter geworden wäre. Doch für die jetzt Lebenden stellt sich die Herausforderung nicht im Rückblick, sondern jetzt: Wie gehe ich heute mit meinen Gefühlen um? Bin ich in der Lage, Widerstand zu leisten, wenn mein Gewissen aktiviert ist? Da das Wissen um die eigenen Schattenseiten und die damit verbundenen Gefühle äußerst beunruhigend ist, versuchen wir lieber, uns ihrer zu entledigen. Statt sie zu fühlen und für sie Verantwortung zu übernehmen, erhoffen wir schnelle psychische Entlastung und eine Stärkung der eigenen Identität, indem wir das Ungeliebte auf andere projizieren und dort bekämpfen.

Menschen mit Traumata sind in diesem Prozess der Selbsterkundung und Selbsttransformation zusätzlich belastet aufgrund der erlittenen Fragmentierung ihrer Identität. Deswegen verlangt das Abenteuer der persönlichen Reifung nicht nur Mut und Entschiedenheit, sich den eigenen Traumata zu stellen, sondern auch genügend Ich-Stärke, um eine noch stärkere Defragmentierung der Psyche zu vermeiden. Dies kann eine Therapie erforderlich machen. Doch auch mitfühlende Menschen im persönlichen Umfeld können bei der Integration unbewusster Inhalte Wunder wirken, wenn es gelingt eine ehrliche Verbundenheit aufzubauen. Wenn wir in einer Haltung der *Akzeptanz dessen, was ist*, Zugang finden zu den unangenehmen Gefühlen, dann wird der Weg frei, die negativen Emotionen loszulassen und in eine lebensfördernde Richtung zu transformieren. Die Aktivierung von ausbalancierenden helfenden Energien in der Psyche kann dann zu neuen Synthesen führen, die eine neu gewonnene Fähigkeit zur Selbstführung ausdrücken. Beispiele hierfür finden sich in den Porträts (Teil 3).

Der zweite Weg geht über die gezielte Schulung des Geistes, ein Weg, den uns vor allem die spirituellen Traditionen des Ostens weisen. Der Schlüssel liegt hier in der Beobachtung des eigenen Denkens und Fühlens und einer Disidentifikation gemäß der Kurzformel: *Ich habe Gedanken, aber ich bin nicht meine Gedanken, ich habe Gefühle, aber ich bin nicht meine Gefühle.*[128] Aus dieser Beobachterperspektive heraus bin ich den Gedanken oder Gefühlen nicht mehr ausgeliefert, sondern ich kann sie daraufhin überprüfen, ob sie meiner Herzintelligenz entspringen oder meinem Ego im Sinne meines Selbstkonzeptes. Bezugs- und Angelpunkt dieses Weges ist das Wissen, dass jeder Mensch eine Verkörperung der göttlichen Licht- und Liebeskraft ist. Sie als die einzige Wirklichkeit zu erkennen, ist daher die Aufgabe die-

128 Vgl. Assagioli 2004, 151ff.

ses Weges. In konsequenter Schulung des Geistes lernt der Mensch auf dem spirituellen Weg allmählich zwischen dem *Mind* (Verstand) und dem *Spirit* (der inneren Quelle) zu unterscheiden und sich so von der Verhaftung und Anhaftung an seine Identitätskonzepte, Gedanken und Gefühle zu befreien (Stiegler 2005).

Beide Wege, wenn sie denn erfolgreich sein sollen, brauchen die Ausrichtung des Willens auf den Prozess der Selbsterkenntnis, der Selbsttransformation und eines darauf aufbauenden Selbstvertrauens. Dieses Selbstvertrauen ist in letzter Konsequenz das Vertrauen in das göttliche Selbst. Es ist nicht nur die Frucht des Weges, sondern die Grundlage einer Führungskunst, die durch Selbstführung dem Menschen hilft, dem Leben zu dienen.

## Sprache und Bilderwelten

Geistige Verführung geschieht auf vielen Wegen. Der Missbrauch von Sprache durch die nationalsozialistische Ideologie und Propaganda war eminent. Verbrecherisches Handeln wurde zur Tugend stilisiert. Morden und Töten zum »Gotteskrieg« erklärt. Ein ähnlicher Missbrauch wurde mit der Inszenierung von Bilderwelten betrieben, die mythologisch aufgeladen zur Absicherung des Unrechtssystems auf der Ebene des Unbewussten beitragen sollte. So nimmt es nicht wunder, dass in unserem Land vor allem von Intellektuellen das Heil in einem rationalen Weltzugang gesucht wurde und wird, der jeglichem Missbrauch dieser Art einen Riegel vorschieben soll. Doch dies hat seinen Preis. Es führt zu einer Entleerung der Sprache und zu einer fatalen Unterschätzung der Notwendigkeit, sich mit den Bilderwelten und ihren Wirkungen angemessen auseinanderzusetzen.

*Sprache*

Ich erinnere mich gut. Es war in den 1980er-Jahren. Ich hatte soeben meine Habilitationsarbeit abgeschlossen und besuchte eine Weiterbildung der Evangelischen Medienakademie. Wir übten uns in Reportage und Feature. Jeder Tag begann mit einer Einstimmung – einem Text, der verlesen wurde und uns zum Nachsinnen und Nachspüren anregen sollte. Da geschah etwas für mich Unerhörtes. Ich entdeckte Wörter neu, die mir entschwunden waren: *Seele, Gnade, Liebe, Heilung, Gewissen, Vergebung, Vertrauen, Zuversicht.* Es waren Wörter, die ich aus meiner Kindheit kannte, aus dem Haus meines Großvaters, eines frommen Kirchenmanns, der meine ausgebombten Eltern und uns Kinder aufgenommen hatte. Sie erinnerten mich an etwas, was mir in meiner Arbeit als Wissenschaftlerin völlig abhandengekommen war: An einen Kosmos von Gefühlen und Wahrnehmungen, deren Verlust ich vorher allenfalls unbewusst wahrgenommen hatte.

Der Hirnforscher Gerald Hüther erklärt uns, dass es kein Denken ohne Fühlen gibt und geben kann (vgl. Teil 3 und Hüther 2008). Doch Fühlen ist für traumatisierte Menschen gefährlich. Die rationale Wissenschaftssprache vermittelt da Sicherheit und scheint zu befreien und zu erlösen. Im segmentierenden, differenzierenden Vorgehen der Wissenschaftssprache wird das »Dazwischen«, das, was die Wörter beseelt, vermieden. Metaphorik, deren unerklärbarer Bedeutungsüberschuss sich der Analyse entzieht, gilt allenfalls als Zwischenstufe auf dem Weg zur analytischen Erkenntnis.

Ein solcher Versuch des Verstandes, Sicherheit zu finden, indem er die Untiefen des Fühlens einfach vermeidet, ist naheliegend, wenn man sich den Missbrauch von Wörtern im Nationalsozialismus vergegenwärtigt. Die Sprache war vollgesogen mit einem Bedeutungsüberschuss, der Gefühle mobilisieren sollte: Sieg – Heil, Licht, Arbeit macht frei, Kraft durch Freude, Heil

Hitler, Volksgemeinschaft, Herrenrasse, Tiermenschen, Schänder, Krieg als Gottesdienst, totaler Krieg. Der Philosoph Hans Blumenberg hat auf die Gefahr einer derart metaphorischen Sprache hingewiesen. Danach führt »das negations- und kritiklose Sich-Anheimgeben an die assoziative Bilderflut der Metaphern zu einer naiven und vorrationalen Denkweise ... Der Begriff endet in der Mystik, die Metapher im Mythos.«[129]

Genau dies ist von der nationalsozialistischen Elite mit Bravour praktiziert worden. Die metaphorische Sprache diente als Vehikel, um den Mythos von der Herrenrasse und dem Erlösungsauftrag der »Arier« im Denken und Fühlen zu verankern. Ein gesellschaftlich sensibler Umgang mit Begriffen ist vor diesem Hintergrund außerordentlich wichtig. Was jedoch folgte, ist vielfach ein Versuch, Sprache durch Verwissenschaftlichung ihrer Gefühlsdimension zu entkleiden. Wo ein solcher Versuch gemacht wird und mit Wissenschaftsgläubigkeit einhergeht, wird Sprache deutungsarm, sie lässt die Menschen »kalt«; ihre Aussagen werden langweilig und nichtssagend. Statt Bedeutung und Sinn zu vermitteln, werden Worthülsen angeboten, mit denen die Wirklichkeit mental »zurechtgebogen« wird, die aber mit der Lebendigkeit dessen, worum es geht, wenig zu tun haben.

Wie also können wir mit diesem Dilemma umgehen? Wie können wir Begriffe finden und sie angemessen verwenden, die Denken und Fühlen verbinden und die auf Ideale und Ideen verweisen, ohne einer missbräuchlichen Verwendung Vorschub zu leisten? Dazu ein Beispiel und der Versuch einer anschließenden Differenzierung. In dem Schreiben dieses Textes kam mir immer wieder die Formel vom »Guten, Wahren, Schönen« in den Sinn, die von Plato formuliert, von Goethe aufgegriffen und einen Kitsch- und Kultstatus in deutschen Wohnzimmern erlangte.[130]

---

129 Vgl. http://de.wikipedia.org/wiki/Absolute_Metapher

130 Dass Ken Wilber dazu ein mehrere hundert Seiten starkes Buch geschrieben hat, habe ich erst am Ende dieses Prozesses entdeckt: siehe Wilber 2000

Lassen sich solche Begriffe überhaupt noch verwenden? Im Ringen mit dieser Frage bin ich auf drei Arten von Begriffen und deren Verwendung gestoßen:

Es gibt Begriffe, die »verbrannt« sind bzw. eindeutig für etwas stehen, wovon wir Abstand nehmen wollen. Dazu gehören Begriffe wie »vergasen«, »ausmerzen«, »Bombenwetter«, »Frontschwein« etc. Der Politologe und Publizist Dolf Sternberger hat die Sprache der Nationalsozialisten im *Wörterbuch des Unmenschen* analysiert. Die Auswahl der Begriffe zeigt, dass viele von ihnen aus heutiger Sicht ihren Bezug zum Unrechtssystem verloren haben.[131] Dies verweist auf die zweite Art von Begriffen, Begriffe, die z. T. schrecklich missbraucht wurden, die aber nach wie vor Bedeutung haben und deswegen abgewogen und geprüft werden sollten. Die schwer belasteten Begriffe des Tugendkanons, mit dem sich die Nationalsozialisten brüsteten, gehören zu dieser Kategorie: Pflicht, Vaterland, Ehre, Ordnung, Führung, Führer, Heil, Gemeinschaft.

Schließlich gibt es Begriffe, die dem Raum der Ideen, der Ideale und des Spirituellen zuzuordnen sind. Sie verweisen auf das Numinose, das Nicht-Erklärbare. Erlaubt sind sie in unserem Land nur den Damen und Herren auf den kirchlichen Kanzeln. Wenn Wissenschaftler sie verwenden, wird es für diese ganz schwierig. Solche Begriffe können zwar missbraucht werden, doch sie lassen sich, wie ich meine, nicht »verbrennen«. Wenn sie missbraucht wurden, dann ist es uns möglich, sie aus der missbräuchlichen Verwendung durch einen Prozess der Schattenarbeit wieder herauszuschälen. Zu solchen Begriffen gehören

---

131 Es handelte sich um die Kommentierung folgender 29 Begriffe: »Anliegen, Ausrichtung, Betreuung, charakterlich, durchführen, echt, einmalig, Einsatz, Frauenarbeit, Gestaltung, herausstellen, intellektuell, Kulturschaffende, Lager, leistungsmäßig, Mädel, Menschenbehandlung, organisieren, Problem, Propaganda, querschießen, Raum, Schulung, Sektor, tragbar, untragbar, Vertreter, wissen um, Zeitgeschehen.« In der dritten Auflage 1967 enthielt das Wörterbuch 33 Begriffe: Mädel wurde herausgenommen, Auftrag, Härte, Kontakte, Menschen, Ressentiments u.a. wurden hinzugefügt, zit. nach: http://de.wikipedia.org/wiki/Dolf_Sternberger

für mich »Das Gute, Wahre, Schöne«. In der vedantischen Philosphie ist beispielsweise das Schöne *(Sundara)* ein Aspekt Gottes ebenso wie die Wahrheit *(Sathya)*. Solche Begriffe preiszugeben, weil sie angeblich kitschig oder verbrannt seien, nimmt uns die Möglichkeit, sie uns als Inspiration im aufgeklärten Sinne zu erschließen.

Angesichts unserer Vergangenheit ist es nicht einfach, belasteten Begriffen erneut ihren Wert zu geben. Gleichermaßen schwierig ist es, sich Begriffe wieder oder erstmals zu erschließen, welche Denken *und* Fühlen ansprechen und die unser Handeln auf Ziele verweisen, die über uns hinausreichen. Doch ich wünsche mir mehr Mut, Denken und Fühlen zusammenzuführen und Ideale des Zusammenlebens anzusprechen. Der in diesem Buch verwendete Begriff *Führungskunst* und die Metapher *dem Leben dienen* stellen solche Versuche dar, ebenso wie die Begriffe *Liebe, Wertschätzung* und *Spirituelles Selbstmanagement*, mit denen ich mich in früheren Büchern beschäftigt habe.[132] Wenn wir die sprachliche Möglichkeit, Denken und Fühlen zusammenzuführen, den PR-Spezialisten überlassen, landen wir bei der verharmlosenden Formulierung »Entsorgungsanlagen«, statt deutlich zu sagen, worum es sich handelt, nämlich um »Mülldeponien«. Wenn wir uns andererseits auf die vermeintliche Sicherheit einer rationalen, gefühlsfreien Sprache retten, lauern andere Gefahren. Die Crux der Begriffsbildungen im rational-mentalen Bewusstsein ist, dass sie die Begriffe entseelen, d.h. den nicht definierbaren Bedeutungsüberschuss nehmen, d.h. das Dazwischen und damit das Verbindende nach innen und außen. Darum sind

---

132 Mit meinem Liebesbuch (2000) habe ich trotz meines professionellen Hintergrunds den sehr schwierigen Versuch gemacht, den Liebesbegriff stärker in den Diskurs einzubringen. Mit meiner Habilitation habe ich versucht, den Begriff der sozialen Vernunft zu reaktivieren (1986). Mit den Wertschätzungsbüchern (2006 und 2008) habe ich mich bemüht, diesen altmodischen Begriff zu entmotten und wieder salonfähig zu machen. Mit dem Begriff Spirituelles Selbstmanagement (2009) habe ich mich bemüht, den Begriff der Spiritualität aus der Tabuzone zu holen: Vgl. http://www.communio-fuehrungskunst.de/de/ueber_uns/publikationen/buecher.php

diese Begriffe wie abstraktes Stroh, ohne Saft, ohne Gefühlsdimension. Damit bewirken sie etwas in unserem Denken und Fühlen: Wir werden sozusagen »aufs Trockene gelegt«, ohne es zu merken, und sehnen uns dann unbewusst nach etwas, was wir gerade mühsam losgeworden sind. Eine Sprache, die so entseelt ist, macht unlebendig, trübt die Wahrnehmungen, ruft Trennung im Bewusstsein hervor. Sie hat für unser Zusammenleben zerstörerische Wirkungen, weil sie einen unbewussten Hunger nach Verbundenheit in Sprache und Bildern weckt, der allen Arten von Missbrauch Tür und Tor öffnet. Sich Begriffe (neu) zu erschließen, die in sich die Idee des »Guten, Wahren, Schönen« tragen und die vom rationalen Verstand auf die Möglichkeiten des Missbrauchs hin überprüft werden können, halte ich daher auf dem Hintergrund deutscher Erfahrungen für ein wichtiges Anliegen von Führungskunst (vgl. Heldenprinzip in Teil 3).

### *Bilderwelten*

Die nationalsozialistische Ideologie und Herrschaftspraxis hat sich auch in hohem Maße auf die Macht von Bildern und Mythen gestützt und diese zur Untermauerung ihres Herrschaftssystems benutzt: Parteitagsinszenierungen, Lichtdome, Hakenkreuz-Fackelräder, kultische Feste und Feiern, die den Mythos vom gottgleichen Arier inszenierten, Weihefeiern, spektakuläre Sportinszenierungen wie die Olympiade 1936, größenwahnsinnige Visionen einer Germania Hauptstadt Berlin, eine Reichskanzlei als Herrschaftsarchitektur, die dem Führerkult huldigte, Massenveranstaltungen, bei denen Hitler als Messias inszeniert und bejubelt wurde – all dies schuf Bilder für das individuelle und kollektive Unbewusste, die tief einwirkten und dem Regime selbst dann noch Unterstützung verschafften, als es längst dem Untergang geweiht war. Auch metaphorisch benutzte und mythisch-mystisch aufgeladene Ideen wie die des »auserwählten Volkes«, das durch die Rassenpolitik erst erstehen sollte, um seine messianische Aufgabe unter der Ägide des Führers anzutreten, entfalteten eine Wirkmächtigkeit, die das Denken, Fühlen und Handeln von Menschen befeuerte.

Macht durch Bildermacht zu stützen ist nicht neu. Politische Inszenierungen, Theater, Feste und Feiern, Fotografie und Medien aller Art sind wichtige Instrumente zur Beeinflussung des öffentlichen Bewusstseins und des kollektiven Unbewussten. Wer über die Macht der Bilder verfügt, versucht oft genug, Macht über Herz und Verstand zu erringen. Ein besonders eindrückliches aktuelles Beispiel für die Verquickung von Medienmacht und politischer Macht liefert(e) das System Berlusconi in Italien.

Das Hervorstechende im nationalsozialistischen Gebrauch der Bilder war ihre mythisch-mystische Aufladung, mit der die angebliche Überlegenheit der Germanen/Arier und damit eines jeden begründet wurde, der sich dem »deutschen Volk« zugehörig fühlen konnte. Damit gaben Bilderwelten dieser Zeit einer mystischen Bewusstseinsstruktur Ausdruck. Seitdem gehört es zum selbstverständlichen Kanon einer aufgeklärten Intellektualität, dass man alle Arten von Mythen ablehnt, insbesondere natürlich solche, die Anleihen an einen germanischen Kulturraum machen. Man überließ dieses Feld den Spinnern, kümmerte sich nicht darum und wandte sich dem zu, was mit dem logisch-rationalen Verstand ergründbar schien.

Ungeachtet dessen erleben wir eine nie dagewesene Flut von Bildern, die durch die Allgegenwart audiovisueller Medien Hirn und Herz überschwemmen. Sie lenken nicht nur das Konsum- und Kaufverhalten, sondern beeinflussen auch höchst subtil gesellschaftliche Werte. Dies betrifft auch das gesellschaftliche Verhältnis zur Gewalt. Was vor 40 Jahren noch undenkbar war, ist heute gesellschaftliche Normalität: Action- und Thrillerfilme am laufenden Meter, selbst in den öffentlich-rechtlichen Sendern, und gewalthaltige Videospiele, die ihren Produzenten Milliardenumsätze bescheren. Die heutige audiovisuelle interaktive Simulation von Gewalt hat ihren Ursprung im Militär. Sie begann mit der Ausbildung amerikanischer Soldaten für militärische Einsätze und Kampfhandlungen am Simulator. Auf diese blieb sie nicht beschränkt, da sich weit größere zivile Märkte mit dieser interaktiven Videotechnik erschließen ließen. Heute ziehen die entsprechenden Computerspiele vor allem junge und erwachsene Männer in ihren Bann. Spielemessen sind Orte für die Rekrutierung von Soldaten, nicht nur in den USA, sondern auch in Deutschland.

Die Frage, was diese Bilderwelten in Menschen und insbesondere bei Kindern und Jugendlichen bewirken, ist seit Jahrzehnten ein heiß erörtertes Thema. Schließlich geht es um anhaltend steigende Milliardenumsätze in Industrie und Handel. Dennoch ist es inzwischen unstrittig, dass bei ungünstiger psychischer oder mentaler Disposition der Gebrauch derartiger Videospiele Menschen zu Killern und Amokläufen machen kann (vgl. Sichtwechsel 2009). Besonders zynisch erscheint es mir, wenn mittlerweile Wissenschaftler feststellen, Ego-Shooter-Spiele förderten die Gehirnleistung, und dabei geflissentlich von den Inhalten absehen, mit denen hier »gelernt« wird.[133] Gewaltverherrlichende Videospiele haben inzwischen längst Einzug in Wohn- und Kinderzimmer erhalten. Daneben gibt es aber auch menschenverachtende Bilderwelten, die mehr im Verborgenen existieren oder nur bestimmte Bevölkerungsgruppen erreichen: schwarze Messen; Gewalt verherrlichende Musikevents; rechte Esoterik, die sich an NS-Gedankengut orientiert. Sie alle treiben den neu-alten Rechtsextremen »frisches Blut« zu (Sünner 1997).

Dem intellektuellen Mainstream entgehen solche Entwicklungen. Man sieht über sie hinweg – eine Tatsache, die ebenso dem Hochmut eines mental-rationalen Bewusstseins entspringen

133 Vgl. http://www.spiegel.de/wissenschaft/mensch/gehirntraining-ego-shooter-foerdern-blitzschnelle-entscheidungen-a-717274.html

mag, wie sie als Nachwirkung des Bilder- und Mythenmissbrauchs im Nationalsozialismus verstanden werden kann. Doch ein Darüber-Hinwegsehen ist gefährlich, weil es die anhaltende Existenz des magischen und mythischen Bewusstseins negiert. Wie wichtig die Entdeckung der Innenwelten ist, weiß jeder Therapeut. Die Seele »denkt« in Bildern. Solche Bilder können bedrohlich, belebend, krank machend oder heilend sein. Deswegen nehmen Therapeuten die Bilder der Seele ernst, befragen sie nach ihren Bedeutungen und suchen mit ihren Klienten nach Wegen, mit den Bildern angemessen umzugehen und Bilder zu finden, die zuträglich, konstruktiv und heilend sind (Hüther 2004).

Wenn wir uns weigern, die Existenz des mit Seelenbildern arbeitenden mythischen Bewusstseins zur Kenntnis zu nehmen, wenn wir meinen, unser Heil liege im rationalen Bewusstsein, dann öffnen wir dem Bilderhunger der Seele Tür und Tor und verschließen uns gegenüber der Möglichkeit, die Macht der Bilder in eine lebensfördernde Richtung zu lenken. Bilder sind Ausdruck der Aktivität der Seele. Sie sind Werkzeuge der Kreativität. Sie können inspirierender und erhellender sein als die Instrumente des mentalen Bewusstseins. Obgleich sie vom Ursprung her vorsprachlich sind, lassen sie sich mental aneignen und analytisch einordnen. Anstelle einer intellektuellen Arroganz gegenüber den Bilderwelten können wir uns auf die Suche nach Bilderwelten begeben, die in sich lebensfördernde Botschaften und Werte tragen. Welche Bilder sind es, die ein friedliches Zusammenleben unterstützen und die Würde des Menschen achten? Welche Bilderwelten befördern Egoismus, Verachtung, Herrschaftsattitüde oder Destruktivität?

Märchen und Mythen haben immer die Bösen gezeigt. Das muss auch weiterhin geschehen. Doch sie zeigen auch die guten Mächte, die Feen, die Retter, die Zauberer. Märchen und Mythen dienen der Entwicklung eines Unterscheidungsvermögens und geben Orientierung, oder wie der französische Philosoph

Bruno Bettelheim forderte: *Kinder brauchen Märchen.* Man könnte ergänzen: »Erwachsene auch.« Wenn wir uns der Macht der Bilder stellen und sie konstruktiv wenden wollen, gibt es viele Ansätze, nicht nur die Beschäftigung mit Märchen und Mythen. Wir können auch *Theater und Schauspiel* bemühen, um im unmittelbaren eigenen Erleben zu erfahren, von welchen Werten wir uns leiten lassen und wer unsere Vorbilder sind. Das griechische Theater wollte die Menschen ethisch läutern und erbauen. Auch die deutsche Klassik mit Dichtern wie Schiller oder Goethe wollte die ethisch-moralische Erneuerung des Menschen. Es gibt Traditionen, auf die wir in einem aufklärerischen Impuls zurückgreifen können. Sie können uns helfen, Vorbilder zu entdecken und ein Gespür für humane Werte zu entwickeln. Besonders wichtig ist dies in *Schule und Bildung.* Theater und Schauspiel sind für Kinder und Jugendliche schon immer attraktiv gewesen. Sie eröffnen Räume, sich zu erproben und Gemeinschaft zu erleben. Im »Schau-Spiel« können Menschen sich neu begegnen und unbekanntes Terrain erkunden (Mettler-v.Meibom 2001): Wie gehe ich mit meinen Alltagskonflikten um, mit Medien, Freunden, Eltern, Nachbarn, Migranten, Ausländern? Von welchen Werten lasse ich mich leiten? Wer sind meine Vorbilder? Wofür bin ich verantwortlich?

Auch das Leben von *Organisationen* und *Institutionen* erschließt sich neu mit Hilfe des Schauspiels: Welche Ziele verfolgt eine Organisation? Stehe ich hinter ihren Zielen? Ruft die Arbeitswelt in mir Unsicherheit, Angst oder Scham hervor, oder stärkt sie mich in meinen Entfaltungsmöglichkeiten? Bin ich anfällig für Egoismus, Ausbeutung, Herrschaftsansprüche über Mensch und Natur, oder bin ich mir meines Selbstwertes bewusst? Wo liegen meine Gestaltungsmöglichkeiten und meine Verantwortung? Die Möglichkeiten des Theaters helfen, solche Fragen durchzuspielen, typische Konflikte und herausfordernde Situationen unmittelbar zu erleben und die Seele zu berühren.

Der Macht fremdbestimmter Bilder wird die Kraft der eigenen – leiblich erfahrenen – Bilder entgegengestellt.

Auch die *Politik* kann zum Thema werden. Die Auseinandersetzung mit Vorbildern und Werten war schon immer das Thema der großen Dramen eines Shakespeare, Dostojewski, Goethe oder Gerhart Hauptmann. Lassen sich auch heute die Dramen unserer Gegenwartsgeschichte schauspielerisch entdecken und erschließen? Was lerne ich z.B. über die Situation nach Kriegsende, wenn ich mich in die Rollen der Mitglieder eines Parlamentarischen Rats versetze, dessen Aufgabe darin bestand, nach dem Sieg der Alliierten über Nazideutschland eine neue Verfassung zu formulieren? Oder was bedeutet es mir, wenn ich den Kniefall Willy Brandts vor dem Warschauer Ghetto nachspiele und die Kritiker auf die Bühne kommen lasse, die diese Demuts- und Versöhnungsgeste in der bundesrepublikanischen Öffentlichkeit verhöhnten? Was sagt mir das über die (damalige) politische Kultur, und für welche politische Kultur möchte ich mich stark machen? Was erfahre ich über die Menschenrechte der UN, wenn ich sie als Rollen verkörpere, auf der Bühne mit Sprache und Gestik lebendig werden lasse und mich dabei frage, wie wir in unserer Gesellschaft mit den Menschenrechten umgehen?

Nicht zufällig entdeckt man heute in der Organisationsentwicklung Möglichkeiten, um die Macht der Bilder für die Potenzialentwicklung zu nutzen (vgl. Heldenprinzip in Teil 3). So werden Schauspiel und andere künstlerische Techniken – noch zögerlich, aber dennoch – eingesetzt, um Kreativität einzuladen und den Blick frei zu bekommen von Vorprägungen. Doch solche Versuche stehen in konkreten ökonomischen Verwertungszusammenhängen.

Wichtig ist, dass wir uns – insbesondere bei Kindern und Jugendlichen – verwertungsfreie Wege erschließen, bei denen Werte und Vorbilder bildhaft erfahrbar werden. Dies hilft, sich zu orientieren und einen eigenen Standpunkt zu entwickeln. Die

Alternative ist, dass wir junge Menschen Bilderwelten ausliefern, deren Inhalte allein ökonomischen Verwertungsinteressen folgen und die in hohem Maße zu Werteindifferenz, Werteambivalenz oder zu problematischen Vorbildern einladen.

Wohin menschenverachtende Bilderwelten und ihrer Wirkmächtigkeit führen können, haben wir im Extrem und mit erschrecklicher Deutlichkeit am norwegischen Massenmörder Anders Breivik sehen müssen, der sich – aufgeheizt durch das Videospiel »War Games« – zum Retter vor einer Überfremdung Norwegens stilisierte. Auch hier war ein Mythos am Werk. Der Prozess gegen ihn stand vor der Frage: Soll man ihn als psychisch krank einstufen, oder soll man von seiner Schuldfähigkeit ausgehen? Es war dieselbe Frage, vor die sich die Nürnberger Militärtribunale gestellt sahen, die über Deutsche zu urteilen hatten, die sich in einen messianischen Erlösungsmythos verstrickt hatten. Das norwegische Gericht hat sich ebenso wie das Militärtribunal für die Schuldfähigkeit entschieden. Dies begrüße ich, weil es von der Verantwortungsfähigkeit des Menschen ausgeht. Doch die Aufgabe, sich mit der Macht von Bilderwelten auseinanderzusetzen, die in sich ein zutiefst inhumanes Wertesystem ausdrücken, bleibt bestehen. Bilderwelten existieren; sie sind unverzichtbar für das Seelenleben. Auch das mythische Bewusstsein, das sich den Innenwelten zuwendet, existiert, egal, ob dies durch ein rationales Bewusstsein abgestritten wird. Es ist dem Menschen inhärent. Ich plädiere hier für die rationale Durchdringung und Durchleuchtung der Bilderwelten mit dem Ziel, sie konstruktiv für das Wohlergehen von Mensch, Gesellschaft und Natur zu wenden. Statt dass die Bilder uns beherrschen, können wir unsere Energie darauf verwenden, unser Bewusstsein auf Bilder auszurichten, die uns lebens- und gemeinschaftsfähig machen und unsere Kraft aktivieren, mit Konflikten konstruktiv und lösungsorientiert umzugehen.

## Kultur der Verbundenheit

Leben ist nur in der Verbundenheit möglich. Leben ist Verbundenheit. Diese Gesetzmäßigkeiten gehen in einem mechanistischen, anthropozentrischen Weltbild, in dem der Mensch sich zum Gestalter aller Dinge aufschwingt, nur allzu leicht verloren. Das planetare Bewusstsein, das sich durch den möglich gewordenen Blick auf die Erde immer stärker entwickelt, rückt diese Perspektive zurecht. Wir müssen – ob wir es wollen oder nicht – zur Kenntnis nehmen, dass alles mit allem zusammenhängt, dass alles, was wir tun, auf andere und auf die Natur wirkt, dass wir eingebunden und eingewoben sind in ein Netz des Lebens, dessen Wirken wir nur sehr bedingt beeinflussen können (Hüther/Spannbauer 2012).

Wie steht es mit der Fähigkeit zu Partnerschaftlichkeit und einer Kultur der Verbundenheit in unserem Land? Verstrickungen in Machtkämpfe aller Art, Allmachts-Ohnmachts-Dynamiken sind immer Ausdruck des Versuches, die partnerschaftliche Augenhöhe zu vermeiden und stattdessen zwischen Herrscher und Beherrschten zu unterscheiden. Deutschland hat dies wiederholt praktiziert, am stärksten im Nationalsozialismus. Doch es hat gelernt. Es hat entschiedene Anstrengungen unternommen, einen partnerschaftlichen Verbund europäischer Länder zu institutionalisieren und zu praktizieren. Die gegenwärtigen Spannungen in der EU lassen allerdings die Frage offen, inwieweit das Projekt einer Partnerschaft auf Augenhöhe verinnerlicht wurde und ob sich seine Brüchigkeit nicht erneut in Krisenzeiten zeigt. Doch die Frage nach Partnerschaftlichkeit und Verbundenheit in der Führungskunst reicht wesentlich weiter als in den Raum der Institutionenbildung.

Partnerschaftlichkeit und Verbundenheit will auf allen Ebenen des Handelns gelebt werden, im Alltag, im Leben von Organisationen, in der Gesellschaft und im supranationalen Raum.

Partnerschaftlichkeit verlangt die Abkehr von Machtkämpfen aller Art, bei denen es um Über- und Unterordnung geht. Partnerschaftlichkeit ist nicht zu verwechseln mit Führungslosigkeit, sondern ist Ausdruck einer Führung, die die Interessen zu konzertieren weiß. Partnerschaftlichkeit in diesem Sinne erfordert die Fähigkeit zum Dialog, zum wertungsfreien Erkunden der Interessen, zu einem Erweitern des *common ground*, der gemeinsamen Basis jenseits der Konflikte. Wo solcher Dialog gelingt, unterscheidet er sich grundlegend von Debatten oder Diskussionen. Er ist gekennzeichnet von einem radikalen Respekt für das Gegenüber. Das nennt man im Zen »Anfängergeist«, die Bereitschaft, die bisher vorgenommenen Bewertungen zurückzustellen und nach Lösungen (des Herzens) zu suchen, bei denen nicht ein Kompromiss, sondern eine Lösung auf einer höheren Ebene gefunden wird.

Wie ist es um eine Kultur der Partnerschaft in unseren Familien bestellt? 2012 erschien das Buch von Ingrid Müller-Münch mit dem Titel *Die geprügelte Generation*. Es ist ein Buch, das einen erschreckenden Blick auf Nachwirkungen der schwarzen Pädagogik wirft und ihre Spuren bis in den bundesdeutschen Alltag hinein nachzeichnet. Wer meinte, die Zeiten der schwarzen Pädagogik seien endgültig vorbei, irrt offenbar. Beschädigungen an den Seelen von Menschen werden über Generationen weitergegeben. Auch in gesellschaftlichen und staatlichen Organisationen wie Kirche, Militär, Polizei und Schule gibt es nach wie vor Hinweise auf einen Umgang miteinander, der von einem entschiedenen Mangel an Respekt und Achtung gekennzeichnet ist und in dem die Grenzen des anderen willentlich und systematisch überschritten werden. Parteien, die die Bürger und Bürgerinnen eigentlich im Prozess der politischen Meinungs- und Willensbildung unterstützen sollen, leben intern eine Kultur oder Unkultur von Machtkämpfen, die selbst diejenigen abschreckt, die sich gerne engagieren möchten. Ein Blick auf die Nachbarländer Frankreich, Italien oder Griechenland zeigt, dass Deutschland damit wahrlich nicht allein ist. Dies enthebt uns aber nicht der Notwendigkeit, zu einem partnerschaftlichen Umgang miteinander zu kommen. Wir brauchen mehr der Kraft des Zuhörens, Zulassens, Förderns und der Harmonisierung von Konflikten und sollten weniger auf die Kraft des Bestimmens, Kontrollierens, Forderns, der Regelkonformität oder der Interessendurchsetzung beharren, die wir in Deutschland so gerne praktizieren.

Mehr Partnerschaftlichkeit ist auch in wirtschaftlichen Aktivitäten nötig, eine Aussage, die sich nach dem exzessiven Missbrauch wirtschaftlicher Macht im Nationalsozialismus quasi aufdrängt. Dies betrifft sowohl die Partnerschaftlichkeit zwischen Frauen und Männern als auch die Kultur des Umgangs miteinander. Die Zeiten, in denen in Führungspositionen der Wirtschaft Männer völlig allein unter sich waren, sind vorbei. Doch die intensiven Debatten, die heute in Deutschland über Frauenquoten in Aufsichtsräten und Vorständen geführt werden, zeigen, dass wir noch ganz am Anfang stehen mit einer Partnerschaftlichkeit der Geschlechter in der Führung unseres Wirtschaftslebens. Dasselbe gilt für das Verhältnis zwischen Management und Mitarbeitern. Deutschland hat 1951 mit der qualifizierten Mitbestimmung in der Montanindustrie ein Modell geschaffen, das dem Gedanken der Partnerschaftlichkeit beispielhaft Rechnung trug. Doch zum einen wurde dieses Modell nicht auf andere Branchen übertragen, zum anderen wurde seine Wirksamkeit sukzessive zurückgefahren, und schließlich sieht es so aus, als machten wir durch die Wirkmächtigkeit der neuen Informations- und Kommunikationstechniken eine Rolle rückwärts in den Frühkapitalismus (Kubicek): Überwachung und Ausbeutung gehen heutzutage zunehmend Hand in Hand; der private Alltag wird immer stärker dem Diktat von Verwertungsinteressen im Sinne ständiger Erreichbarkeit und Verfügbarkeit unterworfen, und das Burn-out entwickelt sich zur neuen Gesellschaftskrankheit.

Wie wenig die Kultur im Wirtschaftsleben auf Partnerschaftlichkeit und einen Respekt für die Bedürfnisse der Menschen ausgerichtet ist, lässt sich auch an den anhaltenden Schwierigkeiten von Frauen – insbesondere solchen mit Kindern – erkennen, ihre Professionalität angemessen zu leben. Unsere Wirtschaft beklagt den Fachkräftemangel und versucht, attraktiv für Ausländer zu sein. Doch die Verantwortlichen verschließen anhaltend die Augen davor, dass die Kultur in den Betrieben so männlich geprägt ist, dass Frauen als gut ausgebildete Fachkräfte weder gesucht noch gehalten, sondern regelmäßig verschreckt werden und sich dann zurückziehen. Ein überzeugendes Modell oder eine Kultur, wie Kinder und Beruf zu verbinden seien, fehlt im vereinten Deutschland nach wie vor.

Eine Kultur der Verbundenheit fehlt auch dort, wo es zu einer immer stärkeren innergesellschaftlichen Segmentierung auf Kosten der Schwächeren kommt. Wie bereits berichtet, vertritt der Soziologe Oskar Negt die These, wir seien inzwischen in einer »Drei-Drittel-Gesellschaft« angelangt, die zu etwa gleichen Teilen besteht aus solchen, die Arbeit und Wohlstand besitzen, solchen, die in prekären Beschäftigungs- und Lebensverhältnissen leben, und den Menschen, die für die gesellschaftliche Reproduktion nicht nötig seien und folglich quasi aus dem Gesellschaftsverbund herausgedrängt werden.

Auch die Bildungschancen von Kindern aus bildungsfernen Milieus sind in unserem Land deutlich schlechter als in anderen westlichen Ländern, und die Unfähigkeit, Menschen mit Migrationshintergrund, vor allem jungen Menschen eine Chance zur wirklichen Teilhabe in unserer Gesellschaft zu ermöglichen, deuten auf eine anhaltende Unfähigkeit hin, Partnerschaft auf Augenhöhe zu leben. Nicht unerwähnt bleiben darf an dieser Stelle das Leid alter Menschen, die sich von ihren Mitmenschen abgeschoben, vergessen und missachtet erleben.

Last but not least gilt es noch, ein Wort zu sagen zur Frage einer Verbundenheit auf der supranationalen und internationalen Ebene. Gerade in Krisenzeiten wie der gegenwärtigen sind Partnerschaft und der Verzicht auf Dominanz zwingend nötig. Partnerschaft heißt nicht Kraftlosigkeit oder Nachgiebigkeit. Partnerschaft auf Augenhöhe verlangt ein gutes Selbstwertgefühl, eine Verantwortlichkeit für die eigene Stärke im internationalen Verbund ebenso wie ein Bewusstsein der eigenen Verletzbarkeit. Solche Partnerschaftlichkeit ist die Grundlage dafür, dass Verschiedenheit miteinander ko-existieren kann. Nazim Hikmet hat dafür die Metapher gefunden: *»Leben wie ein Baum, einzeln und frei, doch brüderlich wie ein Wald …«*

Eine Kultur der Verbundenheit und Partnerschaftlichkeit ist die beste Möglichkeit, die Idee der Demokratie, die immer wieder neu belebt und verteidigt werden muss, zu stützen und zu schützen. Demokratie und Demokratiefähigkeit sind weder Zustand noch Besitz, sondern beweisen und bewähren sich im Umgang mit divergierenden Interessen, in der Rücksicht auf den Schwächeren, in der Friedfertigkeit nach innen und nach außen und in der Wehrhaftigkeit gegenüber dezidierten Gegnern von demokratischen Strukturen. Nicht ohne Grund bekennt sich Deutschland deswegen zum Konzept der »wehrhaften Demokratie«. Es ist eine Antwort auf die historischen Erfahrungen, in denen 1933 – nach demokratischen Wahlen und Bildung einer Koalitionsregierung von NSDAP und DNVP – die Demokratie abgeschafft wurde. Wenn eine Kultur der Verbundenheit fehlt, wenn die inner- und zwischengesellschaftlichen Spannungen zunehmen, wächst – wie Wilhelm Heitmeyer nachgewiesen hat – die Gefahr einer Menschenfeindlichkeit, die sich auf bestimmte Gruppen richtet (oder auch auf andere Nationen). Diese werden dann zu Schuldigen gemacht, auf die man die eigenen Ängste vor Abstieg, Ausgrenzung, fehlender Anerkennung und gesellschaftlicher Teilhabe projiziert. Wohin dies führen kann, haben wir einmal erleben müssen. Diese Erfahrung ist für uns Lehre und Mahnung zugleich.

Wir halten eine Kultur mangelnder Verbundenheit und Partnerschaftlichkeit aufrecht, wenn wir wegschauen oder Dinge nicht wahrhaben wollen. Egozentrische Eigendrehung, die Unfähigkeit zu teilen, die Unfähigkeit, das Gefühl des Mangels loszulassen, Fülle wahrzunehmen und aus der Fülle heraus zu teilen, mögen ihren Ursprung in Traumatisierungen haben. Doch dies ist nur eine Erklärung, keine Lösung. Wir haben die Chance zu einer Kultur der Verbundenheit und Partnerschaftlichkeit. Herstellen kann sie jede und jeder – im eigenen Alltag, in der Familie, in der Nachbarschaft, in Verbänden und Vereinen, am Arbeitsplatz, im Ehrenamt und in der Politik.

## Natürliche Mitwelt

Der Wahnsinn hat Methode. Seine Triebfeder, Gier, ist gepaart mit Dummheit und Rücksichtslosigkeit. Wir alle sind dabei, unsere natürlichen Lebensgrundlagen zu zerstören. Klimakatastrophe und globale ökologische Krisen gehören zu den am präzisesten vorhergesagten Krisen der Menschheit. Führungskunst muss darauf eine Antwort finden. Doch alle Warnungen scheinen vergeblich.

Warum ist das so? Eine der Antworten finden wir möglicherweise bei Arne Ness, dem Autor von *The shallow and the deep ecology* (Ness 1996). Er unterscheidet zwischen einer ökologischen und einer *tiefenökologischen* Betrachtungsweise. Zur ersteren gehören alle Maßnahmen einer Ökologie mit dem Ziel eines effizienten Ressourcenverbrauchs, einer entschiedenen Kreislaufwirtschaft oder der Reduktion des ökologischen Rucksacks.[134] Die andere, tiefenökologische Betrachtungsweise er-

134 Mit seiner Hilfe werden Ressourcenverbrauch und Belastung der Umwelt gemessen.

kennt die Natur als beseelt und ko-kreativ, die von uns ein conviviales oder mitweltliches Verhältnis braucht, eine Sichtweise, welche die Tradition der (Früh-)Romantik wieder aufgreift. In einer tiefenökologischen Haltung begegnet der Mensch der Natur und ihrer Wirkmächtigkeit in einem partnerschaftlichen Geist und erkennt darin die Chance zu überleben. Hier geht es darum, mit der Natur zusammenzuarbeiten, statt sie zu unterjochen, auszubeuten oder zu manipulieren.[135]

Die ökologische Herausforderung ist weder neu noch auf Deutschland beschränkt. Noch ist es Deutschlands spezielle Mission, die Welt vor der ökologischen Katastrophe zu bewahren. Doch wir sind eine äußerst machtvolle Stimme im Konzert der Mächte – eine Stimme, auf die viele hoffen und der viele weltweit gerade im Bereich ökologischer Fragen eine größere faktische Macht wünschen. Deutschland war eines der ersten Industrieländer, die sich im Umweltschutz engagiert haben. Bündnis90/Die GRÜNEN, die vermutlich international am besten aufgestellte ökologisch orientierte Partei, nimmt seit Jahren eine Vorreiterrolle in konzeptioneller Hinsicht ein. Das Öko-Institut in Freiburg war die maßgebliche Kraft, um den Ausstieg aus der Atomenergie konzeptionell vorzubereiten. Die Bundesrepublik ist das einzige Land weltweit, das mit der erklärten Abkehr von der Atomenergie das Ende einer Technologie eingeleitet hat, die – wie zuletzt die Reaktorkatastrophe in Fukushima gezeigt hat – nicht zu steuern ist. Die deutsche Industrie ist in vielen Bereichen der Umwelttechnologie weltweit führend.

Dies alles sind Gründe, warum die Welt in Fragen der ökologischen Politik auf Deutschland schaut und hier eine machtvolle

135 An anderer Stelle habe ich mich mit dieser Thematik unter dem Aspekt der Wertschätzung in großer Ausführlichkeit gewidmet. Vgl. Mettler-v.Meibom 2006 und 2008. Deswegen beschränke ich mich hier auf die Einordnung in den systematischen Zusammenhang dieses Buches.

Führungsrolle erwartet. Die Frage ist jedoch, ob wir uns dabei auch für die tiefenökologische Dimension öffnen (vgl. Lüpke in Teil 3) und uns damit auf wichtige Traditionen deutschen Geisteslebens besinnen. Idealismus und Romantik sahen in der Natur mehr als ein auszubeutendes Warenlager oder totes Objekt wissenschaftlicher Analyse. Hier erleben wir die Natur als beseelt, der sich der Mensch achtsam fühlend gegenüber öffnet und deren Schönheit er besingt. Wenn wir diese Quelle heute wieder entdecken, geht es nicht darum, in eine rein ästhetische Betrachtungsweise zu flüchten. Doch wir können uns – durchaus im Sinne deutscher Naturverbundenheit – für die Beseeltheit der Natur öffnen, eine Sichtweise, die heute auch durch moderne Forschung untermauert wird (Ingensiep 2001). Wenn wir uns diesem Geist öffnen, werden wir freier, der Natur, deren Teil wir selbst sind, mit Respekt und Wertschätzung zu begegnen. Das männliche Prinzip des *Macht euch die Erde untertan*, erfährt dann eine Neuausrichtung und Korrektur durch das weibliche Prinzip des *Die Erde pflegen wie einen Garten*.

Wie sehr es um die Berücksichtigung von Prinzipien des Weiblichen bei einer Politik der Nachhaltigkeit geht, hat die Gesundheitsforscherin und -beraterin Susanne Leithoff unter Rückgriff auf den belgischen Finanzwissenschaftler Lietaer ausgeführt.[136] Der belgische Finanzexperte Bernard A. Lietaer hat – aufbauend auf den Forschungen von Prigogine (1967), Jantsch (1980), Cvitanovic (1984) – ein intelligentes und hilfreiches Modell im Rahmen der Finanzökonomie entwickelt, um Dysbalance und Balance von Systemen zu erfassen (Lietaer 1999 und Lietaer et al. 2013). Um der Komplexität von Systemen gerecht zu werden, orientiert er sich an der Natur als dem komplexesten beobachtbaren offenen System, dessen Grundprinzipien sich auf an-

136 Diese Ausführungen stammen ebenfalls aus Boensel/Hunschock/Leithoff/Meibom 2011

dere Systeme übertragen lassen. Ein gesundes System definiert sich demnach durch eine optimale Balance zwischen seiner Effizienz und seiner Belastbarkeit. Dabei liegt der optimale Punkt nicht in der Mitte, sondern näher bei der Belastbarkeit. Die Lebensfähigkeit, also Vitalität eines natürlichen Systems, basiert auf einem Verhältnis von 2:1, das heißt, dass es doppelt so belastbar wie effizient sein muss, um überleben zu können. Nach Lietaer öffnet sich um diesen optimalen Punkt herum ein schmaler Korridor, den er *»Vitalitätsfenster«* nennt. Das Vitalitätsfenster bildet dabei die Dimension der Nachhaltigkeit ab.

Das Hauptgewicht unserer industriellen, technischen, ökonomischen und auch unserer sozialen Systeme liegt aber genau auf der anderen Seite. Da vorrangig ökonomische Interessen verfolgt werden, streben diese Systeme fast ausschließlich nach Effizienz. Dies bleibt nicht ohne Wirkung für ihre Stabilität. In Beispielen:

*Finanzen:* Die Finanzkrise, Kernelement von Lietaers Forschung, hat deutlich gezeigt, dass unsere Finanzökonomie zwar hoch effizient, aber absolut instabil ist. Aufgrund seiner fehlenden Belastbarkeit ist das gesamte Finanzsystem in Europa und der Welt heute am Rande des Zusammenbruchs und wurde nur durch eine alle Vorstellungen sprengende Umverteilung und Vernichtung von Geldwerten vorübergehend stabilisiert.

*Kernenergie:* Fukushima hat uns gelehrt, dass dieses auf maximale Effizienz ausgelegte System durch die Belastungen der Naturgewalten so instabil wurde, dass es faktisch zusammengebrochen ist, mit verheerenden Folgen für Mensch und Natur.

*Bildung:* Die Ergebnisse der PISA-Studie der Organisation für ökonomische Entwicklung (OECD) waren Anlass, die Effizienz unserer Bildungssysteme kontinuierlich zu steigern. Dies geschah unter stringenter Optimierung der Kosten zu Lasten der Beziehungsqualität zwischen Schülern und Lehrern. Dabei ist es inzwischen allgemein bekannt, dass die Lernergebnisse maßgeblich von einer guten Beziehung zwischen Lehrendem und

Lernenden abhängen und hier die wichtigsten Ressourcen für eine Verbesserung der Ergebnisse liegen.

*Gesundheitssystem:* Auch in unserem Gesundheitssystem ist die Bedeutung der Beziehung zwischen Arzt und Patient weitgehend aus dem Blickfeld verschwunden. Stattdessen setzt die aktuelle Gesundheitspolitik und -ökonomie auf Effizienz. Dies geht einher mit einer direktiven und eindimensional auf Beweismaterial gestützten Heilkunde (sogenannte *evidence based medicine*), in der die stabilisierende Wirkung der Beziehungsperspektive höchstens eine untergeordnete Rolle spielt. Weitere Beispiele ließen sich nennen.

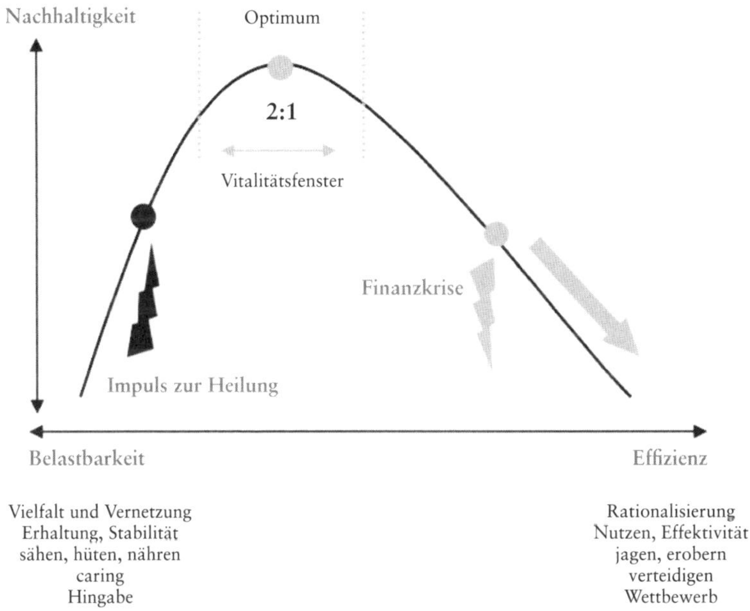


*Abb. 5: Nachhaltigkeit und Vitalitätsfunktion*[137]

137 Susanne Leithoff nach dem Modell von Bernhard A. Lietaer, zit nach: a. a. O., 9 und Litaer et. al. 2013

Werfen wir nun einen genaueren Blick auf die beiden Prinzipien der Effizienz und der Belastbarkeit. Durch Zuordnung einiger Qualitäten erschließt sich ein tieferes Verständnis:

**Nachhaltigkeit – Vitalitätsfenster – Prinzipien**

| **Belastbarkeit generiert durch:** | **Effizienz generiert durch:** |
|---|---|
| Vielfalt | Rationalisierung |
| Vernetzung | Wachstum |
| Flexibilität | Struktur |
| Erhaltung | Nutzen |
| Stabilität | Effektivität |
| Koexistenz | Wettbewerb |
| Nähren | Benutzen |
| Pflegen | Gebrauchen |
| Schützen | Verteidigen |
| Säen | Ernten |
| Fließen und Rhythmus | Kontrolle und Steuerung |
| Langfristigkeit | Kurzfristigkeit |

*Tab. 5:*
*Susanne Leithoff: Nachhaltigkeit – Vitalitätsfenster – Prinzipien*[138]

Mit der Tabelle wird offensichtlich, dass auf der linken Seite Prinzipien des Weiblichen und rechts Prinzipien des Männlichen repräsentiert sind – wohlgemerkt Prinzipien, die als intrapsychische Potenziale sowohl in Männern als auch in Frauen vorhanden sind. Der Logik des Modells folgend wird klar, dass eine Gesundung des Systems in erster Linie durch belastbarkeitsgenerierende Faktoren auf allen Ebenen initiiert werden kann. Für eine Gesundung der kranken Systeme und zur Sicherung der Überlebensfähigkeit unserer Systeme braucht es daher, wie Susanne Leithoff ausführt, aktuell doppelt so viel weibliche wie

138 Zit nach: Boensel/Hunschock/Leithoff/Meibom 2011, 9

männliche Energien.[139] Das 2:1-Prinzip, was doppelt so viel Belastbarkeit wie Effizienz bedeutet, fordert eine tiefgreifende Veränderung der derzeitigen Systeme, um das Leben und die Lebendigkeit auf diesem Planeten zu erhalten. Im Klartext heißt dies: Wenn wir eine Führungskunst praktizieren wollen, die die materiellen Lebensgrundlagen sichert, brauchen wir vor allem das handlungsleitende Prinzip des Weiblichen – auch und gerade in der Ökologie.

## Potenzialentwicklung

*Werde, was du bist! Sei, was du bist!* In solchen Formulierungen großer Weiser unterschiedlicher Kulturen verbirgt sich ein bestimmtes Menschenbild. Die Weisen wollen uns darauf aufmerksam machen, dass wir ein Ausdruck der göttlichen Liebeskraft sind, die sich in uns verkörpert hat, und dass wir reich beschenkt sind mit Potenzialen, die auf ihre Entfaltung warten. Von einem solchem Selbstbild ist heute kaum die Rede. Wir identifizieren uns stattdessen eher mit dem Körper und meinen, wir seien der Körper, und sind weit von der Vorstellung entfernt, dass wir eine Verkörperung des Formlosen sein könnten, des göttlichen Selbst. Glück und ein Gefühl des Einklangs mit sich selbst stellen sich jedoch – so lehren die Weisen – nur ein, wenn der Mensch sein wahres Selbst erkennt, wenn ihm bewusst wird, dass er Licht und Liebe, ein Ausdruck Gottes ist. In diesem Sinne geht es im Prozess der Entfaltung des Menschen und seiner Potenziale um *Educare* nicht um *Education,* um Herausholen, nicht um »Eintrichtern«: Alles ist schon da, nichts muss hinzugefügt werden. Der Schatz ist im Menschen selbst zu finden. Er muss nur gehoben werden.

139 a. a. O., 10f.

Solche Sicht auf den Menschen und seine Möglichkeiten unterscheidet sich radikal von einer Auffassung des Menschen, in der dieser vor allem überlebensfähig und gesellschaftskonform zu sein hat und dessen kognitive Fähigkeiten so trainiert werden müssen, dass er im Dschungel des gesellschaftlichen Konkurrenzkampfes überleben kann. Ein solches Menschenbild orientiert sich nicht am genuinen Potenzial eines jeden, sondern an Konzepten von Druck und Anpassung.

Wie diese Mechanismen funktionieren, zeigt der bereits erwähnte Film »Das weiße Band« von Michael Haneke. Erziehungspraktiken von Schuld und Strafe, Dressur und Anpassung sind ein Ausdruck von Angst und bildeten die Grundlage für Untertanenmentalität, Autoritarismus und Mitläufertum in der deutschen Geschichte vom Kaiserreich über den Nationalsozialismus bis hin zur DDR-Diktatur. Daran hat sich sehr viel geändert. Die alten Dressurpraktiken sind Vergangenheit. Von einer grundlegenden Wende in Richtung auf eine potenzialorientierte Pädagogik sind wir jedoch ebenso weit entfernt wie von einer wirklichen Potenzialorientierung in der Wirtschaft. In der Pädagogik ist im Gefolge von Pisa ein Geist eingezogen, der in erster Linie darauf ausgerichtet ist, kognitive Fähigkeiten zu fördern. Und in der Wirtschaft herrscht immer noch ein Menschenbild vor, das im Menschen eher ein Wesen sieht, das ständig durch Kontrolle und Regulierung zu seinen Leistungen gezwungen werden muss, denn als Träger eines Potenzials, das es zu entfalten gilt. Die Folge hiervon sind Intoleranz gegenüber Fehlern, Leistungsdruck, Problemzentrierung und daraus resultierende Angst.

Die moderne Hirnforschung lehrt uns, was dies bedeutet: Statt die Entfaltung von Menschen zu fördern, werden Menschen auf diese Art und Weise in ihren großartigen Entfaltungsmöglichkeiten gehemmt. *Jedes Kind ist hoch begabt*, so der Titel eines Buches des Hirnforschers Gerald Hüther (2012). Seine Botschaft: Wir Menschen lernen nicht durch Druck und Angst, sondern weil wir begeistert sind. Begeisterung kann sich aber nur in einem Klima der Wertschätzung entfalten und angesichts von Herausforderungen, an denen wir wachsen können. Entscheidend für erfolgreiche Lernprozesse sind also eine wertschätzende Beziehungsqualität und Möglichkeiten, die eigenen Potenziale zu erproben. Alles andere als förderlich sind hingegen indifferente Erziehungspersonen, trockenes Buchwissen oder vorgegebene und vorgefertigte Lösungen.

Die Qualität einer Beziehung hängt entscheidend davon ab, ob wir es wagen, die Kraft des Herzens zum Ausdruck zu bringen (Mettler-v. Meibom 2006 und 2008; Meibom 2012). Die Fähigkeit, sich Herausforderungen zu stellen, wird wiederum befördert durch Mut, Originalität, Ideenreichtum. Wenn wir diese – aus Angst, Scham, Missachtung, abgespaltenen Traumata – zurückhalten, wenn wir rein nach Ziel- und Zweckgesichtspunkten operieren oder uns gar von Missachtung, Respektlosigkeit, Verachtung oder Misstrauen leiten lassen, können wir unsere Potenziale schwerlich entfalten. Menschen sind – metaphorisch gesprochen – wie Blumen, die Wasser brauchen, um wachsen zu können. Die Blume bringt alle Anlagen mit, doch wenn sie auf steinigem Grund wächst und kein Wasser hat, kann sie nur verkümmern. In gleicher Weise brauchen Menschen eine wertschätzende Beziehungskultur und herausfordernde Aufgaben für ihre Potenzialentfaltung.

An diesem Bewusstsein mangelt es der Bildungspolitik unseres Landes anscheinend mehr als anderen Ländern. Bildungspolitik in Deutschland schenkt der Frage einer wertschätzenden Beziehungskultur kaum Aufmerksamkeit. Leistungsdruck, Leistungsvergleich, Vereinheitlichung der Anforderungen, Exzellenz sind die Stichworte für eine Ausrichtung, die nicht den Menschen in den Mittelpunkt stellt, sondern das Produkt, das Ergebnis, die Performance und diese unter dem Gesichtspunkt der

Konkurrenz- und Verwertungsfähigkeit verortet. Mit dieser Politik ist es, wie die Ergebnisse einer international vergleichenden Unicef-Studie von 2013 zeigen, gelungen, Deutschland zurück auf Platz 3 im Bildungsbereich zu bringen; doch hinsichtlich der Zufriedenheit unserer Kinder und Jugendlichen mit ihrem Leben rangiert Deutschland weit abgeschlagen.[140] Mit ganzheitlicher Potenzialorientierung hat die bundesrepublikanische Bildungspolitik also wenig zu tun. Sie bringt gestresste und angepasste Menschen hervor, die weniger gelernt haben, ihre Kreativität zu entfalten, als vielmehr, sich an vorgefertigten Erwartungen anzupassen und sich an überkommenen Wissensbeständen zu orientieren. Mögen sie die Schulen noch betreten haben mit einem frischen, flexiblen, neugierigen Geist, mit dessen Hilfe sie sich in den unterschiedlichsten Herausforderungen orientieren und beweisen könnten, so verlassen sie die Bildungseinrichtungen mit Erwartungen, Anspruchsdenken und Angst, ob sie in dem bestehenden System eine ausreichende Performance bringen werden, die Einkommen und Status sichert.

Solche Zu- und Ausrichtung unseres Bildungssystems wird nicht überall gewollt und geteilt. Inzwischen gibt es kraftvolle Gegenbewegungen und prominente Fürsprecher und Fürsprecherinnen eines anderen Vorgehens; zwei von ihnen – Gerald Hüther und Margret Rasfeld – kommen in Teil 3 zu Wort. Sie zeigen, dass es nötig und möglich ist, von einem Menschenbild auszugehen, bei dem Menschen als Potenzialträger gesehen werden. Sie machen sich stark für eine Gesellschaft, die sich mit Freude und Engagement für ihre nachwachsende Generation einsetzt, die jungen Menschen etwas zutraut und die ihnen Herausforderungen bietet, an denen sie wachsen können. Sie weisen damit einen Weg zu einer Führungskunst, die sich dem Du mit Achtung, Respekt und Vertrauen zuwendet.

140 Unicef 2013, 2 und 28

Solche Umorientierung braucht es jedoch nicht nur im Bildungssektor, sondern gleichermaßen in der Arbeitswelt. Ich erinnere mich an ein Führungskräftetraining in einem großen Konzern zum Thema Wertschätzung in der Führung. Ich bat die anwesenden Führungskräfte, sich an eine professionelle Erfahrung zu erinnern, bei der sie in besonderem Maße jemandem Wertschätzung entgegengebracht hatten oder selbst in deren Genuss gekommen waren. Die Berichte ähnelten sich in einem entscheidenden Punkt: In allen Fällen hatte die Wertschätzung dazu geführt, dass das Vertrauen in die eigenen Fähigkeiten oder in die Fähigkeiten des anderen gewachsen war. Statt an sich oder dem anderen zu zweifeln, statt auf den ersten möglichen Fehler zu warten oder Perfektionismus einzufordern, war die Bereitschaft getreten, das Beste unter den bestehenden Möglichkeiten zu leisten. Und der Erfolg gab dieser Haltung recht.

Wertschätzung ist eine Haltung, die sich nicht auf Probleme konzentriert, sondern nach Lösungen Ausschau hält, die fehlerfreundlich ist, wissend, dass wir aus Fehlern lernen. Sie eröffnet eine zweite Chance, wenn man die erste verpasst hat. Wertschätzung orientiert sich an den Möglichkeiten der Menschen und Situationen statt am Diktat von Konzepten und Zahlen. Wertschätzung gibt dem Unerwarteten Raum, statt das Leben in ein vorgefertigtes Korsett zu pressen, von dessen vermeintlich positiven Wirkungen man überzeugt ist.

Die Sekundärtugenden im deutschen »Sozialcharakter«, mit denen ich mich weiter oben beschäftigt habe, sind mittels Angst, Drill und Anpassung eingeübt worden. Sie haben zu blindem Gehorsam verleitet. Doch die sogenannten deutschen Sekundärtugenden sind nicht per se schlecht. Notwendig ist vielmehr, dass sie sich mit einem freien Geist auf der Basis einer intrinsischen Motivation entfalten können. Doch dies ist nur möglich, wenn Menschen in ihren Potenzialen geachtet und gewürdigt werden, wenn ihnen also mit einer Haltung der Wertschätzung begegnet wird. Die inzwischen stark angewachsene innere Arbeitsverweigerung in der deutschen Wirtschaft zeigt, dass an solchem wertschätzenden Umgang miteinander ein eklatanter Mangel herrscht. Daran hat sich wenig geändert, obwohl der Begriff der Wertschätzung von einem altmodischen zu einem inflationär gebrauchten Begriff geworden ist. Wir brauchen eine gelebte Kultur der Wertschätzung, eine Lösungsorientierung statt einer Problemorientierung, eine Offenheit für das Lebendige und Unerwartete statt eines Sicherheits- oder Kontrollwahns (Mettler-v.Meibom 2006 und 2008). Sich dafür einzusetzen ist eine genuine Führungsaufgabe.

# Teil 3

# ZUKUNFT GESTALTEN

Zu allen Zeiten gibt es Menschen, die mutig und entschlossen Überkommenes hinter sich lassen und sich auf die Suche nach neuen Antworten auf die Herausforderungen der Gegenwart begeben. Es sind die Pioniere und Pionierinnen eines neuen Bewusstseins. Oft werden sie belächelt, vielfach werden sie verachtet oder öffentlich abgewertet. Erst im Rückblick zeigt sich, dass sie Wegbereiter und Wegbereiterinnen eines frischen, hilfreichen Blicks waren – auf die Welt, den Menschen, die natürliche Mitwelt. Sie zeigen, dass Menschen auch im Chaos schwieriger Verhältnisse Antworten finden, welche das Leben feiern, das Zusammenleben verbessern und mehr Zuversicht, Glück und Frieden in eine konfliktreiche Welt bringen.

In den folgenden Porträts und Situationsschilderungen begegnen wir solchen Menschen.[141] Sie waren bereit, mir in z.T. bewegenden Interviews ihre Sicht zu vermitteln. Darunter sind wohlbekannte und weniger bekannte, doch alle treten für eine neue Kultur der Verbundenheit ein. Und bei allen läßt sich erkennen, wie stark sie durch die kollektiven Erfahrungen unseres Landes geprägt sind.

In der Darstellung folge ich den drei Ebenen, auf denen sich menschliches Handeln vollzieht, der Mikroebene unseres Alltags, der Mesoebene, die geprägt ist von Organisationen und Institutionen, und der Makroebene, welche die ganze Gesellschaft umgreift und den nationalen Raum überschreitet. Das einleitende Porträt des Hirnforschers Gerald Hüther betrifft alle drei Ebenen.

141 Grundlage hierfür waren Interviews in den Jahren 2010-13 sowie (Vortrags-)Veranstaltungen. Alle nicht näher gekennzeichneten Zitate gehen auf Interviews zurück.

# Sich dem Leben zuwenden: Gerald Hüther

Wie lernt ein Mensch? Dieser Frage geht die Hirnforschung nach, und sie kommt zu Ergebnissen, die mit unseren bisherigen Vorstellungen vom Menschen nicht übereinstimmen. Einer, der sich die Aufgabe gestellt hat, ein neues Wissen über den Menschen und seine Entwicklung im öffentlichen Bewusstsein zu verankern, ist der Neurobiologe Gerald Hüther.[142] Wo immer er derzeit auftritt, füllt er die Säle; seine Bücher sind Bestseller; seine Vorträge sind auf unzähligen DVDs festgehalten, und für zahllose Menschen ist er eine wichtige Referenz geworden – bestätigen doch seine Forschungen, dass das Unbehagen am bisherigen Menschenbild berechtigt ist und dass wir zu neuen Ufern aufbrechen können.

Was bewegt einen solchen Menschen, der so viele Menschen zu bewegen vermag? Gerald Hüther wuchs in der DDR auf, bevor er 1979 in den Westen floh. Noch zu DDR-Zeiten entstand in ihm ein grundlegendes Bedürfnis. Er berichtet:

»Etwas wieder in die Gesellschaft zurückzugeben, was die Gesellschaft mir erst ermöglicht hatte. Ich bin nicht Wissenschaftler geworden, weil das so ein interessanter Job ist, sondern weil ich mit dem, was ich tue, mit wissenschaftlichen Erkennt-

142 Prof. Dr. Gerald Hüther leitet die Zentralstelle für neurobiologische Präventionsforschung der Universität Göttingen und ist in vielfältigen Netzwerken aktiv: Vgl. http://www.gerald-huether.de/

nissen also, zur Weiterentwicklung der Gemeinschaft beitragen wollte, die mir diese Ausbildung und die Aneignung dieser Fertigkeiten ermöglicht hatte.«

Als machtvoller Kommunikator mit einem profilierten wissenschaftlichen Hintergrund verbreitet er neue Erkenntnisse darüber, wie menschliches Wissen und gesellschaftliche Entwicklungen zustande kommen.

»Die Hirnforschung macht deutlich, dass es weniger die natürlichen, also die biologischen und genetischen Anlagen sind, die unsere bisherige Entwicklung als Menschen bestimmt haben, als vielmehr die kulturellen Leistungen, die wir über Generationen hinweg entwickelt und weitergegeben haben. Diese von anderen übernommenen Kulturleistungen – die Sprache, der aufrechte Gang, das Fahrradfahren oder das Surfen im Internet – werden im Gehirn in Form bestimmter Netzwerkstrukturen verankert. Sie erst haben uns zu den Menschen gemacht, die wir heute sind. Wer das einmal verstanden hat, kann nicht länger zusehen, wenn Kinder in eine Welt hineinwachsen, in der diese kulturellen Errungenschaften immer weniger wertgeschätzt werden. Innerhalb der letzten zwei Generationen beschleunigt sich dieser Prozess auf beängstigende Weise. Jungen Menschen fällt es immer schwerer, ihre Erfahrungen und Gefühle sprachlich auszudrücken, Musik, Theater oder gar klassische Literatur zu verstehen. Unser Leben wird zunehmend von ökonomischem Druck bestimmt. Es gibt kaum noch Lebensbereiche, in denen Menschen zum Ausdruck bringen und selbst spüren können, dass sie mit etwas verbunden sind, und in denen ihr Selbstwertgefühl und ihr Selbstbild aus der Teilhabe an diesen kulturellen Leistungen gespeist wird.«

Die Phase des Wettbewerbs, des Sich-und-anderen-beweisen Wollens, wozu man fähig ist – immer schneller, immer höher, immer weiter –, sieht er als eine für die Menschheit möglicherweise notwendige Phase an. Für ihn ist es aber an der Zeit, innezuhalten und sich neu auszurichten; die Notwendigkeit hierzu leitet er aus den Erkenntnissen der Gehirnforschung ab:

»Irgendwann müssen wir wieder begreifen, dass wir alle in einem Boot sitzen und dass wir all die Probleme, die wir in diesem Wettrennen um Höchstleistungen und um die vordersten Plätze erzeugt haben, nur gemeinsam lösen können. Als Hirnforscher kann man nur so eindringlich wie möglich darauf hinweisen, dass es uns Menschen als Einzelwesen gar nicht gibt. Dass sich unser Gehirn erst durch unsere Erfahrungen strukturiert, die wir im sozialen Leben machen. Dass unser Gehirn also eigentlich ein soziales, durch kulturelle Erfahrungen geformtes Konstrukt ist. Jedes auf besondere, einzigartige Weise, aber niemals allein, ohne den Austausch mit anderen und die Übernahme von Erfahrungen im Zusammenleben mit anderen Menschen.

Das Gehirn als soziales Organ – weiter hätte man sich nicht von einer darwinistisch legitimierten Rassebiologie der Nationalsozialisten entfernen können! Wir sind nicht biologisch determiniert, sondern lernen durch die Interaktion mit anderen Menschen, und dies ein Leben lang. Und ob dieses Lernen erfolgreich ist, hängt nicht zuletzt von der Beziehungsqualität zwischen Menschen und von ihren Möglichkeiten ab, die eigenen Fähigkeiten zu erproben und zu entwickeln. Solches Wissen bietet Sprengstoff in den unterschiedlichsten Anwendungsfeldern. Auf der Suche nach denen, die sich dem neuen Wissen öffnen wollen, stieß Hüther auf erhebliche Widerstände, so z.B. in der Medizin. Eine größere Offenheit fand er hingegen in der Wirtschaft, in der eine weitere Effizienzsteigerung und ein noch besseres Controlling nicht mehr die gewünschten Ergebnisse bringen:

»Motivation, Übernahme von Eigenverantwortung, Kreativität, Engagement, Commitment – all das lässt sich nicht durch mehr Bezahlung, also durch Belohnung, oder durch die Androhung von Sanktionen hervorbringen. Die alten Abrichtungs- und Dressurmethoden funktionieren vor allem in solchen Betrieben nicht mehr, in denen es auf die intrinsische Motivation der Mitarbeiter, auf Innovation, Flexibilität und eigenverantwortliches Handeln, auf Mitdenken und Zusammenwirken im Team ankommt. Hier können die Erkenntnisse der Hirnforschung nicht nur Erklärungen, sondern auch Lösungen bieten: Wie entstehen innere Einstellungen und Haltungen, und wie lassen sie sich verändern? Was bewirkt Druck und Angst im Gehirn? Welches Betriebsklima und was für eine Beziehungs- und Führungskultur sind günstig für die Entfaltung der in Mitarbeitern und Teams vorhandenen Potenziale?«

Die Antwort liegt, wie Hüther betont, in einer wertschätzenden Betriebskultur, in einem Klima, das offen ist für gemeinschaftliches Lernen in komplexen Zusammenhängen, für neue Sichtweisen, für Fehlerfreundlichkeit und für ko-kreative Prozesse. Kommt es zu einem solchen Kulturwandel, werden Leistungsfähigkeit, Gesundheit und Zufriedenheit unterstützt. Doch damit er möglich wird, müssen, wie Hüther hervorhebt, die Grundlagen bereits in Erziehung, Schule und Bildung geschaffen werden. Diesem Aktivitätsbereich widmet er sich daher mit besonderem Engagement.[143]

»Der ausstehende Kulturwandel, die Transformation unserer gegenwärtigen Lern-, Beziehungs- und Arbeitskultur, muss in den Bildungseinrichtungen beginnen. Die Verwandlung unserer Kindergärten, Schulen und Universitäten in innovative Werkstätten des gemeinsamen Entdeckens und Gestaltens ist die zwingendste Aufgabe, die sich aus den Erkenntnissen der Hirnforschung unmittelbar ableiten lässt. Sie ist aber auch die größte Herausforderung, ein sehr dickes Brett. Wo soll man ansetzen,

143 So war er z.B. zusammen mit Prof. Stephan Breidenbach und der Schulleiterin Margret Rasfeld im Beraterteam der Bundeskanzlerin im Rahmen des Zukunftsdialogs, »Wie wollen wir lernen?«: Vgl. https://www.dialog-ueber-deutschland.de/. Er ist zudem Mitglied des wissenschaftlichen Beirates im Rat für kulturelle Bildung: Vgl. https://www.dialog-ueber-deutschland.de/DE/10-Dialog/30-Wie-Lernen/wielernen_node.html

um eine nachhaltige Veränderung der bisherigen Lern- und Beziehungskultur in Gang zu bringen? Man muss dazu grundlegende Vorstellungen und Überzeugungen infrage stellen, auf denen das gesamte Bildungssystem ruht. Dazu zählt vor allem das Begabungskonzept. Die neuartige Vorstellung, *jedes* Kind sei hoch begabt, nur eben jedes auf seine besondere Weise, ist völlig inkompatibel mit dem Sortiermechanismus, der derzeit noch alles bestimmt, was an unseren Schulen geschieht. Dass man Kinder nicht unterrichten, sondern nur einladen, ermutigen und inspirieren kann, Wissen und Fähigkeiten erwerben zu wollen, das stellt so ziemlich alles infrage, was in den meisten Bildungseinrichtungen praktiziert wird. Angesichts der gegenwärtig herrschenden Lern- und Beziehungskultur in unseren Kindergärten, Schulen und weiterführenden Bildungseinrichtungen ist es fast unvorstellbar, dass Kinder ihre angeborene Entdeckerfreude und Gestaltungslust in der Schule nicht verlieren, dass sie dort umgekehrt erfahren können, was Hingabe und Leidenschaft bedeuten und wie schön es sein kann, wenn man gemeinsam lernt und über sich hinauswächst.«

Doch der Pionier gibt nicht auf, findet sich mit Gleichgesinnten[144], fordert eine zweite Aufklärung, belehrt, inspiriert, motiviert. Dabei weiß er um die Erfolgsbedingungen:

»Wir brauchen ein festes und tragfähiges Bündnis zwischen allen Beteiligten (Lehrer, Eltern, Schulleitung, Schüler) einer Schule. Ziel des Kulturwandels muss es sein, neue Erfahrungsräume in der Schule, beim Lernen und im Zusammenleben zu schaffen. Wenn Schüler und Schülerinnen günstigere Erfahrungen als bisher mit sich selbst, beim gemeinsamen Lernen und

144 www.Schulen-der-Zukunft.org, www.schule-im-aufbruch.de, www.adz-netzwerk.de: Im Januar 2013 hat er mit Margret Rasfeld und ihren Schülern und Schülerinnen eine Road-Show in 10 bundesdeutsche Städte unternommen, um vor Tausenden von Menschen eine Wende in der Bildungspolitik und Bildungskultur einzufordern: Vgl. http://www.roadshow-lernlust.de/jetzt-dvd-vorbestellen.html

Entdecken, mit anderen Schülern und mit den Lehrern machen, verdichten sich diese Erfahrungen in ihrem Frontalhirn zu neuen, günstigeren inneren Einstellungen und Haltungen. Und die bestimmen dann ihre Bewertungen, ihr Denken und Fühlen und natürlich auch ihr Verhalten. Das gilt natürlich nicht nur für ihr Frontalhirn, sondern auch für das ihrer Lehrer und Eltern.«

Haben Querdenker wie Gerald Hüther Erfolg? Um neue Wege zu gehen und andere auf die Reise mitzunehmen, braucht man Mut. Die Erkenntnisse der Hirnforschung bieten dazu Rückenstärkung. Doch bei vielen bleiben Ängste: Angst, dass es schiefgeht; Angst, Verantwortung zu übernehmen; Angst vor Veränderung. Ängste sind in Deutschland besonders verbreitet. Deshalb sprechen die Engländer und Amerikaner von »German Angst« (Müller 2013). Sie ist etwas anderes als *anxiety* oder *fear*. Hüther betont ebenso wie Müller, dass solche Angst etwas mit der deutschen Geschichte zu tun hat, mit »ständigen Verunsicherungen«, die Hüther bis in die Zeit des Dreißigjährigen Krieges rückverfolgt. Den Weg der Transformation sieht er in einem traumatherapeutischen Ansatz und kommt damit zu dem zentralen Anliegen dieses Buches:

»Ein Trauma-Therapeut versucht, das erlittene Leid verstehbar zu machen, es in einem größeren Kontext neu betrachten zu können, ihm Sinn abzugewinnen – wie Viktor Frankl, der Begründer der Logotherapie, das nennen würde. Wir müssen das erlittene Leid anders erleben, anders bewerten, anders fühlen können als bisher. Die *Hirnforschung ist sich einig, dass es kein Denken ohne Fühlen gibt*. Deswegen brauchen wir nicht *nur* das Fühlen; und genauso wenig brauchen wir *nur* die mentale, kognitive Durchdringung. Wir müssen beides zusammenzubringen. Daraus erwächst die neue Haltung. Das heißt bezogen auf Traumata, wir müssen verstehen, warum es passiert ist, aber nicht nur mental, sondern auch emotional, durch die (gefühlte) Erfahrung, wozu wir Menschen fähig sind.«

Gibt es eine Parallele zwischen individuellem und kollektivem Trauma? Hüther bejaht dies und sieht sie in der Entwicklung einer Kompetenz, welche die Folge einer posttraumatischen Reifung sein kann. Eine solche Gabe kann möglicherweise auch Deutschland entdecken und einbringen.

»Aus jeder Verletzung gewinnt ein Mensch, wenn er einen Weg zur eigenen inneren Wahrheit findet, eine besondere Kompetenz. Das ist die wichtigste und Mut machende Erfahrung jeder gelungenen Traumatherapie. Entsprechend sollte auch eine kollektive Verletzung immer dann, wenn man sie annehmen und verstehen kann, eine besondere Kompetenz hervorbringen, sozusagen eine kollektive oder gemeinsam geschaffene Kompetenz. *Im Falle Deutschlands kann das nur eine Kompetenz als ›Konfliktlöser‹, als ›Brückenbauer‹, als ›Bündnisstifter‹ sein.* Einen Anflug davon hat sich unser Kulturkreis in den letzten Jahrzehnten in Europa und der Welt bereits erarbeitet. Vielleicht sind auch die besonderen Kulturleistungen, etwa im Bereich der Musik, der Literatur oder auch in Wissenschaft und Technik, die uns in der Welt Anerkennung und Achtung gebracht haben, als sehr konstruktive ›Bewältigungsstrategien‹ zu betrachten, als Transformation von leidvollen Konflikterfahrungen, die sich in Kultur, in Symphonien, Gedichten, wissenschaftlichen Formeln und technischen Erfindungen niederschlagen.

All diese Leistungen sind Ausdruck der Tatsache, dass es möglich ist, scheinbar Widersprüchliches und auch real widerstrebende Kräfte in einer Weise zusammenzubringen, dass daraus etwas Neues entsteht. Diese besondere Kompetenz ist dann vielleicht das, was wir aus unserem Kulturraum heraus als unser ›Geschenk‹ an die sich immer stärker globalisierende Welt geben können. Dazu aber müssten wir uns selbst dieses besonderen Schatzes erst einmal bewusst werden, wir müssten ihn besser bewahren und pflegen, müssten ihn sogar zum Herausstellungsmerkmal unseres Bildungssystems machen, statt uns ständig in globalen PISA-Wettbewerben zu verlieren. Dann wird es auch plausibel, warum künftig die kulturelle Bildung einen zentralen Platz in den Schulen haben muss.«

Am Schluss des Interviews zeichnet Hüther eine Vision des Herzens, die für ihn wissenschaftlich fundiert und praktisch relevant ist, für deren Verwirklichung er sich in zahllosen Aktivitäten einsetzt und deren Relevanz für ihn letztlich in einem spirituellen Kontext steht.

»Wir brauchen Kinder, die glücklich und mit guten Erfahrungen als soziale Wesen heranwachsen und die Lust darauf haben, die Erde in einen Ort zu verwandeln, der allen Menschen ein Zuhause und Möglichkeiten zur Entfaltung der in uns angelegten Potenziale bietet. Wir brauchen die Natur, brauchen die Vielfalt an Lebensformen und natürlichen Gegebenheiten, in die wir eingebettet, mit denen wir verbunden sind und für deren Erhalt wir uns verantwortlich fühlen. Wir brauchen ein Gefühl von Verbundenheit und zwischenmenschliche Beziehungen, die es uns ermöglichen, miteinander zu wachsen und über uns hinauszuwachsen. Und wir brauchen nicht zuletzt so etwas, was heutzutage immer noch etwas abwertend als Spiritualität bezeichnet wird, also einen gemeinsamen Bezug auf und eine gemeinsame Orientierung an etwas, was über uns hinausweist und uns untereinander und mit der Welt, in der wir leben, verbindet. Solange uns das fehlt, ist es so, als hätten wir ein Gehirn, ohne zu wissen, wofür wir es nützen sollen.«

# Verbundenheit wagen (Mikro- und Beziehungsebene)

Verbundenheit wagen – dazu fordern uns heute zahllose Initiativen der Zivilgesellschaft, Bücher, spirituelle Lehrer und Lehrerinnen, aber auch Wissenschaftler auf. Die Zeiten eines ausufernden Individualismus neigen sich dem Ende zu. Wir entdecken erneut, dass wir Menschen nicht unabhängige Monaden sind, die ihr Leben steuern können, rational, zielorientiert, effizient, sondern dass der ganze Kosmos auf Beziehung angelegt ist, dass wir Beziehungswesen sind und dass wir aus einer Kultur der Verbundenheit Schutz, Zugehörigkeit, Zuversicht und Kraft gewinnen.

Dies im Bewusstsein zuzulassen, ist in unserem Land alles andere als selbstverständlich, ist doch gerade das Bedürfnis nach Verbundenheit durch die nationalsozialistische politische Religion zutiefst missbraucht worden. Es gehört also Mut dazu, sich aus dem ohnmächtigen Rückzug oder dem vermeintlich mächtigen Unabhängigkeitsgestus zu befreien und Verantwortung für die eigenen Gefühle und Bedürfnisse nach Verbundenheit zu übernehmen. Die nachfolgenden Situationen und Porträts zeigen Menschen, die nach Wegen suchen, dies im Alltag zu leben. Dabei ist oft genug ein schmerzhafter Gang durch die inneren Schatten nötig. Das Porträt von Declan Kennedy, Ire mit deutscher Wahlheimat, zeigt aber auch, wie eine gute Einbindung im privaten Alltag helfen kann, Kräfte freizusetzen, die dem Wohle des Ganzen dienen.

## Sprachfähig werden und Gefühle annehmen

Alljährlich tagt in der beschaulichen Inselstadt Lindau am Bodensee die Internationale Gesellschaft für Tiefenpsychologie. In Jahr 2012 steht sie unter dem Thema *Resignation – Empörung – Zuversicht*. Wie alljährlich biete ich ein Seminar an. Da ich innerlich mit diesem Buch beschäftigt bin, nenne ich es *Zuversicht – Ein Weg jenseits der Ohnmachts- und Allmachtsfalle*. Mir geht es darum, vor allem eine Haltung der Ohnmacht zu überwinden und gemeinsam Möglichkeitsräume jenseits von Resignation und Empörung zu erschließen. Statt einer Abwehr des Unerwünschten oder Schmerzlichen will ich mit den Teilnehmern und Teilnehmerinnen *ankommen in dem, was ist*. Damit verbinde ich die Hoffnung auf größere innere Freiheiten, um dem Leben und seinen Herausforderungen neu und zuversichtlicher begegnen zu können.

Ich beginne in dem Seminar mit einem steilen Einstieg. Mir selbst gestehe ich ein, dass mich dabei eine leichte Unruhe befällt. Ich führe die Anwesenden – in der Regel gestandene Therapeuten und Ärzte – mit einer Übung zurück zur Erinnerung an ihre erste wichtige Ohnmachtserfahrung. Was kaum überraschen dürfte: Die ersten Partner solcher schmerzlichen Erfahrungen sind in der Regel die nächsten Familienmitglieder, Vater oder Mutter. Die Aufgabe ist nun, herauszufinden, welches Muster die Anwesenden als Antwort auf diese Ohnmachtserfahrung entwickelt haben und ob sich dieses Muster möglicherweise bis in die Gegenwart hinein verfolgen lässt. Ich spüre genauer hin und merke, meine Sorge ist unbegründet: Die Atmosphäre ist intensiv, dicht, vertrauensvoll, der Austausch ist rege. Schnell zeigt sich: Die Muster – seien es solche der Flucht, des Angriffs oder des Sich-Totstellens – reichen bis in die Gegenwart und manifestieren sich als Störungen in den privaten Beziehungen ebenso wie im Arbeitsleben.

Am nächsten Tag suchen wir nach einem Weg, diese Muster und Blockaden umzuwandeln. Dazu wähle ich eine Übung, in der Mitgefühl mit dem Menschen ins Spiel kommen kann, der seinerzeit die Ohnmachtserfahrung ausgelöst hat. Dies geschieht, indem sich alle die entsprechende Person – in der Regel Vater oder Mutter – auswählen. Die Aufgabe ist nun, sich innerlich auf den Wunsch einzulassen, mit Vater oder Mutter ein Gefühl stärkerer Verbundenheit herzustellen. Es werden Zweiergruppen gebildet, in denen einer die Rolle von Vater oder Mutter übernimmt und sich in deren/dessen mitfühlendes Selbst einfühlt: Wie hat sich Vater oder Mutter zum Zeitpunkt des Kriegsendes erlebt? Das Gegenüber interviewt nun – als Sohn oder Tochter – das mitfühlende Selbst des Vaters oder der Mutter: *Wie erging es dir damals? Was hast du gefühlt? Was hat dich beschäftigt? Wie bist du damit umgegangen?* Anschließend spiegeln »Sohn« oder »Tochter« dem »Vater« oder der »Mutter« in einer Haltung des Mitgefühls zurück, was er oder sie über den jeweiligen Elternteil gehört hat. Die Gruppe greift die Übung engagiert und interessiert auf, lässt sich auf sie ein und macht intensive Erfahrungen. Tiefliegende Gefühle brechen auf. Die Aussagen nach Abschluss der Übung bestätigen meine Ahnungen:

»Ich habe zum ersten Mal spüren können, wie es meiner Mutter bei Kriegsende ging.« »Ich habe plötzlich ein Gespür für die inneren Nöte meines Vaters bekommen.« »Ich habe gefühlt, dass meine Mutter selbst so gelitten hat, dass sie mir keine Liebe schenken konnte; sie war völlig mit unser aller Überleben beschäftigt.« »Ich habe die Kriegstraumata bei meinem Vater unmittelbar wahrnehmen können. Er konnte nicht mehr fühlen, und seine Prügel waren ein hilfloser Ausdruck seiner Not…« »Ich kann meiner Mutter, meinem Vater jetzt viel besser verzeihen; ich habe etwas verstanden…«

Die Gruppenmitglieder gehen sichtlich berührt und bewegt in den Abend. Am nächsten Tag beginne ich wie immer mit einer

Einstiegsrunde, die Gelegenheit gibt mitzuteilen, was sich in der Zwischenzeit getan hat. Zu meiner großen Überraschung nimmt niemand Bezug auf den intensiven vorangehenden Tag – mit einer Ausnahme. Dies gibt mir die Gelegenheit nachzufragen, ob die gestrigen Erfahrungen bei den anderen nicht nachgewirkt haben. Unvermittelt bricht nun die Mauer des Schweigens auf. Ganz im Gegenteil: Die Emotionen und Einsichten waren so tief und eindringlich, dass man nicht mehr daran rühren wollte. Einige berichten, dass sie erstmals einen konstruktiven Zugang zu ihren Verletzungen und Wunden gefunden haben. Andere haben eine Ahnung davon entwickelt, mit welchen Dramen ihre Eltern konfrontiert waren. Wieder andere haben die Erfahrungen des Vortages mit anderen Konferenzteilnehmern ausgetauscht und sind auf Menschen gestoßen, die sich mit ähnlichen Problemen herumschlagen. Doch alle hatten Angst, darüber zu sprechen. Dass der Tag mit Schweigen begonnen hatte, war also kein Zufall. Wir sind hier offenbar dem kollektiven Feld des Schweigens begegnet, das uns immer wieder mit Beschlag belegt und das sich immer dann bemerkbar macht, wenn wir an tiefe Verletzungen der Seele gelangen. Als die Anwesenden dies erkennen, erhält die Erfahrung des Schweigens eine tröstliche Note. Wir spüren, wir sind auf einem guten, produktiven Weg, Schattenkräfte im eigenen Seelenhaushalt zu entdecken und zu transformieren. Wir beenden den Tag mit einem Heilungsritual, in dem wir die Kräfte der Dunkelheit ansprechen, die Kräfte des Lichtes, die Kräfte, die uns bei der Transformation unterstützen und die Kräfte der Zukunft, die wir in unser Leben einladen möchten.

Damit haben wir den Boden bereitet für die *Zuversicht jenseits der Ohnmachts-Allmachts-Falle,* dem Anliegen des Seminars. In den beiden nachfolgenden Tagen entdecken wir die Zuversicht in unserem Seelenhaushalt, erinnern uns an kraftvolle Momente, in denen wir sie gelebt und erlebt haben, und konzentrieren uns darauf, wie wir sie in Zukunft stärker in unser Leben holen können. Das Seminar endet in einer beglückten, zufriedenen Stimmung. Viele sind erleichtert und von schwerem Gepäck befreit. Und ich spürte ein weiteres Mal, wie wichtig es ist, dass wir Deutschen uns mit kollektiven Schattenkräften beschäftigen, die darauf warten wahrgenommen und transformiert zu werden.

Die Zeiten für ein solches Unterfangen sind gut und seit dem Fernsehfilm vom März 2013 »Unsere Mütter, unsere Väter« und seinem enormen Echo bei den Menschen und in den Medien noch besser geworden. Meine Erfahrungen aus dem Vorjahr sind prototypisch für einen Raum des kollektiven Unbewussten, den wir uns seit einigen Jahren erschließen. Viele Kinder der zweiten, dritten und vierten Generation sind unterwegs, um sich ihren Verletzungen und Traumata zu stellen, eingefrorene Gefühle aufzutauen, den Schmerz anzunehmen und Versöhnung mit sich und ihren Eltern und Großeltern zu suchen. Indem wir dies tun, durchbrechen wir die Ketten der intergenerativen Weitergabe von Traumata, um deren Existenz wir heute nur allzu genau wissen. Wir bereiten den Boden für eine Kultur der Verbundenheit jenseits von Schuldzuweisungen. Wir heilen die Beziehungen in unseren Familien und zu den Menschen, die uns nahestehen.

Das ist ein großes Werk, an dem viele Menschen mitwirken. Das innere Leiden soll ein Ende finden. Die abgespaltenen Gefühle sollen endlich wieder leben dürfen, und Lebensfreude und Zuversicht sollen ins Leben treten. Viele Menschen, die aus dieser Verantwortung heraus mit Menschen als therapeutische Begleiter oder Coach arbeiten, haben sich Wege der Heilung erschlossen; zu ihnen gehören herausragende Personen wie Bettina Alberti, Gabriele Baring, Sabine Bode, der verstorbene Dan Baron, Anna Gamma, Peter Heinl, Thomas Hübl, Jürgen Müller-Hohagen, Daan van Kampenhout, Luise Reddemann oder Chuck und Lency Spezzano – um nur einige wenige zu nennen. Doch es braucht die Bereitschaft und den Mut der Menschen, sich auf dieses Abenteuer einzulassen, sich den tiefen inneren

Verletzungen zu stellen, endlich sprachfähig zu werden und damit Wege zu ebnen zu einer Kultur der Verbundenheit und Lebensfreude, die unser Land so dringend braucht.

## Antje Pohl: Versöhnung mit sich und dem familiären Erbe

Wir sitzen im Flugzeug zurück nach Berlin. Antje Pohl kenne ich vom Besuch verschiedener Seminare. Nun ist sie in eine Weiterbildung zum Spirituellen Coaching eingestiegen. Vertrauen ist gewachsen. Es ist Zeit, sich zu öffnen.

Was ich höre, erschüttert mich zutiefst. Neben mir sitzt eine Frau, die das Schicksal trägt, in eine »Täterfamilie« hineingeboren worden zu sein. Ihr Großvater, Robert Mulka, so eröffnet sie mir jetzt, war in den Jahren 1943-1944 stellvertretender Lagerkommandant von Auschwitz, damit Rudolf Höss direkt unterstellt. Robert Mulka war Hauptangeklagter im Auschwitzprozess der Jahre 1962-1964. Ihr tiefstes Trauma ist, von schwersten Schamgefühlen geplagt zu sein – Gefühle, um deren Transformation und Erlösung sie ringt und derentwegen sie Seminare und Weiterbildungen besucht, von denen sie sich wegen ihrer spirituellen Ausrichtung Heilung und Transformation erhofft. Das Ringen mit dem familiären Erbe hat ihr Leben geprägt. Es hat sie zuerst mit der eigenen Familie konfrontiert, dann mit den Taten der Nationalsozialisten. Es hat sie die tiefsten Tiefen des Menschseins ausloten lassen und die Pforten für die spirituelle Suche mitten im Leben geöffnet. Und es hat sie zu einer Persönlichkeit reifen lassen, die fähig ist, Menschen – insbesondere in deren letzter Lebensphase – in einer tiefen Hingabe und Demut zu begegnen. Dies ist ihre Geschichte:

Als Fünfjährige, die ihre Großmutter besonders geliebt hat, erfährt sie, dass ihr Großvater im Gefängnis ist.

»Ich habe meine Oma gefragt: Warum ist er nicht da, wo ist er? Und sie hat mir versucht zu erklären, dass er im Gefängnis ist, aber dass er EIGENTLICH nichts Böses getan hat. EIGENTLICH! Aber natürlich hat er eigentlich doch etwas Böses getan. Doch das war immer die Version und Argumentation meiner Großmutter: Er KONNTE ja nichts dafür, weil wenn er das nicht getan hätte, dann wäre er – Originalton auch meines Vaters – ›ja selber an die Wand gestellt worden‹. WAS er eigentlich wirklich getan haben soll, das war nie Thema, sondern es war immer nur Thema, dass er für etwas verurteilt werden sollte, für das er eigentlich nichts konnte.«

Dieselbe Botschaft kam vom Großvater, wenn er sie einmal besuchte oder der kleinen Enkelin etwas im Gefängnis ins Poesiealbum schrieb: »›Glaub nicht, was die Leute über mich erzählen – ich bin kein Mörder, und ich bin nie ein Mörder gewesen.‹ Und dann hat er mir noch einen Spruch in meinem Poesiealbum hinterlassen – da war ich zehn und hab es ihm mit ins Gefängnis geben lassen, damit er mir etwas hineinschreibt – und da hat er reingeschrieben: ›Reden ist Silber, Schweigen ist Gold.‹ Das hat er mir an Botschaften hinterlassen.«

Nicht anders verhält sich der Vater von Antje Pohl, Rolf Mulka. Als Weltmeister und Olympiasieger im Segeln gelangt er zu Berühmtheit. Sein Name löst schließlich journalistische Recherchen aus, die wiederum zur Ergreifung seines Vaters Robert Mulka führen.

»Als ich älter wurde und in der Schule und im Geschichtsunterricht einfach mit Fakten konfrontiert war, fing ich an, zu Hause zu rebellieren. Ich habe auch meinen Vater konfrontiert und gesagt: ›Was sagst du dazu, zwei Millionen Juden?‹ – Und auch da habe ich immer gehört: ›Kann ich nicht beurteilen. Kann ich überhaupt nicht beurteilen.‹ Ich solle damit aufhören.«

Jahre später konfrontiert sie ihn erneut und nimmt, wie sie sagt, eine journalistische Haltung an, um sich selbst zu schützen:

»›Wer ist dein Vater gewesen? Was hat er gemacht? Wie hast du das als Kind empfunden? Was ist in deiner Familie damals losgewesen? Bist du jemals in Auschwitz gewesen? Hast du ihn mit deiner Mutter und deinen Geschwistern besucht?‹ Mein Vater hatte auch einen Bruder, der im Krieg gefallen ist. Der hatte immer ein kritisches Verhältnis zu meinem Großvater. Meine Großmutter hat mir erzählt, dass dieser Sohn bewusst gefallen sei, weil er das alles nicht ertragen konnte. Auch dazu habe ich ihn befragt und über seine Kindheit: wie es zu Hause war und ob sie darüber gesprochen haben.«

In den Antworten des Vaters vermischen sich Leugnung und der Versuch der (Selbst-)Entlastung:

»Mein Vater konnte sich nicht richtig darauf einlassen. Er ist immer wieder auf die Schiene der Rechtfertigung gekommen und dass sein Vater ja doch eigentlich nicht wirklich was getan hätte und dass er, wenn er nicht seinen Dienst getan hätte, selbst an die Wand gestellt worden wäre. Noch einmal dieser Satz, der immer wieder kam und immer wieder. Er hat tatsächlich von Geschichtsfälschung gesprochen und dass es ja eigentlich alles gar nicht so gewesen sei und dass die Juden in der ganzen Welt abgewiesen worden seien, als sie flüchten wollten. Keiner wollte sie haben, und Deutschland habe sich dann sozusagen geopfert, um sie loszuwerden. ‚Eigentlich wollte ja die ganze Welt die Juden nicht haben'... Ich hatte inzwischen so viel Abstand, dass ich mir das fassungslos, aber mit mehr Abstand anhören konnte und gedacht habe: Boah, das gibt's doch nicht! Das gibt's doch einfach nicht! Aber ich habe beharrlich weiter gefragt und weiter gefragt und einfach irgendwie davon abstrahiert, dass das mein Vater war.«

Wie gingen das Kind, die junge Erwachsene und später die Frau mit dieser Erbschaft um? Als Kind rebellierte sie, war in jeder Hinsicht unbequem und auffällig. In der Schule wurde sie so schlecht, dass die Sonderschule drohte. Ihre Renitenz führte zu Schlägen durch den Vater, vielen Schlägen; sie war der Outcast in der Familie. Die Folge waren Angst und tiefe Schamgefühle. Sie verlässt die Familie in Hamburg, weicht nach Berlin aus, wo sie das Gefühl hat, atmen zu können, und beginnt, sich intensiv mit den Gräueltaten der Nationalsozialisten auseinanderzusetzen.

Eine innere Wende kommt durch ihre Mitwirkung in dem Dokumentarfilm »Dark Lullabys – Dunkle Wiegenlieder« von Harald Lüders, in den sie zufällig hineingerät und in dem Lüders mit ihr spricht und sie interviewt:

»Was ich gemerkt habe, war eine unendliche Scham. Es war mir so peinlich, weil die beiden Autoren, die das gedreht haben, Juden waren und ihre Tradition auch so gelebt haben. Und trotzdem haben sie sich mit einer Wärme und Einfühlsamkeit meiner Probleme angenommen. Das hat mich auch so gerührt. Also, ich habe, während ich gesprochen habe, gemerkt, dass ich immer gedacht habe, ich müsste mich vor denen doch eigentlich rechtfertigen und ich müsste mich schämen. Es war mir so peinlich, und gleichzeitig habe ich so viel Wärme von denen gespürt. Es hat mich so angerührt, weißt du, das hat mich so unglaublich angerührt, diese Mischung aus so vielem Nebeneinander. Ja, in erster Linie war es wirklich eine unendlich tiefe Scham. Ich habe gedacht, wie DIE jetzt mit mir jetzt umgehen, das habe ich nicht verdient!«

Als der Film drei Jahre später auf dem Forum der Berliner Filmfestspiele vorgeführt wird, liegt sie krank im Bett. Sie hat die Abendnachrichten im Fernsehen angeschaltet. Ein Kurzbericht wird eingeblendet, ein Ausschnitt aus dem Film: Es ist die Szene mit ihrem Interview, bei dem sie in Tränen ausbricht.

»Da habe ich mich erschrocken, da habe ich mich SO erschrocken! In erster Linie habe ich mich erschrocken, weil ich dachte: Oh Gott, deine Familie, wenn die das jetzt sieht! Ich war eine Nestbeschmutzerin! Das war mir unglaublich unangenehm, und ich habe gedacht: Oh Gott! Jetzt, jetzt kocht es auf in der Familie! Ich war aus Hamburg von meiner Familie und speziell von meinem Vater wirklich geflüchtet. Das waren gerade die Jahre der Funkstille, in denen nichts zwischen uns stattfand. Aber mein Vater war unglaublich unpolitisch und sein Umfeld auch, und keiner hat's gesehen. (Lacht) Das war für mich die Rettung!«

Wie so viele in Deutschland flüchtet auch Antje Pohl sich in Leistung, d. h. in den Versuch, sich und anderen zu beweisen, dass sie etwas wert ist. Doch sie spürt, dass dies nicht die Lösung ihrer inneren Konflikte ist. So beschreitet sie neue Wege. Nach einer marxistischen Phase während ihrer Studentinnenzeit und ausgeprägter Leistungsorientierung im Erwachsenenalter wurden es im Laufe der Zeit immer stärker spirituelle Wege. Einer davon ist Naikan. Mit Naikan beginnt für Antje Pohl die Phase der Versöhnung mit sich selbst und ihrem familiären Erbe.

»Dann kam ich auf Naikan und habe sieben Tage eine Naikan-Meditation gemacht, bei der ich meine ganzen Familienmitglieder durchgegangen bin. Naikan ist eine meditative Versenkung in der Stille, in der man sich in der Erinnerung zyklusmäßig mit jeweils rund sieben Jahren des eigenen Lebens und mit den Beziehungen zu den Primärpersonen seines Lebens beschäftigt – immer auf dem Hintergrund von drei Fragen: Was habe ich bekommen? Was habe ich gegeben? Und: Wo habe ich selber Schwierigkeiten bereitet? Man geht also innerhalb von sieben Tagen seine nahen Personen im Leben durch. Da ist mir in der Perspektive zu meinem Vater bewusst geworden, was ich ihm für Schwierigkeiten bereitet habe. Diese Sicht hatte ich bis dahin nie eingenommen. Ich hatte immer nur gesehen, was er MIR für Schwierigkeiten bereitet hat. Es war eine unheimliche Überwindung für mich, zu sehen, dass auch ich ihm als Kind in meiner Art, wie ich war, und in seiner auch natürlich bedrängten Situation, Schwierigkeiten bereitet habe. Das war für mich eine Weichenstellung. Ich habe dann irgendwann gemerkt und sogar geradezu gefühlt, mit welcher Vehemenz, Quäkigkeit und Nervigkeit ich meinen Vater bedroht habe. Er wusste sich nicht anders zu helfen, als mir einfach eine runterzuhauen. Es war irgendwie verrückt, aber in dem Moment konnte ich ihn verstehen – warum er mich gehauen hat und warum er mich auch immer wieder gehauen hat. Denn ich habe einfach so gebohrt und ihn nicht in Ruhe gelassen. Diese Naikanerfahrung hat mir auf jeden Fall einen Zugang zu ihm gegeben. Und von da an wurde unser Verhältnis weicher und irgendwie wieder ein bisschen liebevoller.«

Durch den eigenen Schatten zu gehen, sich selbst auch als Täter/Täterin zu erkennen, ist der wichtigste Schritt in Richtung Heilung. Inhumane Taten, welcher Art auch immer, werden damit weder ungeschehen gemacht, noch sind sie entschuldigt; doch die Position der Rechthaberei desjenigen, der oder die vermeintlich eine reine Weste hat, erübrigt sich dann. Für Antje Pohl war damit eine wichtige Etappe auf ihrem Heilungsweg zurückgelegt. Sie weiß inzwischen um die Erlösungsmöglichkeit auf der geistigen Ebene und geht diesen Weg konsequent weiter. Sie weiß, dass sie und jedes ihrer Familienmitglieder aus mehr besteht als nur aus Schuld und Scham. Sie weiß um die essentielle Unschuld, die wir als Ausdruck der göttlichen Liebe sind. Sie weiß um die Verstrickungen, in die wir hineingeraten, wenn unser Selbstwertgefühl gering ist, wenn wir nach Ansehen und Macht streben und wenn wir uns vor uns selbst und anderen aufbauen wollen. In diesem Punkt fühlt sie sich ihrem Vater und Großvater nah und verwandt, spürt auch in sich Gefährdungen, denen beide erlegen sind und die auch sie tangieren. So sucht sie heute die Beziehung zu Menschen, die auf einem ähnlichen Weg sind wie sie und die aus einem tiefen inneren Verstehen menschlicher Untiefen heraus ihr Erleben mit ihr teilen können. Und sie sucht und findet Rituale der Heilung, in denen ihre Seele sich von dem Familientrauma erlösen darf.

Ich selbst darf sie auf einer Reise nach Auschwitz, die sie gemeinsam mit ihrer Schwester und ihrem Mann unternimmt, begleiten. Hier öffnet sie sich hautnah der Lebenswirklichkeit ihres Großvaters als stellvertretendem Lagerkommandanten. In unserer kleinen Reisegruppe erleben wir Tage des intensiven Austauschs, des Gebets, des Verstehens, der Öffnung für die Kraft der Liebe. Es ist das Ringen darum, die Vorfahren lieben zu dürfen, selbst wenn sie unsägliche Schuld auf sich geladen und menschlich zutiefst versagt haben. Wir erleben gemeinsam das Aufblühen zu einer Kraft, sich der Welt mit der eigenen Geschichte zuzumuten – ohne die Schuld und die Untiefen der Geschichte leugnen zu müssen und ohne die eigenen Stärken aus Scham verbergen zu wollen.

Kurz nach dieser Reise stirbt der Vater, auf den sie einst den ganzen Hass gegen den Großvater übertragen hatte. Die Tochter hat in den letzten Monaten die Begegnung mit ihm gesucht und war in der Lage, ihm die Liebe zu geben, die jeder Vater von seinen Kindern erhofft.

So steht Antje Pohl beispielhaft für einen Weg, der vielen Kindern der zweiten und dritten Generation in unserem Land aufgegeben ist. Er überschreitet die Enge von Schuld und Scham. Er erlöst das menschliche Bedürfnis nach Verbundenheit mit der eigenen Familie und ihren Mitgliedern. Er beschönigt nichts und ist insofern voller Demut, als er um die Untiefen in jedem Menschen weiß, um die Gefährdung, von der sich niemand freisprechen kann. Das Versprechen dieses Weges ist die Entwicklung zu einer reifen Persönlichkeit, die den eigenen Schatten und den Schatten des Kollektivs nicht leugnet, sondern erkennt und damit ein Stück weit auch erlöst. Statt die Energie in die Verdrängung oder Bewältigung des Alten zu investieren, wird der Weg zur Liebe und zur Verbundenheit frei. Eine Kultur der Versöhnung entsteht, die sich im Leben von Antje Pohl auf allen Ebenen des Fühlens und des Tuns manifestiert.

# Anonyma: Aus Irrwegen lernen

Das folgende Porträt findet sich in diesem Teil des Buches, obwohl die Erfahrungen, von denen hier zu berichten ist, abschreckend und keineswegs zur Nachahmung gedacht sind. Sie sind ein Beispiel dafür, was passieren kann, wenn Menschen offen dafür sind, ihre spirituellen Bedürfnisse missbrauchen zu lassen. Umso dankbarer bin ich für die Möglichkeit, über die Erfahrungen dieser Frau berichten zu können. Sie war und ist heute bereit, sich die inneren Schattenkräfte anzusehen, die orientierende Kraft des Gewissens zu akzeptieren und aus ihren eigenen Fehlern zu lernen. Dies hat es ihr ermöglicht, sich aus den Fängen einer gefährlichen esoterischen Szene zu befreien.

Juliane F.s (Name geändert) Geschichte handelt in der Gegenwart. Auch hier geht es um Verführbarkeit, Schuld und Scham. Juliane F. steht mit ihren Erfahrungen für eine wachsende Anzahl von Menschen, die sich von einer manipulativen esoterischen Szene angezogen fühlen und dabei Gefahr laufen, Realitätssinn, Unterscheidungsfähigkeit und Gestaltungsmacht abzugeben und sich einem tiefgreifenden geistigen Missbrauch auszusetzen. Solche Missbrauchstendenzen finden wir nicht nur bei Scientology, sondern auch in anderen Teilen eines boomenden Esoterikmarktes. Statt im Sinne spiritueller Traditionen die Gewissens- und Eigenverantwortung zu stärken, werden hier Abhängigkeiten erzeugt und finanzielle Ausbeutung praktiziert. Juliane F.s Verführbarkeit, die sie sich heute mit Wut und Erschrecken eingesteht, ruft ins Bewusstsein, dass der spirituelle Missbrauch, auf den sich Menschen im Nationalsozialismus eingelassen haben, nicht der Vergangenheit angehört, sich auch nicht nur auf die rechte Esoterikszene beschränkt (Sünner 1997), sondern weiterhin aktuell ist. Genährt wird dieser Missbrauch durch individuelle Unsicherheiten, welche die Betroffenen versuchen, in einer (pseudo-)spirituellen Szene zu überwinden, wobei sie Gefahr laufen, in eine gefährliche existenzielle Abhängigkeit zu geraten.

Ich kenne Juliane F. seit einigen Jahren. Jung, erfolgreich, attraktiv, spirituell offen – so war sie mir begegnet. Dann habe ich sie aus den Augen verloren, und erst jetzt, nach mehreren Jahren, treffen wir uns wieder. In der Zwischenzeit hat sie eine schwere existenzielle Krise durchlaufen, über die sie mir – auf meine Bitte hin – ungeschminkt berichtet, wohl wissend, dass ich ihre Erfahrungen in diesem Buch berücksichtigen möchte. Juliane F. arbeitete in einem Betrieb in leitender Position unter einem Chef, bei dem sie in zunehmendem Maße geschäftliche Unregelmäßigkeiten feststellte. Damit wollte sie sich nicht abfinden, sie war aber unsicher, ob sie genügend Kraft habe, sich selbstständig zu machen.

In dieser Situation gerät sie an eine Coachingfirma unter Leitung einer Frau, die für sich in Anspruch nimmt, mit Engeln und aufgestiegenen Meistern[145] in direkter Verbindung zu stehen und aus dieser Quelle Weisungen für ihre Coachees zu erhalten. Juliane F. lässt sich auf die Coachingbeziehung ein, die in kurzer Zeit immer zeit- und kostenintensiver wird. Ihr wird vermittelt, sie habe ein besonderes Potenzial, Spiritualität und Wirtschaft zu verbinden und finanziell äußerst erfolgreich zu sein. Sie habe einen guten Zugang zu den geistigen Welten und könne – mithilfe des Coaching – lernen, sich diesen geistigen Zugang, eine erfolgreiche Selbstständigkeit und eine herausragende finanzielle Unabhängigkeit zu erarbeiten.

Was harmlos begann, entwickelt sich rasch zu einer manifesten Abhängigkeit von der Frau, die für sich in Anspruch nimmt, Botschaften der Engel und aufgestiegenen Meister an ihre Coachee weiterzugeben. Juliane F. erhält – als angeblich gechannelte

145 Darunter werden erleuchtete Wesen verstanden, die aus den geistigen Welten den Menschen als Berater zur Verfügung stehen und die von medialen Menschen u.U. gechannelt werden können.

Weisung – die Aufforderung, der Frau und ihrem Geschäft finanzielle Mittel in immer größerem Ausmaß zur Verfügung zu stellen. Dazu benutzt sie – mit schlechtem Gewissen – ein Gründerdarlehen, das sie erhalten hat. Die Gelder dienen nicht nur der Bezahlung der Coachingsitzungen und einer immer dichteren Beratungsaktivität, sondern Juliane F. wird auch – angeblich auf Weisung der Engel und aufgestiegenen Meister – aufgefordert, Finanzen für teure Abendesseneinladungen zu finanzieren oder Ausstattungsgegenstände für das Haus des Mediums aufzubringen. Innerhalb weniger Monate bezahlt Juliane F. auf diese Weise rund 75.000 € an die Leiterin der Coachingfirma, eine Frau, die für sich in Anspruch nimmt, ein Guru zu sein und entsprechende himmlische Weisungen erhalten. Hinzu kommen inhaltliche und emotionale Abhängigkeiten. Juliane F. geht zunehmend dazu über, jeden Schritt in die geplante Selbstständigkeit im täglichen Kontakt mit dieser Frau und ihrem Team abzusprechen, und schreckt auch nicht davor zurück, Berufsgeheimnisse ihres Arbeitgebers zu verraten. Dies alles geschieht unter massivem Druck und unter ständigen Streitereien, auf die sie mit einer ausgeprägten Anpassungsscham reagiert.

»Es gab einfach keine Erlaubnis. Ich hab's einfach nicht durchgesetzt, aufzustehen und zu sagen: Ich muss jetzt gehen und fertig. Meine Angst war, wieder in einen Konflikt zu geraten, wieder angeschrien und wieder als undankbar bezeichnet zu werden. Das wiederholte sich permanent. Undankbarkeit war eines der Druckmittel, das immer wieder bei mir gezogen hat. Damit waren natürlich jeweils ellenlange Gespräche verbunden und Kleinmachen. Ich fühlte mich dann auch klein. Das Schlimme an Undankbarkeit für mich? Ich glaube, das ist dieses Nicht-Gutsein. Ich konnte mich nur dann gut und ›groß‹ fühlen, wenn sie mit mir zufrieden waren. Und ich hab alles dafür getan, dass sie mit mir zufrieden sind.«

Die Zweifel an der Richtigkeit ihres Verhaltens wachsen ständig, nicht nur, weil die finanziellen Erwartungen ihres »Coach« immer höher werden, sondern auch, weil ihr zunehmend Ratschläge erteilt werden, die für sie selbst ausgesprochen geschäftsschädigend sind und die sie in immer größere Schwierigkeiten bringen. Da ihr das Geld ausgeht, sieht sie sich gezwungen, einen Teil ihrer neuen Firma auf die Coachingfirma zu übertragen. Von ihrem Freundeskreis hat sie sich distanziert, da ihr vermittelt wird, sie sei etwas Besonderes. So bekommt sie zu hören:

»Du bist ein Adler, und die anderen sind alle Spatzen. Und die können natürlich den Adler nicht verstehen, haben eher Angst vor ihm und werden dich immer daran hindern, dass du die Schwingen ausbreitest, weil sie es für überkandidelt halten.«

Ihre innere Unsicherheit, der Wunsch nach Angenommen-Sein und Zugehörigkeit, das immer wieder vermittelte Gefühl, sie sei etwas Besonderes, lähmen sie in ihrer Selbstverantwortung. Zur Trennung kommt es erst, als Juliane F. aufgeschreckt wird durch die Routineanfrage ihrer Bank, sie möge die Verwendung des Gründerdarlehens nachweisen. Sie öffnet sich ihrem Bruder und ihrer Schwägerin, erfährt Hilfe und Unterstützung, bricht komplett mit der Coachingfirma, sucht Rechtsbeistand, nutzt die wenigen Druckmittel, die sie hat, um die Beziehung zu lösen, und versucht, nachdem ihr bisheriger Arbeitgeber sie professionell erledigen will, unter äußerst schwierigen Bedingungen einen Neustart. Wo steht sie heute, und welche Einsichten hat sie gewonnen?

»Ich versuche wegzukommen von der Opferrolle und zu mir zu gucken: Warum bin ich so darauf geflogen, was hat mich da so hingetrieben? Was habe ich da bekommen, was mir so wichtig war, auch diese Momente, wo ich mich so groß gefühlt habe? Das ist zwar schambesetzt, aber ich hab mich schon gebauchpinselt gefühlt an verschiedenen Stellen. Ich war etwas Besonderes in der Gruppe. Und ich wollte immer gern etwas Besonderes sein. Das ist das, was ich bekommen habe. Auch ein Stück weit dieses: Wir machen das schon für dich, wenn du dich nur nah genug an uns anlehnst und uns folgst. Ich hab dann einfach ein Stück weit Verantwortung abgegeben.«

Juliane F. ist reflektiert genug, um auf Nachfrage hin eine Parallele zum Nationalsozialismus ziehen zu können, eine Epoche, die ihrem Vater ein Gefühl von Halt, Zucht und Ordnung vermittelt hat.

»Damals hieß es: Wenn du denen folgst, dann gehörst du zur Herrenrasse, dann wirst du erfolgreich, dann wird dir eine Art Heilsversprechen gegeben. Ja, in diesem Heilsversprechen sehe ich schon eine Parallele.«

Wie geht sie heute mit ihrer spirituellen Sehnsucht um? Das Thema ist für sie heikel, ein Hinweis auf die Scham, die der spirituelle Missbrauch, in den sie eingewilligt hat, in ihr hervorruft. Zum Teil reagiert sie mit Wut auf spirituelle Angebote:

»Ich kann momentan noch gar nicht genau sagen, was für mich Spiritualität ist. Ich habe immer noch das Gefühl, es ist das Sich-Unterwerfen unter eine Person oder eine bestimmte Sache. Ich habe ein Bedürfnis danach, wieder Kontakt zu Engeln zu haben, in mich hineinzuhorchen, zur Ruhe zu kommen, die Verbindung zu schaffen zu meinem inneren Selbst, aber auf welche Weise, weiß ich noch nicht. Aber es gibt derzeit eine große Abwehr dagegen, dass da überhaupt irgendjemand auf mich Einfluss nimmt. Was ich nach wie vor als schön empfinde, ist gemeinsames Singen, gemeinsames Beten, etwas, was mir inneren Frieden gibt. Aber irgendwelchen Worten oder Menschen zu folgen ist für mich momentan vollkommen undenkbar.«

Juliane F. erlebt damit an sich selbst, was das deutsche Kollektiv nach dem spirituellen Missbrauch durch den Nationalsozialismus erfahren hat. Doch sie will nicht wegschauen, sondern entwickelt aufgeklärte Wünsche für die Zukunft:

»Ich möchte meine Abhängigkeit überwinden, ein Gespür dafür entwickeln, was ich mir vorstelle, wünsche und will, und dass ich das dann auch entsprechend vorantreibe und dabei meine eigenen Grenzen setze. Ich möchte mich auf neue Sachen einlassen und sie kreativ gestalten und nicht mehr so wahnsinnig viel Wert auf die Meinung anderer legen. Und ich wünsche mir, eingebunden zu sein in einen Freundeskreis, in eine Partnerschaft und zu Menschen, mit denen ich arbeite in von mir gestalteten Räumen.«

Wie kann ein ähnlicher Missbrauch verhindert werden, und welche Kraft führt aus dem Missbrauch heraus? Juliane F. sieht die Chance hierfür letztlich in der Gewissensinstanz, nicht im gesellschaftlich vermittelten Über-Ich, sondern in einer inneren Führung, die als Maßstab dient:

»Gewissen ist für mich, so zu handeln, wie ich glaube, dass ich das nach bestem Wissen machen sollte. In dieser Krisenphase in meinem Leben war das Gewissen sozusagen der Initiator für meine Widerstände und für meine Zweifel. Es hat mich immer wieder darauf hingewiesen, dass das so nicht richtig sein kann.«

## Declan Kennedy: Gemeinschaft wagen und einen Lebensgarten mitgestalten

Declan Kennedy, Pionier der Permakultur in Deutschland, Europa und weltweit, ist ein freundlicher Mensch. Mit seinen fast 80 Jahren strahlt er die Frische und Beweglichkeit der jung Gebliebenen aus. Früh hat der ehemalige Schüler einer Montessorischule für sich »den Anspruch entwickelt, dass es im Leben nicht nur Arbeit gibt, sondern auch Kunst und Kultur«. Geboren in Irland in eine Familie mit acht Kindern, hat er 1958 Deutschland als seine Wahlheimat gewählt – nicht nur, weil er hier mit Margrit Kennedy die Frau seines Lebens fand (siehe Interview), sondern auch weil ihn die reiche Kulturlandschaft dieses Landes anzog. Nachdem er – weil zu jung – auf einen

Studienplatz warten musste, verdiente er sich Geld mit Tanz und Musik. Dies wurde sein erster Beruf, der zweite wurde dann Architektur und Stadtplanung. Er übernahm einen Lehrstuhl für Städtebau an der TU Berlin, wurde deren 2. Vizepräsident, und als ihm die Universität zu eng wurde, kündigte er. Fortan entwickelte er sich zum international tätigen Pionier der Permakultur. Parallel engagierte er sich mit Entschiedenheit und Überzeugung im Gemeinschaftsprojekt *Lebensgarten Steyerberg*, wo er derzeit gerade einen Modellpark Permakultur anlegt. Sein Credo: »Ich sterbe gesund!« Was verbirgt sich hinter diesem bewegten Leben?

Beide Großbaustellen im Leben des Declan Kennedy, der Lebensgarten Steyerberg und die Permakultur, haben etwas mit seiner Erkenntnis zu tun, dass es immer wieder »diesen Funken der Selbsterhaltung gibt«, d.h. Ideen, die in schier ausweglosen Zeiten helfen, die selbst gemachten Probleme durch Hoffnungsprojekte zu transzendieren und zu transformieren. Statt nur darüber theoretisch zu räsonieren, erweist sich Declan Kennedy als ein Mann der Tat. So entschied er sich mit seiner Frau Margrit in eine Gemeinschaft einzutreten, den *Lebensgarten Steyerberg*[146], der 1985 inspiriert durch die Ideen der Findhorn Foundation[147] in der Nähe von Hannover gegründet wurde. Befragt nach dem Besonderen von Steyerberg, sagt er:

»Was wir dort praktizieren, ist ›Liebe deinen Nächsten wie dich selbst‹. Das hat sicherlich seine Wurzeln im Christentum; doch es weist weit darüber hinaus. Wir haben uns gesagt, es muss doch einen anderen Weg geben als nur diese Konkurrenz untereinander, das Aufsteigertum um jeden Preis, den Versuch, immer der Beste zu sein, immer recht zu haben und dem anderen

146 Vgl. http://www.lebensgarten.de/index.php

147 Die Findhorn Foundation in Schottland ist berühmt geworden als spirituell-ökologisches Lebens- und Bildungszentrum mit einer weltweiten Ausstrahlung: http://www.findhorn.org/

gar nicht mehr zuzuhören. Dieses Problem haben wir überall – in der Arbeit, in privaten Beziehungen, in der Öffentlichkeit.«

*Lebensgarten Steyerberg* – der Ort und der Name sind Programm. Steyerberg war unter dem Nationalsozialismus Sitz einer Rüstungsfabrik, in der Zwangsarbeiterinnen und Kriegsgefangene aus den eroberten Gebieten Waffenmunition produzieren mussten. Die Anlage war so groß, dass täglich zwei Mal 700 Arbeiterinnen in der zentralen Mensa zu verköstigen waren. Die Reihenhaussiedlung mit 62 Häusern wurde für die Arbeiterinnen gebaut, wurde aber nach Kennedys Aussagen vor allem von dem deutschen Verwaltungspersonal benutzt, während die Arbeiterinnen in Holzbaracken zwischen der Siedlung und dem eigentlichen Rüstungsbetrieb untergebracht waren und nur zum Essen in die Siedlung kamen. Außerhalb gibt es einen Friedhof mit Tausenden von Toten, dem Ergebnis der »Vernichtung durch Arbeit«. Wie Declan Kennedy betont:

»Wir mussten die ganze Atmosphäre umwandeln. Die Küche und der Speisesaal sind heute unser Veranstaltungszentrum. Wir müssen immer noch aufpassen, dass wir uns von diesen Energien nicht herunterziehen lassen. Wir müssen anerkennen, was war, diese Schwere durch Meditation umwandeln, das Vorgefundene physisch durch Schönheit verwandeln und das Erreichte feiern.«

Die Siedlung mit ihrer unsäglichen Geschichte bildete die Grundlage für den Aufbau der Gemeinschaft. Gekauft wurde sie von dem Berliner Christian Benzin, der sein Erbe ursprünglich für eine Feriensiedlung einsetzen wollte. Wegen mangelnder Attraktivität des Ortes entstand stattdessen das Gemeinschaftsprojekt, das sich am Vorbild der Findhorn-Community in Schottland orientierte und das einen bewussten Kontrapunkt zur schrecklichen Vergangenheit des Ortes setzte. Der Lebensgarten ist ein partnerschaftliches Projekt ohne Guru und/oder Verpflichtung auf eine bestimmte Religion oder spirituelle Richtung. Die Lebensgärtner sind ebenso offen für Christen, Zen-Buddhisten, Anhänger von

Satya Sai Baba oder Osho wie für Atheisten und Agnostiker. Die meisten der ersten zwanzig bis dreißig Gründungsmitglieder kamen aus der Friedensbewegung und orientierten sich an spirituellen, sozialen und ökologischen Prinzipien. In der bewussten Abkehr von Selbstüberhöhung und Entwertung von anderen suchten sie nach einem Weg, friedlich und tolerant miteinander umzugehen. So entwickelte der Lebensgarten Steyerberg, der sich auf die Prinzipien des *Friedens, der Kreativität und der Toleranz* verpflichtet hatte, bald eine große Anziehungskraft für Menschen, die dort leben und arbeiten wollten. Bedeutende Lehrer und Lehrerinnen besuchten die Gemeinschaft und inspirierten sie, z.B. Eileen Caddy, die Gründerin der Findhorn Gemeinschaft in Schottland, die das Leben als »praktische Meditation« bezeichnete, oder Marshall Rosenberg, der Begründer der »Gewaltfreien Kommunikation«, der über einen Zeitraum von zehn Jahren alljährlich Steyerberg aufsuchte und die Mitglieder schulte. Heute leben dort mehr als 100 Menschen, deren Gemeinschaft von folgenden verbindenden Elementen getragen wird:

- »Achtung vor der Schöpfung
- Gegenseitige Unterstützung im Alltag
- Neue Formen der Konfliktlösung (Mediation)
- Die Erfahrungen der inneren Sammlung (Meditation)
- Die Ökologie im Alltag.«[148]

Wo Gemeinschaft ist, tauchen unweigerlich Konflikte auf. Wie Kennedy betont: »Als 68er haben wir uns bei jeder Gelegenheit verkracht. Deswegen mussten wir Wege zur Konfliktlösung finden. Für uns waren es Zen-Meditation und die Prinzipien der Mediation, insbesondere der Herzmediation, die auf Danaan Parry (Warriors of the Heart) zurückgeht.« Konflikte sind der Praxistest

148 Vgl. http://www.lebensgarten.de/index.php?id=53&ord=34

für die eigenen Prinzipien. Die Lebensgärtner gönnen sich deswegen zwei Mal jährlich eine Supervision und praktizieren Prinzipien der Gewaltfreien Kommunikation und der Mediation. Doch sie wollen nicht nur im Frieden miteinander, sondern auch im Frieden mit der Natur leben, d.h. sie verfolgen eine entschieden ökologische Ausrichtung – von den Bauvorhaben bis hin zum Essen. Ihre Anliegen: »Gesunde Ernährung – Gesundes Wohnen – Kulturarbeit – Natürliche Heilungswege – Soziale Kompetenz – Systemische Arbeit – Positive Bewältigung von Konflikten.«[149]

So entwickelten sich im Laufe der Jahre Wissen und Erfahrungsreichtum, welche die Lebensgärtner inzwischen mit Erfolg weitergeben. Die Mitglieder sind wirtschaftlich eigenverantwortlich. Rund ein Drittel erzielt Einkünfte durch Seminaraktivitäten auf dem Gelände; ein weiteres Drittel finanziert sich über Rentenansprüche oder eigene Mittel, und das letzte Drittel arbeitet selbstständig in der Region, zum Teil mit mehreren Mitarbeitern, so z.B. in der Sozialarbeit, in einem selbst gegründeten Heilzentrum mit Coaching, Psychologie und Geburtshilfe, in der Ergotherapie oder in einem ökologischen und solaren Baustoffhandel. Der Seminarbetrieb des Lebensgartens umfasst Zen-Sesshins, Angebote zur Gewaltfreien Kommunikation, zur Wildnispädagogik oder zum Kreistanz. Darüber hinaus gibt es eine sogenannte Kulturküche, d.h. einen Kreativraum, in dem Menschen sich auf die vielfältigste Weise in Veranstaltungen einbringen können, eine Schule für Mediation mit einem eigenen Ausbildungsgang, die Initiative MonNetA (Money Network Alliance) von Margrit Kennedy zur Erforschung und Entwicklung von Komplementärwährungen, sowie PaLS, einen Permakulturpark, der derzeit unter der Leitung von Declan Kennedy aufgebaut wird.

Was in Steyerberg aufgrund der Initiative vieler einzelner ent-

149 a. a. O.

standen ist, ist eine Antwort auf zahllose Herausforderungen unserer Gegenwart: auf den Wunsch nach einem Leben in Verbundenheit und Harmonie mit Mensch und Natur, den Wunsch nach sinnvollem Tun, auf den Hunger nach Kreativität und kulturellem Austausch und der Sehnsucht nach spiritueller Entfaltung. Für Declan Kennedy ist der Lebensgarten Steyerberg der Raum, in dem er mit großer Selbstverständlichkeit auch seinem anderen Herzensanliegen nachgehen konnte und kann, der *Permakultur*. Permakultur war bis vor dreißig Jahren bei uns unbekannt. Declan Kennedy hat sie in Australien entdeckt, war von ihr fasziniert und versuchte seitdem, sie in Deutschland publik zu machen. Er erläutert, was darunter zu verstehen ist:

»Permakultur ist ein ganzheitliches Entwurfssystem bzw. eine Entwurfsmethode, die einen Schwerpunkt setzt auf der Selbstversorgung, letztlich aber ein Prinzip, das alle Bereiche betrifft – Alltag, Business, Gesellschaft, das ganze Leben. Permakultur orientiert sich an Kreislaufprinzipien und an drei Ethikpunkten: *care for the earth, care for the people, fair share*. Derzeit wichtigster Anwendungsbereich ist die Selbstversorgung im Sinne einer Gartenwirtschaft, die nach Kreislaufprinzipien gestaltet wird. Kein Element (Erde, Feuer, Wasser, Luft) darf alleine stehen. Sie haben sich wechselseitig zu unterstützen. Ein Beispiel: Ein frei stehendes Gewächshaus ist im Winter ein Problem. Wenn man hingegen ein Gewächshaus auf einem Haus baut, besteht die Möglichkeit, die Restwärme des Hauses zu nutzen. Dies isoliert nicht nur das Haus gegen Kälte, sondern es schafft auch einen Wärmepuffer für das Haus und Platz für Gewächse, die sonst nicht überwintern könnten. In Ballungsräumen würde man auf diesem Weg sogar staubarme Räume mit besserer Luft kreieren. Bringt man noch Solarkollektoren auf dem Dach des Gewächshauses an, dann lässt sich mit deren Hilfe Wasser erwärmen und – durch geeignete Sonneneinstrahlungswinkel – sicherstellen, dass bei starker Sonneneinstrahlung keine Überhitzung entsteht. Kurzum: Mit Hilfe solcher Kreislaufprinzipien lässt sich zum einen der Energiebedarf drastisch reduzieren und zum anderen neue Energie generieren.

Wie effektiv dies sein kann, haben wir selbst erlebt. Wir haben im Lebensgarten zwei 1938 gebaute Häuser (Wohn- und Bürohaus) in Ost-Westausrichtung mit ca. 200 $m^2$ gekauft und sie nach Prinzipien der Permakultur umgebaut. Uns ist es gelungen, diese Häuser in ›Energie+ Häuser‹ zu verwandeln. Das bedeutet, dass wir nicht nur unseren eigenen Energiebedarf vollständig abdecken können, sondern auch noch in der Lage sind, jährlich Energie für 2.500 bis 3.000 € an andere Nutzer abzugeben.«

Declan Kennedy wird nicht müde, visionär zu denken. Daraus gewinnt er Kraft, auch im hohen Alter noch mit Elan seine Träume umzusetzen:

»Meine Vision ist, dass man mit der Natur so umgehen kann, dass man die Erde in einem besseren Zustand hinterlässt, als man sie vorgefunden hat. Diese Vision ist sehr groß, aber sie gilt für jede kleine praktische Handlung.«

Der Pionier der Permakultur, von Herkunft Ire und mit dem Herzen in seiner deutschen Wahlheimat, hat der Welt viel zu geben. In seinem Tun verschränken sich die Ebenen menschlichen Handelns – der private Alltag in einer lebendigen Gemeinschaft, der gesellschaftliche Beitrag, der aus dem eigenen Wissen und Vermögen erwächst, und die Verantwortung für das globale Ganze. Echo hatte er am Anfang wenig. Aber wenn er sich an die Europäische Permakulturtagung 2012 in Escherode bei Kassel erinnert, dann freut er sich, dass aus einem vor 30 Jahren noch unbekannten Konzept eine ganze Bewegung erwachsen ist, die ihren Niederschlag findet in vielfältigen Konzepten und hier und da sogar in Gesetzestexten. Als er in der Universität versuchte, dem Gedanken der Permakultur Raum zu verschaffen, scheiterte er kläglich. Er stieß sich an den Grenzen der Fachdisziplinen, die einen integrierten Ansatz wie den der Permakultur mit ihren

Kreislaufprinzipien ablehnten. 1985 kündigte er seine Professur auf, aus gutem Grund:

»Meine Kreativität wurde durch die Hochschule, die Beamtenmentalität und die Verhaftung in den engen Grenzen von Fachdisziplinen völlig blockiert. Von einem lebensfrohen Menschen war ich zu einer richtigen Problemperson geworden. Nachdem ich mich vergeblich bemüht hatte, in der Universität sieben unterschiedliche Fachdisziplinen in einem Projekt der Permakultur zusammenzuführen, habe ich mich entschieden, die Universität zu verlassen. Das war die beste Sache, die ich gemacht habe. Ich habe in null Komma nichts meine Kreativität zurückgewonnen. Ich wurde wieder der froh tanzende Mensch, der ich bin. Ich hatte mein eigenes Planungsbüro, wurde nach der Wende viel in die neuen Bundesländer geholt, war im universitären Umfeld der Einzige, der Ahnung von Permakultur hatte.«

Heute bleibt viel zu tun. Permakultur ist immer noch nicht in den Universitäten verankert. Die Grenzen der Fachdisziplinen gelten weiterhin; eine Verknüpfung zwischen Städtebau und Gartenbau steht weiterhin aus. Die Universitäten erweisen sich oft als strukturell resistent gegenüber Gedanken von Regelkreisläufen, wie sie heute wichtig sind und wie sie die Permakultur propagiert. Doch Declan Kennedy, fast 80-jährig, ist weiterhin mit seinen Herzensanliegen unterwegs. Kürzlich hat er ein Gelände gekauft, das an den Lebensgarten Steyerberg angrenzt. Dort baut er nun mithilfe von Lebensgärtnern einen Prototyp der Permakultur auf. Depressive Anwandlungen lehnt er mit Entschiedenheit ab. Er setzt auf einen längerfristigen Bewusstseinswandel, auf die sanfte Macht der Praxis, auf die guten Beispiele und auf die Kreativität der jüngeren Vertreter der Permakultur. Hier findet er erfrischende Fähigkeiten zur Kooperation auf partnerschaftlicher Ebene, bei der die unterschiedlichen Sichtweisen zu überraschenden neuen Ergebnissen führen können.

# Institutionen menschlich gestalten (Mesoebene)

Wer meint, Änderungen im Umgang mit uns selbst und anderen ließen sich nur im privaten Alltag vollziehen, irrt grundlegend. Wir alle gestalten die Organisationen mit, in denen wir aktiv sind – in Wirtschaft, Gesellschaft und Politik. Dies bedeutet, dass wir die Macht, welche Organisationen durch Regeln, Strukturen, Prinzipien über unser Denken, Fühlen und Handeln ausüben, mit beeinflussen und in eine neue Richtung lenken können. Das gilt mal mehr, mal weniger und auch nicht für alle gleichermaßen. Dennoch gibt es Handlungsspielräume für jede und jeden von uns. Auch hier stelle ich Pioniere und Pionierinnen des Neuen vor: die Schulleiterin Margrit Rasfeld, den Unternehmer Götz Werner, die Organisationsentwickler Nina Trobisch und Dieter Ernst sowie die Präsidentin der Humboldt Viadrina School of Governance, Gesine Schwan. Sie alle stehen für Wege, in denen eine gelingende Synthese zwischen dem Wohlergehen der Menschen in der Organisation und der effizienten Verfolgung des Organisationsziels gesucht wird.

## Margret Rasfeld: Kindern Zukunft ermöglichen

Das Audimax in der Freien Universität Berlin ist brechend voll. Es ist der Entrepreneurship Summit im Oktober 2012, veranstaltet vom Querdenker des Entrepreneurship, Prof. Dr. Günter Faltin. In diesem Jahr steht er unter dem Titel »Diversity«. Soeben hat der Hirnforscher Gerald Hüther das Publikum begeistert. Er plädiert für einen grundlegenden Wandel in unserem Bildungssystem, hin zu einer begeisternden und wertschätzenden Beziehungskultur, da allein dies die Grundlage erfolgreicher Potenzialentfaltung sein könne.[150] Nun holt er Margret Rasfeld auf die Bühne, die Direktorin der Evangelischen Gemeinschaftsschule Berlin Zentrum, und stellt sie als die Schulleiterin vor, die seine Forderungen bereits beispielhaft umsetze. In violetten Hosen mit Stiefeletten, einem leicht extravaganten grünen Oberteil und strahlendem Blick kommt sie die Stufen herauf, doch sie kommt nicht allein. Begleitet wird sie von einem Schüler und zwei Schülerinnen. Dieser Auftritt ist ihr Programm. Es geht um die Kinder. Es geht darum, in unseren Schulen Wege zu finden, die es den Kindern erlauben, ihre Potenziale zu entfalten. Die drei auf der Bühne erweisen sich als lebende Beispiele für Margret Rasfelds Überzeugung: Potenzialentfaltung kann gelingen. In unseren Kindern liegt die Zukunft!

Wie kam Margret Rasfeld zu ihrem erstaunlichen Weg, der sie zu einer der wichtigsten Innovatorinnen im Bildungssystem und zur Beraterin der Bundeskanzlerin im Zukunftsdialog Deutschland gemacht hat? In einem Interview berichtet sie mir. Margret Rasfeld ist mit Herz und Seele Pädagogin, nicht weil sie selbst so schlechte oder gute Erfahrungen gemacht hat, sondern, wie sie sagt, »weil man an jungen Menschen in besonderer Weise sieht, wie sie aufblühen können«. Als junge Lehrerin hatte sie ein Schlüsselerlebnis. Statt den üblichen Unterrichtsstoff abzuspulen, hat sie den Schülern und Schülerinnen Fragen gestellt, die junge Menschen existenziell beschäftigten. Dabei zeigt sich

150 Vgl. https://www.entrepreneurship.de/summit/videos-vom-entrepreneurship-summit-2012-in-berlin/

rasch, dass die Kinder untereinander große Scheu haben, sich zu öffnen. Es fehlt am Vertrauen, sich vor den anderen zu öffnen, gerade bei dem, was beunruhigt oder Angst macht: Drogen, Sexualität, Mobbing, Konflikte untereinander.

Margret Rasfeld findet einen Weg zu den Herzen der Kinder. Sie fragt mit offenem Herzen, hört zu, lässt sich ein. Und die Kinder danken es ihr. Zuerst sind es Einzelne, dann immer mehr, eine ganze Gruppe. Als die Treffen die Möglichkeiten der Schule sprengen, verlagert sie – mit Zustimmung der Schulleitung – die Treffen kurzerhand zu sich nach Hause. Dabei entsteht etwas gänzlich Unerwartetes: »Zuerst waren 16 Jungen da, beim zweiten Mal 36. Und dann ist eine Gruppe entstanden, die fünf Jahre zusammen geblieben ist, davon einige bis zum Abitur.«

Vertrauen entsteht nicht von jetzt auf gleich. Es wächst allmählich unter Bedingungen, die eine Öffnung und Zuwendung zueinander ermöglichen. Und so sucht Margret Rasfeld fortan Wege, wie sie die Herzen und Köpfe der Kinder erreichen, ihre Begeisterung und Freude wecken und die in jedem einzelnen schlummernden Kräfte freilegen kann. Ihre heutige Wirkungsstätte ist die Evangelische Gemeinschaftsschule Berlin-Zentrum[151], die – obgleich das Schulgebäude hässlich und wenig einladend ist – einen lebendigen Geist ausstrahlt, der immer mehr Menschen anzieht, nicht nur die Schüler und Schülerinnen, sondern auch Eltern, Lehrer und Lehrerinnen, Bildungsverantwortliche, Menschen aus Politik und Wirtschaft.

Was sind die Eckpfeiler ihres pädagogischen Konzepts, dessen Grundzüge sie in einem Buch mit Peter Spiegel unter dem Titel *EduAction* veröffentlicht hat (Rasfeld/Spiegel 2012)? Es geht den beiden Autoren um die Herausbildung einer Beziehungskultur, die überhaupt erst Lernen mit Kopf und Herz möglich macht.

151 Vgl. http://www.ev-schule-zentrum.de/

»An unserer Schule gibt es richtige Strukturen, die helfen, dass die Kinder Vertrauen entwickeln, dass sie nicht nur anderen etwas vorspielen, sondern dass sie einfach mutig sind, ihr Herz zu öffnen. Die Erfahrung, die wir machen, ist, dass es den Lehrern sehr gut geht. Viele Lehrer haben ihren Beruf gewählt, um Jugendliche und Kinder zu unterstützen. Sie sind Beziehungsarbeiter, und an unserer Schule gibt es einfach die Gelegenheit dazu, Beziehungen zu entwickeln und zu leben. Die Kinder fassen ganz leicht Vertrauen, und ganz schnell entwickelt sich eine vertrauensvolle und wertschätzende Beziehung. Sie erzählen auch private Sachen, die ja wichtig sind, um ein Kind zu verstehen, z. B. warum ist diese Woche einiges schiefgegangen, oder was passiert da gerade zu Hause?«

Diese besondere Beziehungskultur wird ohne zusätzliche Finanzmittel mit Hilfe von Strukturänderungen erreicht. Ein wichtiges Element sind Lernbüros mit gemischten Jahrgängen.

»Die Kinder erleben durch die Jahrgangsmischung einfach eine ganz natürliche Zusammenarbeit von Älteren und Jüngeren. Jeder kann jedem helfen, jeder kann jeden in den Arm nehmen – und nicht die Großen gegen die Kleinen. Es entwickelt sich völlig natürlich diese Gemeinschaft. Was mir ganz wichtig ist – bei uns darf man viel auswählen und sich sein Lernen in hohem Maße selber organisieren. Da braucht man dann ein Stück Führung, jemanden, der einen coacht, der einen Blick auf den Lernfortschritt hat, und der auch ein Stück Sicherheit gibt. Deshalb haben wir in jeder Klasse zwei Klassenlehrer, die sich um ihre Klasse kümmern. Und jeder Lehrer hat 13 Schüler als seine besonderen Tutanden.«

Diese zwei Stunden pro Woche sind bezahlte Unterrichtszeit. Hinzu kommt eine Anerkennungskultur, die gemeinsam zelebriert wird und in Curriculum und Schulkultur fest verankert ist.

»Prinzipiell ist die ganze Schule ein wertschätzendes System, weil wir den Kindern so viel zutrauen und zumuten und davon ausgehen, dass die Kinder ihre Selbstorganisation schaffen werden. Auch dass wir sie zum Projekt Verantwortung rausschicken, bedeutet eine ganz hohe Wertschätzung, wie auch, dass die Lehrer zwei Stunden pro Woche für ihre Tutanden und jeden Tag eine Stunde für ihre Klasse haben. Zusätzlich haben wir das *öffentliche Lob*, also eine Lobkultur. Jeden Freitag haben wir eine Schulversammlung mit allen Schülern und Lehrern. Sie ist ein wichtiger Teil unserer Identity: Wir sind als Schulgemeinde eine Gemeinschaft. Diese Schulversammlung beginnt immer mit dem öffentlichen Lob, das heißt, jeder kann nach vorn gehen und jemand anderen loben. Das ist so berührend! Meistens sind 15 bis 20 vorne, auch Lehrer, manchmal auch ein Besucher, der gerade anwesend ist.

Man muss sich das klarmachen: Man steht dort vor 400 Leuten. Das ist ein sehr mutiger Akt, vor so vielen Menschen etwas Persönliches zu sagen. Neulich hat ein Junge gesagt: ›Ach, und am Anfang, da hat man so ein Herzklopfen und traut sich gar nicht, und wenn man‘s dann gemacht hat, dann sprudelt der Mut nur so aus einem heraus.‹ Die Lobe können fachlicher Natur sein: ›Der Soundso hat mir in Mathe geholfen, und dann hab ich es verstanden, und dann habe ich einen guten Test geschrieben.‹ Sie können aber auch sehr persönlich sein: ›Ich war letzte Woche sehr traurig, und der und der hat mich getröstet, und dafür möchte ich mich bedanken.‹ Schüler loben auch Lehrer, Lehrer loben auch Schüler oder Gruppen. Da wir auch sehr viele Aktivitäten außerhalb des normalen Unterrichts anbieten, gibt es auch immer wieder viele Gelegenheiten, zu loben. Der Hausmeister, den alle sehr lieben, wird ganz oft gelobt. Dadurch, dass jeder seinen Blick darauf hat, ist auch jeder irgendwann mal dran. Es sind nicht immer die Topschüler oder die Leistungsträger. Es wird ja für alles gelobt! Also abschaffen könnte ich es nicht mehr, selbst wenn ich es wollte.

Die Schüler finden es ganz toll. Derjenige, der oben steht, dem geht's gut, und derjenige, der gelobt wird, dem auch, weil er plötzlich sieht: Oh, da hat mich einer gesehen, da hat einer etwas wahrgenommen. Das ist wirklich eine Wende der Kultur, wir kommen von einer Konkurrenzkultur zu einer wertschätzenden Beziehungskultur.«

Die Beziehungskultur, das lässt sich hier unschwer erkennen, ist das Fundament, auf dem sich die Kinder entfalten. Sie ist nicht nur in der Haltung der Direktorin und ihres Teams verankert, sondern auch in Prozessen und Strukturen und überträgt sich auf das ganze Schulsystem. Den vielen Besuchern fällt dies sofort auf. Wie kommt es nun zu einer tragfähigen Integration von fachlichen und sozialen Kompetenzen in dieser Schule, die im Übrigen eine Agendaschule ist, d.h. die sich dem ökologischen Anliegen verpflichtet fühlt?

»Das Programm ruht auf drei Säulen. Die eine ist natürlich *Wissen erwerben*. Nur wer Dinge weiß, kann ja auch fachlich mitreden und auch etwas verändern. Diese Säule ist aber gleichwertig mit *Zusammenleben lernen*, eine Säule, in der die ganze Beziehungsebene berührt ist. Und die dritte Säule ist *Handeln lernen*. Wir werden jetzt eine vierte hinzufügen, und die ist, *Lernen zu sein*. Das ist der Rahmen, an dem sich alles aufhängt und der den Grundbedürfnissen des Menschen entspricht – dem Bedürfnis nach Gemeinschaft und Zugehörigkeit einerseits und andererseits dem Bedürfnis nach Aufgaben, an denen man in Freiheit wachsen kann.«

Kinder an der Schule von Margret Rasfeld bekommen daher nicht einfach Lernstoff vorgesetzt. Sie wählen sich Aufgaben oder erhalten Aufgaben, an denen sie wirklich als ganze Menschen wachsen können. Es gibt neben den Fächern Deutsch, Mathematik, Englisch, Natur & Gesellschaft, die in *Lernbüros* angeboten werden, die *Projektstudien*. Zwei Mal im Jahr wird ein gemeinsam gewähltes Thema jeweils an einem Wochentag unabhängig von den starren Stundenvorgaben in herkömmlichen Schulen gründlich und interdisziplinär erarbeitet. Darüber hinaus gibt es ganz neue Lehr- und Lernkonzepte, die dieser Schule zu ihrer besonderen Ausstrahlung verholfen haben. Besonders zu erwähnen sind hier die Projekte bzw. Schulfächer *Verantwortung* in der 7. und 8. Klasse, *Herausforderung* in der 9. und 10. Klasse und eine zum Curriculum gehörende *Auslandsreise* in der 11. Klasse. Es sind Projekte, in denen die Kinder ihre eigenen Fähigkeiten entdecken und erproben können und in denen sie in besonderer Weise zusammenwachsen.

»Wir bieten den Kindern Gelegenheiten, sich im Leben zu beweisen. Im Projekt bzw. Schulfach *Verantwortung* können sie sich eine Aufgabe suchen, alleine oder auch zu zweit, wo sie gebraucht werden. Man kann auch von jemand anders eine Aufgabe übernehmen und sie weiterführen. Es geht für die Kinder darum, sinnhafte Aufgaben zu finden, bei denen sie anderen helfen oder sich für irgendwelche Probleme einsetzen können. Das kann sein, sich um einen alten Menschen zu kümmern, Senioren einen Computerkurs anzubieten, im Asylbewerberheim mitzuhelfen, im Kindergarten etwas zu machen, mit Kindern ein Theaterstück einzuüben, vorzulesen oder einfach da zu sein. Es kann auch sein, dass man naturwissenschaftliche Versuche macht oder sich für ein ökologisches Problem einsetzt. Das Feld ist sehr breit. Wir haben rund 150 Kinder gleichzeitig unterwegs und viele Partner im lokalen Umfeld. Das heißt, die Schule öffnet sich mit ihren Schülern und Schülerinnen für das konkrete Lebensumfeld. Das Schulfach Verantwortung hat den tieferen Sinn, den Kindern die Gelegenheit zu geben, sich als wichtig zu empfinden, Selbstwirksamkeit und Glück zu erleben. Dies geschieht, indem die Kinder mit anderen in Beziehung treten und indem sie konkret helfen können.«

Ein ganz besonderes Projekt, das auf diesem Weg entstanden ist, zieht inzwischen breitere Kreise. Es sind die Kinder, die als

Sprachbotschafter unterwegs sind.[152] Sie gehen zu den ganz Kleinen (1. und 2. Klasse) in einem sozialen Brennpunkt und unterstützen die Kinder in ihrer Sprachkompetenz, und zwar nicht nur Kinder mit Migrationshintergrund, sondern auch Kinder aus bildungsfernen Elternhäusern, die vielleicht noch nie ein Buch gelesen haben.

»Eine unserer Schülerinnen hat einmal gesagt: ›Wenn ich nach Hause komme, bin ich richtig k.o., aber ich empfinde auch großes Glück, weil ich jemandem helfen konnte.‹ Für mich sind dies eindeutig Projekte, die die Persönlichkeit der Kinder stärken und ihnen die Erfahrung und ein Gefühl dafür vermitteln, was passiert, wenn sie in Beziehung treten. Das ist *Handeln lernen,* aber auch *Zusammenleben lernen*, weil die Kinder aus ihrem gewohnten Umfeld heraustreten und zum Teil in völlig neue Lebensbereiche vorstoßen, z.B. in ein Asylbewerberheim, mit dem sie sonst nie in Berührung gekommen wären. Gerade dieses Bridging ist eine der Kernkompetenzen für die Zukunft, denn nur wenn die bisher getrennten Personen, Personenkreise, Organisationen lernen, zusammenzuarbeiten, können wir gemeinsam eine neue Vision entwickeln, wie es in Gesellschaft, Regierung, Wirtschaft weitergehen soll.«

Ein weiteres Projekt der Schule nennt sich *Herausforderung*. Es wird in der 9. und 10. Klasse angeboten. Schüler fahren in der Schulzeit drei Wochen auf Reisen, um etwas Derartiges zu erleben. Dazu Margret Rasfeld: »Auf die Idee kommt ja erst mal gar keiner! Diese Kraft, die in einer Vision steckt, ist eine Fähigkeit für die Zukunft!« Wiederum sind es die Schüler und Schülerinnen selbst, die sich ihre eigenen Herausforderungen suchen. Begleitet von mindestens einer Person über 18 Jahre, gehen die Kinder in Gruppen – in einem Jahrgang rund 80 parallel – mit nicht mehr als 150 € für drei Wochen pro Person auf Reisen: zum Wan-

152 Vgl. http://www.ev-schule-zentrum.de/1873.0.html

dern, Radeln, Segeln, Eintauchen in die Wildnis. Das Geld ist so knapp bemessen, dass davon weder Übernachtungen in Jugendherbergen noch üppiges Essen bezahlt werden können. So müssen die Kinder für Kost und Logis Hilfsdienste anbieten, sie müssen an Türen klopfen, eigene Unsicherheiten überwinden und sich auf Unwägbares einlassen. Kein Wunder, dass die Eltern zumeist ängstlicher sind als die Kinder. Am Ende werden die Herausforderungen vor der Schulgemeinschaft vorgestellt. Manch eine, manch einer ist bis an die äußerste Grenze gekommen, nur sehr wenige brechen ab. Die Erfahrungen zeigen: In den Kindern stecken nicht nur Fähigkeiten, die Herausforderungen zu meistern, die jungen Menschen sind auch froh über das Geschaffte, dankbar für die Chance und voller Enthusiasmus im Hinblick auf die nächste Möglichkeit, eine Herausforderung zu bewältigen.

In der 11. Klasse gibt es eine weitere Neuerung, einen *Auslandsaufenthalt*. Was anfangs unmöglich schien, hat sich inzwischen als durchführbar erwiesen. Auslandsaufenthalte ohne spezielles Austauschprogramm werden in der Regel erst für Jugendliche ab 18 Jahren angeboten. Margret Rasfeld zeigt erneut, dass ihre Visionen Wirklichkeit werden. So sind nun die Jugendlichen eines ersten Jahrgangs dieser Schule, die noch im Aufbau ist, ins Ausland gegangen, und zwar in Länder und zu Projekten, die sich die Jugendlichen in vielen Fällen selbst ausgesucht haben. Wichtig für die Wahl des Ortes ist, dass sie in einem konkreten Projekt mitwirken können. So hat eine Schülerin auf einer Teeplantage in Indien mitgearbeitet, eine andere ist auf den Spuren ihrer Vorfahren nach Lateinamerika gewandelt. Und wer gar nicht ins Ausland wollte, erhielt die Chance, das Ausland bei uns zu erleben – durch die Arbeit mit Kindern mit Migrationshintergrund als Sprachbotschafter. Ziel dieses Auslandsaufenthaltes ist es, Selbstwirksamkeit in sinnvollen Projekten zu erfahren; den eigenen Horizont in einer globalisierten Welt zu erweitern, die Beziehung zu sich und anderen auf eine wertschätzende Weise zu vertiefen und die Fähigkeit zu entwickeln, in fremden Sprachräumen unterwegs zu sein.

Wo so viel Aufbruch zu neuen Ufern gewagt wird – und das auch noch in der prominenten Drehscheibe Berlin –, da bleibt das öffentliche Echo nicht aus. Die Anfragen an die Schule für Hospitationen und Weiterbildungen nehmen ständig zu. Margret Rasfeld erscheint auf Podien, im Rundfunk und im Fernsehen, und die Menschen möchten wissen, wie man dieses kleine Wunder kopieren kann. Getreu ihrem Konzept: »Kinder sind unsere Botschafter und unsere Zukunft« antwortet sie auf meine Frage nach ihren wichtigsten Innovationspartnern:

»Die wichtigsten Innovationspartner? Also für mich sind das Kinder und Jugendliche, die diese neue Kultur der Beziehung, des Lehrens und Lernens ausstrahlen können. An unserer Schule übernehmen Schüler und Schülerinnen die Lehrer- und Schülerfortbildung. Sie sind nicht die einzigen, aber sie sind ganz wichtige Innovationspartner, denn wenn sie nicht so auftreten würden, wie sie sind, würden die Menschen zweifeln, ob so etwas überhaupt geht.«

So sind die Kinder und Jugendlichen also nicht nur in ihren Projekten und als Sprachbotschafter unterwegs, sondern auch als Dozenten und Dozentinnen. Einmal im Monat werden an der Schule Weiterbildungen für Pädagogen angeboten. Sie werden von der Schulleiterin eröffnet und eingeleitet. Danach übernehmen die Kinder. Dasselbe geschah an der Universität Salzburg, wo zwölf Jugendliche der Schule zwei Tage lang mit 53 Professoren und Professorinnen über die neue Weise des Lehrens, Lernens und Lebens an der Evangelischen Gemeinschaftsschule Berlin Zentrum arbeiteten, offenbar mit nachhaltigem Echo, da einige der Professoren sich entschieden haben, daraus curriculare Schlussfolgerungen für ihre eigenen Seminarangebote zu ziehen.

Margret Rasfeld hat sich zusammen mit den Professoren Stefan Breidenbach und Gerald Hüther zu einer Initiative »*Schule im Aufbruch«*[153] zusammengeschlossen, nachdem die Erfahrungen im Zukunftsdialog der Bundeskanzlerin Angela Merkel gezeigt haben, in wie starkem Maße auch den Politikern die Hände gebunden sind und wie sehr es Initiativen aus dem Raum der Zivilgesellschaft braucht, wenn die Dinge in eine neue Richtung führen sollen. Sie lebt für ihre Überzeugung, dass wir dringend eine neue Richtung in unserer Bildungspolitik brauchen. Das heutige Schulsystem erzieht ihrer Meinung nach eher zu Anpassung und Pflichterfüllergeist und verhindert nachgerade die Potenzialentfaltung und demokratische Verantwortungsfähigkeit von jungen Menschen. So will sie mit ihrem Wirken nicht nur eine neue Schule und Schulkultur befördern, sondern auch an einer »zweiten Aufklärung« mitwirken. Sie betont, dass wir zwar in einer aufgeklärten Gesellschaft leben, uns jedoch mit Materialismus und Wissenschaftsgläubigkeit neue Götter geschaffen haben. Im Schulsystem erlebt sie derzeit eine autoritätsfixierte Kultur der Angst, in der Lehrer und Lehrerinnen Verwaltungsanweisungen folgen und ihre Spielräume nicht ausschöpfen, obwohl sie in der Regel wissen, dass das ihnen vorgeschriebene Handeln nicht dem Wohl der Kinder dient. Deswegen will sie eine Kultur des Vertrauens fördern und daran mitwirken, dass Menschen Mut zu ihrer inneren Wahrheit gewinnen und lernen, aus ihr zu leben und zu handeln – ein Anliegen, mit dem sie durchaus in der Tradition des Deutschen Idealismus steht. Dieses Anliegen verfolgt sie auch gerade angesichts der deutschen Geschichte und angesichts der Tatsache, dass das deutsche Schulsystem immer noch wie wenige andere nationale Schulsysteme auf Selektion statt auf Inklusion ausgerichtet ist.

»Die Kernkompetenz, die wir zu entwickeln haben, ist meines Erachtens ein tiefes Verständnis von Demokratie. Ich sage das jetzt, weil wir uns – stark initiiert durch die 68er-Bewegung

---

153 http://www.schule-im-aufbruch.de/

– sehr intensiv mit unserer Geschichte auseinandergesetzt haben. Es gibt viele Länder, die dies noch überhaupt nicht getan haben. Dieses ›nie wieder‹ ist, so glaube ich, bei uns Menschen in Deutschland stark verankert. Wir müssen es schaffen, das Schuldgefühl (›oh, die schlimmen Deutschen‹) zu transformieren und stattdessen eine ganz starke Kraft entwickeln, solche Tendenzen gar nicht wieder aufkommen zu lassen. Wir leben in einer Demokratie. Wir verbinden in Deutschland Gemeinschaftsgefühl vielfach gleich mit so unguten Gefühlen. Doch wir haben es geschafft, das Blatt zu wenden und neu anzufangen. Das ist großartig, und es geht darum, ganz stark wertzuschätzen, welche Freiheiten und welche Handlungsmöglichkeiten wir dadurch haben. Wir müssen schätzen, was wir haben, und dieses immer wieder durch unser Denken, Fühlen und Handeln bestätigen und für die Zukunft sichern. Wir müssen die Demokratie lieben und sie immer wieder neu lebendig werden lassen! Das ist für mich Kernkompetenz.«

## Götz Werner:
## Wirtschaften mit menschlichem Antlitz

*»Wer ein Unternehmen führen will,*
*muss Bewusstsein führen.«*
*Götz Werner*

Götz W. Werner, Jahrgang 1944, ist nicht »irgendwer«. Der erfolgreiche Unternehmer und Begründer von dm-drogerie markt hat ein Unternehmen aufgebaut, das heute in zwölf europäischen Ländern präsent ist und das 2012 einen Umsatz von mehr als 6 Mrd. Euro erzielte.[154] Nach der Schlecker-Insolvenz im Jahr

154 Vgl. http://www.handelsdaten.de/themen/431/dm-drogerie-markt/

2012 wird vermutet, dass die Zahl der Mitarbeiter auf rund 40.000 und die der Filialen auf rund 3.000 steigen dürften. Götz W. Werner hat sich aus dem operativen Geschäft zurückgezogen, fungiert heute als Aufsichtsrat der dm-Drogeriekette und anderer großer Unternehmen, leitete von 2003 bis 2010 das interfakultative *Institut für Entrepreneurship* am Karlsruher Institut für Technologie, ist in vielen gesellschaftlichen Initiativen engagiert, tritt vehement für ein bedingungsloses Grundeinkommen ein, ist Vater von sieben Kindern, von denen heute eines in der Geschäftsleitung des Unternehmens tätig ist, und erklärter Anthroposoph.

»*Hier bin ich Mensch. Hier kauf ich ein*«, so lautet der Slogan von dm-drogerie markt. Er steht für das Programm. Götz Werner wollte ein Unternehmen mit menschlichem Antlitz schaffen. Dieses Ziel ist ihm, wenn man die Entwicklung und den Erfolg des Unternehmens verfolgt, offenbar in einem für die Wirtschaft ungewöhnlich großen Ausmaß gelungen (Werner 2013). Ich befrage ihn zu seiner Unternehmensphilosophie. Seine Ideen entstanden durch Learning by doing. Als Dreißigjähriger entdeckte er die Anthroposophie, die ihn fortan stark inspirierte. An dieser schätzt er beispielsweise die Aufforderung, das eigene Denken zu beobachten, um sein Denken und Bewusstsein zu formen oder Erfahrungen durch das eigene Denken zu reflektieren, daraus Schlüsse zu ziehen und auf diesem Wege zu tragfähigen und humanen Antworten auf aktuelle Herausforderungen zu gelangen. So stellt er fest:

»Mein eigenes Handeln hat Konsequenzen, die zu Erfahrungen werden. Bemühe ich mich bewusst um ein achtsames Betrachten dieser Erfahrungen, die zunächst nur mein eigenes Eigentum sind, und um deren Reflexion, so können aus Erfahrungen Erkenntnisse werden, die auch anderen zur Verfügung stehen. Schließlich können daraus Fähigkeiten erwachsen, die wiederum eine neue Grundlage bilden für ein initiatorisches Handeln.«

In seinem Menschenbild ist er inspiriert von den Geistesgrößen des deutschen Idealismus und der deutschen Klassik und verdeutlicht es mit dem Verweis auf den Prolog von Goethes »Faust«. Auf das Ansinnen Mephistos Gott gegenüber, ihm doch den Doktor Faust zu überlassen, damit er Gott dessen Verführbarkeit beweisen könne, antwortet Gott dem Teufel:

»Nun gut, es sei dir überlassen!
Zieh diesen Geist von seinem Urquell ab,
Und führ ihn, kannst du ihn erfassen,
Auf deinem Wege mit herab,
Und steh beschämt, wenn du bekennen musst:
Ein guter Mensch, in seinem dunklen Drange,
Ist sich des rechten Weges wohl bewusst.«

Welche Gefahren auf diesem Weg liegen, benennt Götz Werner durch Verweis auf ein Zitat von Friedrich Schiller in den Augustenburger Briefen von 1792:

»Der Mensch ist noch nicht viel, wenn er warm wohnt und satt zu essen hat. Aber er muss warm wohnen und satt zu essen haben, wenn die bessere Natur sich in ihm regen soll.«

Dass der Mensch, wenn er genügend unter Druck gesetzt wird und in tiefe Existenznöte fällt, zum »Tier« werden kann, ist für Götz Werner Gewissheit – nicht zuletzt im Hinblick auf die Erfahrungen in der Zeit des Nationalsozialismus. Diesen begreift er als einen »Versuch, die humanistische Strömung und den deutschen Idealismus mit Stumpf und Stiel auszurotten, an die Stelle der Idee die Ideologie zu stellen. Es ist ein interessantes Phänomen, wie der Nationalsozialismus den Idealismus niedergewalzt hat.«

Für ihn stellt sich daher auf dem Hintergrund seines humanistischen Weltbildes die Frage: »Schaffe ich eher Rahmenbedingungen, Verhältnisse, Kontexte, die an den dunklen Drang appellieren, oder solche, die an den rechten Weg appellieren?« In der erklärten Absicht, Letzteres zu tun, ist er im Laufe seiner Entwicklung auf mehrere zentrale Erkenntnisse, sozusagen »archimedische Punkte« seiner Auffassung von unternehmerischer Führung gestoßen. Fünf erläutert er mir: Mit der ersten Erkenntnis rückt er die Sinnfrage in den Mittelpunkt, ganz im Gegensatz zur These, wonach der Zweck die Mittel heilige und business as usual zu geschehen habe:

»Durch die Anthroposophie habe ich erkannt, dass es darum geht, das Bewusstsein zu entwickeln und sich über das Tagesgeschäft hinaus zu erheben. *Zunächst geht es in der Führung nicht um die Know-how-Frage, sondern um die Know-why-Frage oder Sinnfrage.* Immer dann, wenn ich die Frage nach dem Warum und Wozu stelle, muss ich die Ziele, Motive und Ideen, die ich habe, erklären. So gewinnt man einen anderen Blick und kommt zwangsläufig auf eine andere Schiene. Das können Sie gar nicht verhindern! Solange man auf der Know-how-Schiene weilt, sagt man zu allem Ja, was Gewinn bringt – Hauptsache es läuft, es funktioniert!«

Ausgelöst wurde diese Erkenntnis durch das starke Wachstum seines Unternehmens; es machte eine persönliche Führung qua Präsenz des Firmeninhabers zunehmend weniger möglich. Die Zeiten, in denen sein Vater noch nach Gutsherrenart von seiner »Gefolgschaft« sprach und jeden einzeln mit Namen und Geburtstag kannte, waren lange vorbei. Neue Wege der Führung mussten gefunden werden. Zuerst versuchte er es mit einer straffen hierarchischen Organisation – ohne nachhaltigen Erfolg. Die Wende kam, als er begriff , dass es nicht um das Wie, sondern um das Warum, also um den Sinn ging, um ein Führen nicht per Anweisung, sondern darum, Menschen durch eine nachvollziehbare Vision und durch Zielvorstellungen zu führen. In seinen Worten: »Je mehr Menschen im Unternehmen Bedürfnisse ihrer Kunden selbstständig wahrnehmen können, desto unternehmerischer ist das Unternehmen.«

Auch auf die zweite Erkenntnis seiner Führungsphilosophie stieß Götz Werner aufgrund des enormen Größenwachstums seiner Firma. Diese lautet: *»Ein Unternehmen führen heißt Bewusstsein führen.«* Auslöser für diese Erkenntnis war, dass es ihm mit anhaltendem Größenwachstum nicht möglich war, Weisungen für alle Arten von Anfragen zu geben. Zugleich merkte er, dass Fragen an die Firmenleitung nicht wirkliche Fragen waren – man hatte bereits Antworten, sonst würde man gar nicht wagen zu fragen. Vielmehr waren es Versuche der Mitarbeiter, sich abzusichern. Ihm ging es aber darum, Selbstverantwortung und Eigenständigkeit zu unterstützen. Dies gelang ihm, indem er Fragende mit Fragen konfrontierte, also statt Lösungen anzubieten, die Generierung von Lösungen bei den Mitarbeitenden unterstützte. Sein Kommentar dazu:

»Was Gottlieb Fichte schrieb, ist ein treffender Leitspruch für jedes unternehmerische Tun: ›Genialität erfindet durch das Überschreiten von Übergängen. Die Einsicht in den zurückgelegten Weg kommt später und bildet erst den freien Künstler.‹ Genauso habe ich es oft beobachtet und selbst erlebt. Man geht mutvoll oder verwegen in neues Gelände, dann wacht man auf, und die Einsicht in den zurückgelegten Weg kommt später. Daraus entwickelt man dann eine Praxis und Methode. Diese will man dann andere lehren. Führen von Menschen bedeutete früher, ein Direktor zu sein, der den Menschen sagt, wo es langgeht. Modernes Führen im Sinne von Bewusstsein führen bedeutet, Evokator zu sein, der sich dadurch auszeichnet, dass er die in der jeweiligen Situation notwendigen kreativen Fragen stellt.«

Der nächste dritte archimedische Punkt seiner Führungsphilosophie: *»Der Mensch ist nie Mittel, er ist der Zweck.«* Führen ist für ihn in diesem Sinne *»Dienen«*.

»Wenn es keine Menschen gäbe, gäbe es keine Wirtschaft – weder Siemens noch dm oder Telekom... Die Wirtschaft ist für die Menschen da und nicht die Menschen für die Wirtschaft.

Aber gedacht wird das Gegenteil: dass die Menschen für die Wirtschaft da seien. Hier umzudenken ist der archimedische Punkt. Nein! Das ist mehr, das ist eine kopernikanische Wende, wenn einem plötzlich klar wird, dass der Zweck eines Unternehmens nicht ist, beispielsweise Drogerieartikel zu verkaufen. Das ist nur das Mittel. Der Zweck des Unternehmens ist, für Kunden, Mitarbeiter und Lieferanten tätig zu sein. Das sind nämlich unsere drei Kunden. Jeder Unternehmer hat immer drei Kunden. Diejenigen, die seine Leistung brauchen, das sind die Menschen, die bei ihm einkaufen. Diejenigen, die ihm helfen, die Leistung zu generieren, das sind die Mitarbeiter. Und diejenigen, die die Vorleistung bereitstellen, damit er überhaupt tätig werden kann, das sind die Partner wie Lieferanten, Banken oder Vermieter. Diese drei Arten von Kunden muss man sich bemühen zu verstehen. Viele meinen, der Lieferant sei Lieferant, der Kunde sei Kunde. Nein! Alle drei sind Kunden. Wenn ich den Menschen als Zweck und nicht als Mittel betrachte, komme ich zwangsläufig zu anderen Verhaltensweisen. Dann erkenne ich, dass das Unternehmen sozusagen eine Plattform ist, auf der sich die Beteiligten entwickeln, auf der sich Biografien abspielen. Wenn Sie diesen Gedanken im Unternehmen kultivieren, dann verändert sich das Unternehmen. Einfach, weil eine andere Idee da ist.«

Der vierte Punkt seiner Führungs- und Unternehmensphilosophie lautet: »*Einkommen ist nicht die Bezahlung von Arbeit, sondern die Ermöglichung von Arbeiten.*« Hier findet sich auch sein Ansatz für die Forderung nach einem bedingungslosen Grundeinkommen, in seiner Sicht eine mögliche Antwort auf das oben skizzierte Problem unserer gegenwärtigen Drei-Drittel-Gesellschaft, in der ein Drittel der Menschen sich als systemisch ausgeschlossen und entwürdigt erleben, weil sie für die gesellschaftliche Reproduktion »überflüssig« sind. Die Aufgabe der Führungskräfte sieht Götz Werner entsprechend darin, den neuen Mitarbeitern, nach der Vereinbarung über die Einstellung, möglichst rasch einen Arbeitsplatz *zu schaffen*, an dem diese ihre Potenziale entfalten können. Diese Sicht erinnert an sein früheres Bild des Unternehmens als Lebensschauplatz, als Bühne für das Gestalten der eigenen Biografie. Für ihn ist »die Verkoppelung von Arbeit und Einkommen ein Sargnagel für vernünftige, soziale Verhältnisse.« Und er fügt hinzu: »Menschen meinen irrtümlich, sie müssten ihre Arbeit verkaufen. Das ist genau umgekehrt: Man muss sie erst in die Lage versetzen, arbeiten zu können.«

Abgerundet werden diese Überlegungen für mich durch einen weiteren, fünften Punkt seiner Führungsphilosophie:

»Heute ist Führung nur dann legitim, wenn sie zum Ziel hat, dass der andere sich selbst führen kann. *Andere* erfolgreich machen. Mit dieser Haltung verändert sich auch das Verhalten des Führenden. Früher hat man gemeint, man müsse die anderen führen, dass sie *einen selbst* erfolgreich machen. Der Mensch war eben Mittel und nicht Zweck. So haben sich alle Führer verstanden. Wenn man das Gleichheitsprinzip wirklich internalisiert hat, wenn es ein inneres Anliegen ist, dann kann man gar nicht meinen, der andere müsse geführt werden.«

Wo ist der Weg aus dem gegenwärtigen Dilemma von Wirtschaft und Gesellschaft? Götz Werner sieht ihn in der Notwendigkeit und Möglichkeit des Menschen, sich immer wieder zwischen den beiden Polen von Aktion und Reflexion zu bewegen. Statt sich in blindem Aktionismus zu verausgaben, können Menschen ihre Fähigkeiten nutzen, innezuhalten, sich neu auszurichten und nach humanen Antworten zu suchen:

»Statt business as usual – know why. Das Gewordene hinterfragen, umdenken, das Neue kreieren und es in das Bestehende integrieren. Dazu braucht man nicht die heute übliche destruktive Unzufriedenheit, sondern eine konstruktive Unzufriedenheit mit den herrschenden Verhältnissen.«

Als ich – die vereinbarte Zeit ist weit überzogen – gehe, bedankt sich Götz Werner bei mir für das der Firma entgegen gebrachte Interesse. Wahrlich eine Verkörperung seiner eigenen Philosophie, eine Situation, die mich berührt und beeindruckt.

## Nina Trobisch, Dieter Kraft: Organisationsentwicklung mit der Kraft der Mythen: das Heldenprinzip®

Es gibt sie, die Menschen, die bereit sind, sich die Kraft der Mythen und Bilder wieder zu erschließen und dies in einer konstruktiven Haltung für die Veränderungsprozesse in Unternehmen einzubringen. Zu ihnen gehören Nina Trobisch und Dieter Kraft. Beide kommen sie ursprünglich vom Theater, beide sind sie geboren und aufgewachsen in der ehemaligen DDR und haben von dort aus die Wende erlebt. Nina Trobisch arbeitete als Dramaturgin an Stadttheatern des Landes, sich der Nische, in der freieres Denken Raum hatte, wohl bewusst. Doch ihr Interesse ging zunehmend dahin, die Qualitäten des schöpferisch-künstlerischen Arbeitens auch Menschen jenseits der städtischen Bühnen für ihre je eigenen Lern- und Entwicklungsprozesse zugänglich zu machen. Dieter Kraft hatte sich vom offiziellen Theater der ehemaligen DDR abgewandt, um gemeinsam mit einer Gruppe junger Künstler nach authentischen Inhalten und neuen Formen zu suchen. Er war Mitbegründer des in der ehemaligen DDR einzigen freien Theaters, der Gruppe »Zinnober«, und ihr konzeptioneller Kopf. Dieser Gruppe ging es um ein soziales und künstlerisches Laboratorium, welches das ›sanfte Gift der Sehnsucht‹ in einer an sich hoffnungslosen Welt weckt. Dieter Kraft sagt dazu:

»Solches Theater imprägniert nicht nur das Bedürfnis nach dem bequem Gewohnten, es weckt es auch für unmöglich Gehaltenes. Das kam mir in den Wendewirren rund um das Jahr 1989 zugute. Ich habe mich damals verdutzt gefragt, was mir so vertraut vorkam. Was ich gut kannte, war der zutiefst irritierende, aber befreiende Zustand inneren Wandels«.

Das Jahr 1989 zeichnet beide und lässt sie neue Wege beschreiten: Er wird integrativer Dramatherapeut, sie erwirbt ein Diplom als Dramadozentin in Utrecht, sowie eine Ausbildung als Systemischer Coach in Berlin. Sie will ihre Erfahrungen in die Organisationsberatung einbringen. 2005, in einer persönlichen Krisensituation, besucht Nina Trobisch das Seminar »Heldenreise« von Paul Rebillot, das den Monomythos des Helden nach Joseph Campbell aufgreift. Danach weiß sie, dass sie diesen Mythos in seiner tieferen Bedeutung erkennen und für gegenwärtige Veränderungsprozesse offenlegen will. Der Impuls führte neben der Arbeit in Unternehmen zu einem Forschungsverbund an der Berliner Universität der Künste[155], an dem vier Personen beteiligt sind: Nina Trobisch als Forschungsleiterin, Dr. Karin Denisow (Volkswirtschaftlerin und Organisationspsychologin), Ingrid Scherübel (Mediendramaturgin) und Dieter Kraft als externer Mentor. Das Ergebnis dieses Projektes liegt nun als Bericht und Publikation vor (Trobisch et al. 2013) und trägt den Titel *Heldenprinzip. Kompass für Innovation und Wandel.* Das Besondere an diesem Projekt: die Nutzung von Mythen als Weghilfen in Wandlungsprozessen. Was damit gemeint ist, beschreiben die beiden:

»Seit Jahrtausenden sammelten Menschen Erfahrungen zu den bewegenden Fragen ihrer Existenz. Sie verdichteten ihre Einsichten und gaben sie von Generation zu Generation weiter. Die Mythen bündeln diesen kollektiven Wissensschatz der Menschheit. Besondere Bedeutung hatten dabei immer Prozesse der Reifung, Wandlung und Veränderung. Im Heldenmythos geht es um

155 Forschungsprojekt des Bundesministeriums für Bildung und Forschung im Rahmenprogramm »Flexibilität und Stabilität in einer sich wandelnden Arbeitswelt«, »Innovationsdramaturgie nach dem Heldenprinzip« an der Universität der Künste Berlin/ Zentralinstitut für Weiterbildung: Vgl. www.innovation-heldenprinzip.de

solche Wandlungsprozesse. Dessen Grundlage ist mythologisch die Reise des Helden. Der Mythenforscher Joseph Campbell entschlüsselte, dass der Weg des Helden in allen Kulturen stets nach einer ähnlichen Schrittfolge abläuft. Campbell spricht daher von einem Monomythos des Helden.

Diese Erkenntnis kam uns zugute, als wir nach einem Kompass für organisatorischen Wandel suchten. Wir wurden nicht etwa fündig in Wissenschaft oder Technologie, sondern in etwas ganz Naheliegendem und doch so Ungewohntem; dem kulturellen Schatz der Menschheit. Indem wir im Heldenmythos das tiefgreifende Muster für Veränderungsprozesse entdeckten, wurde deutlich, wie diese impliziten Einsichten auch heute bewusst oder unbewusst Orientierung geben können. Bekannt aus Mythen, Märchen, Filmen, Spielen und vor allem dem eigenen Leben, sind sie in der Arbeitswelt bis dato kaum wirksam. Mit dem Heldenprinzip® füllen wir diese Lücke. Wir überprüften jenes kollektive Wissen, das in der Struktur des Heldenmythos ankert, für unternehmerische Entwicklungs- und Veränderungsprozesse, leiteten daraus eine Dramaturgie der Veränderung und Innovation ab und entwickelten damit ein heuristisches Modell für gegenwärtige Transformations- und Veränderungsprozesse.

Das Sinnbild der Heldenfigur verweist in einer archetypischen Dramaturgie stellvertretend darauf, wie man auf einem ungewissen und oft risikoreichen Weg zum Meister der Veränderung reift. Dies hilft, die Widersprüchlichkeit von Entwicklungsprozessen – auch in der Wirtschaft – nicht abzuwehren, sondern sie lebendig aufzunehmen. Handlungsoptionen entstehen im Spagat von Struktur und Offenheit | Stabilität und Flexibilität | Sachlichkeit und Sinnlichkeit | Klarheit und Assoziation | Emotion und Verstand | Identifikation und Reflexion.«[156]

156 Vgl. Schildhauer et al. (Hg.) 2011, 238ff.

Ich lerne die beiden 2012 kennen, just zu dem Zeitpunkt, als sie die Ergebnisse ihres dreijährigen Forschungsprojektes an der Berliner Universität der Künste in einem großen Abschlussevent der Öffentlichkeit vorstellen. Ich komme zu spät. Die Veranstaltung ist bereits in vollem Gange. Als ich den Raum betrete, bemerke ich zahlreiche Gegenstände, die ich in einem universitären Symposium nicht vermutet habe: Pappkartons unterschiedlichster Größe und Beschaffenheit, Absperrbänder, wie man sie von Baustellen her kennt, Schalen mit Früchten und anderen Gegenständen; Aufbauten, die für mich keinen Sinn ergeben. Nach kurzer Zeit erlebe ich mich mitten in Aktion. Ich soll mit einer kleinen Untergruppe der Konferenz die *»höchste Prüfung«* aufbauen – mit den Mitteln, die im Raum zur Verfügung stehen. Wir haben sehr wenig Zeit, machen uns – ohne dass ich recht weiß, was da geschieht, ans Werk. Wir haben ein Gebilde aufgebaut, das hoch aufragt, schwer zu überwinden ist und bei dem ich nun darauf warte, dass es sich mir in seiner Bedeutung erschließt. Kurze Zeit später beginne ich durchzublicken: Wir haben einen von insgesamt elf Schritten der Veränderung nach dem Heldenprinzip® gestaltet.

Warum interessiert mich dies auf dem Hintergrund des Umgangs mit mythischen Bildern im Nationalsozialismus? Inwiefern sind die beiden Pioniere eines neuen Weges? Wenn Wandlungsprozesse, wie wir sie heute allerorten erleben und erleiden, im Sinne des Heldenprinzips® wahrgenommen werden können, so erwächst daraus eine lebendige Kraft, die sich niemals allein aus dem rationalen Verstand ergeben kann. Dieser erzeugt zwar eine Fülle von differenzierendem Wissen, verschafft aber weder mentale Sicherheit noch verbindliche Orientierung. Dem gegenüber birgt das Heldenprinzip® in sich archetypische Erfahrungen, mit denen Menschen in Resonanz treten können. Wenn es also gelingt, Innovation und Wandel auf der Folie eines Heldenmythos zu begreifen und zu gestalten, dann kann Wegweisendes in Zeiten der Unsicherheit entstehen. Die einzelnen Szenen des universalen Wandlungsweges wirken dabei wie Chiffren in unbekannten, instabilen Räumen und helfen, sich seelisch und emotional auf die jeweiligen Herausforderungen einzustellen, ohne dabei in die Fallen einer regressiven mythologischen Bewusstseinsstruktur zu gelangen. Dazu erneut die beiden:

»Charakteristisch für diese Dramaturgie ist, dass sie die äußere Handlung mit der inneren Prozesslogik und ihrem emotionalen Geschehen verknüpft. Ein Entwicklungszyklus, wie ihn das Heldenprinzip® zeigt, teilt sich in zwei grundsätzlich verschiedene Sphären. Zum einen gibt es die *bekannte Welt*: vertrautes Terrain, dessen Muster und Gewohnheiten geläufig sind. Zum anderen gibt es die *unbekannte Welt*: fremde Gefilde, die unüberschaubar und unentdeckt sind. Diese Welten sind durch eine Schwelle voneinander getrennt. Heldinnen und Helden (die Akteure des Prozesses) durchlaufen den Zyklus der drei Akte des Wandels *Aufbruch, Abenteuer, Rückkehr*, deren Grundthemen durch eine Schrittfolge von elf Szenen vertieft und differenziert wird:

*Aufbruch* – aus der bekannten Welt des Handelns mit dem sinnstiftenden Ruf.

*Abenteuer* – völlig neue Herausforderungen, von denen man zu Beginn niemals weiß, worin sie bestehen werden. Kernpunkt der Abenteuer ist vor allem das Loslassen alter Muster, um die Öffnung für das Neue zu ermöglichen.

*Rückkehr* – in die bekannte Welt, um diese zu verändern. Es zeigt sich gleichzeitig die Schwierigkeit und die Schönheit, die gewonnenen Schätze (Kompetenzen und Erkenntnisse) hier zum Einsatz zu bringen.

Das Wissen um diese archetypische Dramaturgie, als geteiltes Wissen vieler, löst ein Paradoxon: Es generiert Sicherheit für den unsicheren Weg, indem Unsicherheit akzeptiert wird.«

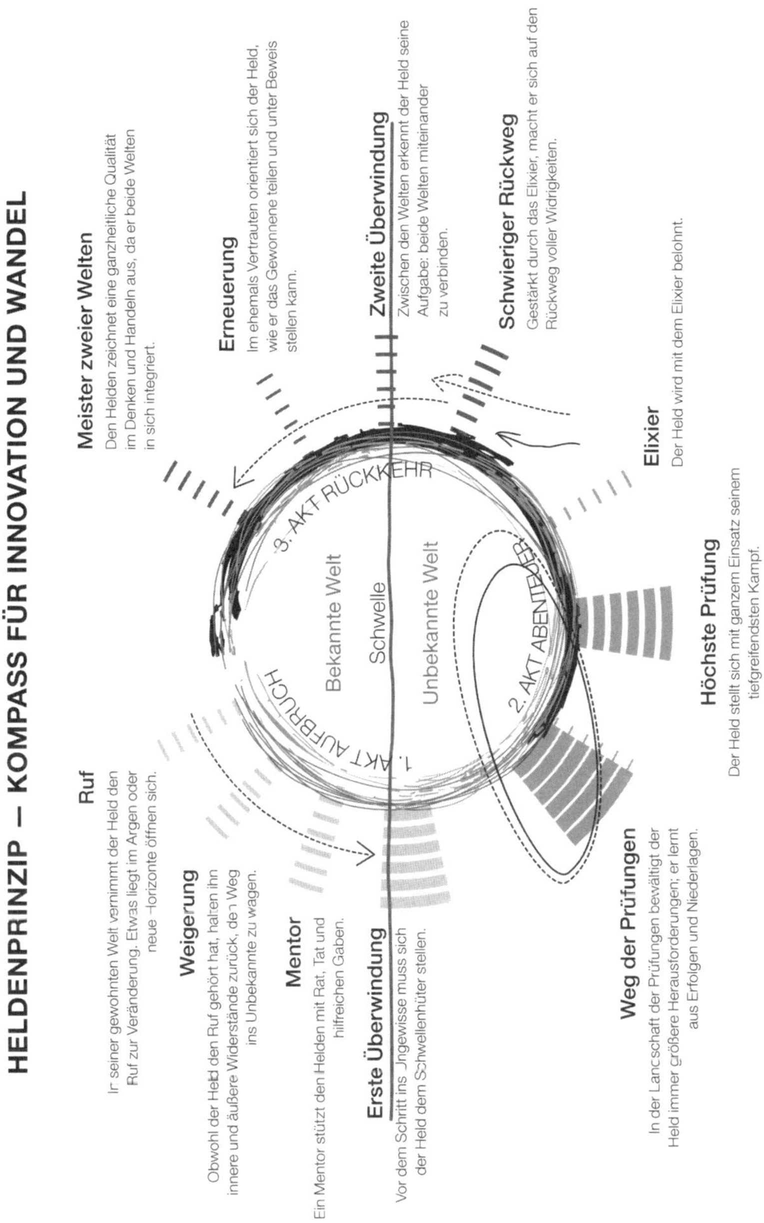


*Abb. 6: Kompass für Innovation und Wandel*[157]

157 Trobisch et al. 2012, 82f.

Wie ich als Teilnehmerin der Abschlusspräsentation merke: Das Heldenprinzip® funktioniert. Die Beteiligten werden selbst zu Akteuren und eignen sich die Struktur spielerisch an. Seine außergewöhnliche und kraftvolle Wirkung besteht darin, in herausfordernden Innovations- und Veränderungsprozessen durch mythologische Bilder immer wieder sowohl Orientierung als auch kreative Freiheit zu schaffen. So werden Erfahrungsräume geöffnet, die sich zu Lernräumen verdichten.

Protagonisten aus verschiedenen beratenen Unternehmen berichten außerdem über Herausforderungen, Abenteuer und Erfolge anhand der elf Szenen. Das eindrücklichste Beispiel ist für mich der Fall eines Einzelhandelsgeschäftes, das sich vergrößern will. Als das Team sich auf die Wandlungsprozesse mit Hilfe des Heldenprinzips® einlässt, entwickelt sich weitaus mehr: Es entsteht ein regelrechtes Stadtentwicklungsprojekt am Moritzplatz in Berlin. Dessen Zentrum wird ein Neubau, in dem nicht nur das Handelsunternehmen unterkommt, sondern auch eine Vielzahl von weiteren kleineren und mittleren Unternehmen, mit denen sich Synergieeffekte ergeben. Die Ausstrahlungskraft dieses Ensembles für das gesamte Stadtviertel ist eminent: Der soziale Brennpunkt verliert seine Brisanz und entwickelt sich zu einem Attraktor der Stadtteilentwicklung. Die Schritte, die die kleine Handelsorganisation im Sinne des Heldenprinzips® zu durchlaufen hat, lassen an dramatischen Verunsicherungen nichts zu wünschen übrig. Doch die Kenntnis des Mythos mit seinen Akten Aufbruch – Abenteuer – Rückkehr vermittelt die nötigen Kompetenzen und Sicherheiten.

In der Publikation der Forschungsergebnisse wird deutlich, dass es nicht um eine Rückkehr zu Mythen im Sinne eines prärationalen Bewusstseins geht, sondern darum, Mythos und Logos miteinander zu verschränken, so dass Ungewissheit in Wandlungsprozessen erkannt, angenommen und transzendiert werden kann. Dazu Nina Trobisch und Dieter Kraft:

»Transrationale Erneuerungskultur, die aus Logos und Mythos gleichermaßen schöpft, braucht Menschen, die sich ganzheitlich einbringen können und wollen. Aus diesem Grund wenden wir uns im Heldenprinzip® den Vorgehensweisen aus Ästhetik und Kunst zu. Sie sind uns Vorbild, denn sie basieren auf den Sinnen, verbinden intuitives mit reflektorischem Denken und agieren in der Offenheit des schöpferischen Prozesses. Sie machen die Logik des Transrationalen sichtbar, hörbar, spürbar. Mit ihnen entfaltet sich der ›sense of coherence‹. Ästhetik stützt suchendes Verhalten und gibt Mittel an die Hand, um den Phänomenen des eigenen Handelns auf die Spur zu kommen. Die Synthese von ästhetischen mit kognitiven Techniken hilft, implizites Wissen zu nutzen, Wahrnehmungs- und Bewertungsmuster zu erweitern und damit die Selbstorganisationsfähigkeit zu fördern. Praktiken aus Theater, künstlerische und erfahrungszentrierte Interventionen sprechen die Beteiligten in ihrem ganzleiblichen Zusammenspiel, d.h. in ihrer Emotionalität, ihrem Körper und ihrem Verstand, an. Sie sind frei von einengenden Richtig/Falsch-Beurteilungsschemen. Die Verwendung von Metaphern und gestaltendem Verändern entsprechen dem Bedürfnis von Menschen, enge Bezüge zwischen der (Veränderungs-)Arbeit und dem eigenen Denken, Fühlen, Erleben herzustellen. Der Mensch wird hier nicht funktional gesehen, sondern als kulturelles Wesen ernst genommen und gestärkt.«[158]

Das Heldenprinzip® als Modell der Organisationsentwicklung in Phasen der Destabilität arbeitet somit aus einem Bewusstseinsraum, in dem das mythische Bewusstsein ebenso enthalten ist wie das rationale. Der Weg zu einem integralen Bewusstsein scheint auf. Damit findet die Forschergruppe eine Möglichkeit, jene Traumatisierungen zu überschreiten, die wir

158 Vgl. Heldenprinzip 2012, 44ff.

im deutschen Kulturraum erlebt haben. Mythisches Gedankengut wird nicht abgelehnt, es wird in seiner Kraft erkannt, genutzt und mit Hilfe des analytischen Verstandes erschlossen. So gelingt es den Protagonisten dieser Methode, die hier nur prototypisch für andere im Feld der Organisationsentwicklung stehen, furchtlos einen wichtigen Erfahrungsschatz der Menschen erneut in Wert zu stellen: Mythen als Seelenbilder, die dem rationalen Bewusstsein Orientierung und Vertrauen in Phasen der Unsicherheit schenken und die so den Weg für einen tiefgreifenden Wandlungsprozess ebnen.

Nina Trobisch und Dieter Kraft sind Menschen, die uns kollektiv in einer Schwellensituation sehen, in der wir lernen müssen, ein noch zukünftiges »Wozu des Lebens« in den Mittelpunkt all unserer Überlegungen und Handlungen zu rücken, damit ein sinnvolles und gerechtes Überleben auf diesem Planeten mit seinen begrenzten Ressourcen möglich und wahrscheinlich wird. Ihre Arbeit mit Seelenbildern und kollektiven Erinnerungsschätzen der Menschheit unterstützt diesen Prozess.

## Gesine Schwan: Politik, Wissenschaft, Zivilgesellschaft: Denken, Handeln und Fühlen versöhnen

Die Humboldt Viadrina School of Governance in Berlin hat ihre Pforten geöffnet. Sie liegt in der Berliner Wilhelmstraße, dem Zentrum des einstigen politischen Berlin. Gelegen in unmittelbarer Reichweite des Reichstagsgebäudes, ist diese höchst prominente Lage Programm. Man will sich einmischen in die Politik – mit neuen Mitteln. Statt zu einem Hort reiner Wissenschaft zu werden, ist es das Ziel dieser Einrichtung, »die Lösung konkreter gesellschaftlicher Probleme voranzutreiben und in diesem Sinne aus der Mitte von Politik, Wirtschaft und organisierter Zivilgesellschaft heraus an einer aktiven Politikgestaltung zur Verbesserung unserer Gesellschaft mitzuwirken«.[159]

Sprühender Mittelpunkt und Präsidentin dieser modernen Bildungsstätte für Politikmanagement ist die Politikwissenschaftlerin und Professorin Gesine Schwan. Einst hatte sie dieses Amt an der Europa Universität Viadrina in Frankfurt/Oder inne, war Polenbeauftragte der Bundesregierung, kandidierte zwei Mal, fast erfolgreich, für das Amt der Bundespräsidentin und beschreitet nun – im UnRuhestand – mit der Humboldt Viadrina School of Governance mutig neue Wege im Politik- und Wissenschaftsbetrieb.[160]

Wenn Gesine Schwan begrüßt, fühlt man sich unversehens in einem freundlichen Salon empfangen. Studierende, Mitarbeitende oder Gäste – egal, welchen Ranges –, sie alle werden mit einer fröhlichen Aufgeschlossenheit begrüßt, die das Herz wärmt. Man fühlt sich gesehen, angenommen, einbezogen und zugleich auf wichtige gesellschaftliche und politische Anliegen und Fragen gelenkt. Es ist ein Hauch von Exklusivität, der inkludiert statt auszuschließen und dem alles Elitäre fehlt. Gesine Schwan verkörpert in ihrer Person eine seltene Mischung aus Fröhlichkeit, Freundlichkeit, ja Herzlichkeit, Bezogenheit und intellektueller Brillanz, die bei jeder Wendung des Themas und der Fragen unvermittelt aufblitzt. Theoretisch geschult und wissenschaftlich ausgewiesen bringt sie etwas mit, was wir in Wissenschaft und Politik nicht gewöhnt sind: Herz. Was zeichnet diese Frau aus und wie kam es dazu? Sie berichtet mir im Interview:

»Die Frage, was der Nationalsozialismus angerichtet hat, war immer Teil meines Lebens. Aus diesem Grunde haben meine Eltern meinen Bruder und mich auf ein französisches Gymnasium geschickt, damit wir uns mit Frankreich aussöhnen und die-

159 Vgl. Selbstdarstellungsflyer der Schule [o.D.]
160 Vgl. http://www.humboldt-viadrina.org/

sen Nachbarn kennenlernen. Meine Mutter, die als Deutsche aus Oberschlesien stammte, hatte ein sehr positives Polenbild. Uns wurde natürlich vermittelt, dass Polen unter der nationalsozialistischen Besatzung noch viel mehr gelitten habe als Frankreich. So wurde die Aussöhnung mit Polen ein ganz wichtiger Punkt für mich, weswegen ich schon sehr früh, in den sechziger Jahren angefangen habe, Polnisch zu lernen.«

Gesine Schwan hatte das Privileg, von Jugend an eigenständiges Denken zu lernen. Ihre Eltern ließen sich menschlich und intellektuell nicht verführen. Dies war der Tochter Verpflichtung:

»Für mich war die Haltung meiner Eltern natürlich ein stimulierendes, aber auch zugleich forderndes Beispiel, so z.B. in der Zeit nach 1968, als ich durchaus auch gegen den Strom geschwommen bin. Man hat mir oft gesagt, ich sei mutig gewesen. Das fand ich einfach albern, weil man in einer Demokratie letztlich nicht mutig sein muss. Man muss natürlich wagen, öffentlich etwas zu sagen, aber der Mut, den meine Eltern aufgebracht haben, war sehr viel mehr als das, was ich aufgebracht habe. Später habe ich mich sicherlich in meiner subjektiven Wahrnehmung verpflichtet gefühlt, mich um solche Fragen zu kümmern.«

Dabei mangelt es ihr völlig an Selbstgerechtigkeit und Rechthaberei. Bei aller intellektuellen Brillanz zeichnet sie sich durch eine wohltuende Menschlichkeit aus. Erworben wurde sie durch tiefgreifende Erfahrungen, insbesondere durch die Krebserkrankung und den Tod ihres ersten Mannes. Aufgrund der dadurch ausgelösten Ohnmachts- und Schuldgefühle hat sie sich intensiv mit den Tiefenschichten des Unbewussten auseinandergesetzt und ihre Erkenntnisse in dem Buch *Politik und Schuld* (Schwan 1997) niedergelegt, einem Meilenstein in der Auseinandersetzung mit der deutschen Vergangenheit.

»Ausgehend von meiner subjektiven individuellen Erfahrung stimme ich Ihrer These zu, wonach nicht verarbeitete Schuld, mit der man nicht klar kommt, das Selbstwertgefühl zentral beeinträchtigt. Und dass dies wiederum die Fähigkeit zentral beeinträchtigt, ein demokratischer Bürger zu sein. Die Kette ist: nicht verarbeitete Schuld, Zerstörung des Selbstwertgefühls und damit auch Zerstörung der Fähigkeit, ein aktiver Bürger zu sein. Wer die deutsche Demokratie liebt und stützen will, muss also um die tiefenpsychologische Verarbeitung von Schuld ringen. Sie kann weder gelingen durch Anklage und Angriff, wie dies meine Generation der 68er praktiziert hat, noch durch Schweigen und Verleugnen, wie dies unsere Elterngeneration gelebt hat. Es braucht vielmehr Wachheit, Bewusstheit, Wissen und Annehmen der menschlichen Untiefen und Verfehlungen und eine lebensbejahende Haltung des dennoch und gerade jetzt.«

Für Gesine Schwan verdichtet sich diese Erkenntnis in zentralen Kategorien und einer gelebten Praxis. Da geht es zuerst einmal um *Vertrauen* – ein Begriff, unter den sie ihre Kampagne für das Amt der Bundespräsidentin gestellt hat (Schwan 2004). Vertrauen auf der Mikro-, Meso- und Makroebene hält sie für ein demokratisches Gemeinwesen für unverzichtbar; es ist eng gekoppelt an das Bewusstsein von Gerechtigkeit und Zugehörigkeit. Aufgrund des Diktats einer neoliberalen Ökonomie fürchtet sie um dessen Erosion. Statt das menschliche Bedürfnis nach Zugehörigkeit und Bindung zu befriedigen, breiten sich – so ihre Wahrnehmung – gefährliche Gefühle aus:

»Wir können derzeit eine deutlich abnehmende Bindung in sozialen Gruppen und ein Gefühl der Hilflosigkeit und des Verlorenseins beobachten. Und das ist mobilisierbar, ganz sicher, für aggressive Politik. Noch sind wir in Europa zum Beispiel sehr eingebunden. Aber ich habe durchaus Sorge, dass die Krise um den Euro, die von den nationalen Regierungen vielfach nationalstaatlich beantwortet wird und nationale Ressentiments weckt, dass diese Krise eventuell auch die Beziehung zu unseren europäischen Nachbarn sehr beeinträchtigt.«[161]

Dem setzt sie eine Kultur der *Gemeinsamkeit* entgegen. So lautet der programmatische Titel eines ihrer Bücher *Allein ist nicht genug. Für eine neue Kultur der Gemeinsamkeit* (Schwan 2007). Diese Kultur gilt es auf allen Ebenen zu leben und zu verteidigen. Doch sie besitzt den Mut, als Intellektuelle in einer beziehungsarmen und beziehungsgestörten Gesellschaft mit aller Kraft für weibliches Wissen und weibliche Weisheit einzutreten, davon überzeugt, dass diese Kultur der Gemeinsamkeit in der Familie beginnen muss.

»Ich glaube, dass die Menschen bergende Familien und gelingende Beziehungen *wollen.* Und ich bin der Auffassung, dass es in erster Linie ökonomisch-kulturelle Faktoren sind, die sie daran hindern, diese Wünsche realisieren zu können. Deshalb brauchen wir einen Kampf für das Recht von Menschen, sich den nicht-markförmigen Freiraum der Familie zu schaffen.«[162]

Allerdings – und das ist ihr zentral wichtig angesichts der autoritativen Traditionen im deutschen Kulturraum – gilt es dabei, ein partnerschaftliches Verhältnis zu entwickeln:

»In Familien entsteht das persönliche Vertrauen, das für eine vertrauensvolle Gesellschaft und für das so dringend nötige politische Engagement unerlässlich ist. Allerdings entsteht dieses Vertrauen nur, wenn die Beziehungen partnerschaftlich gelebt werden, d.h. nicht in herkömmlichen Strukturen autoritärer Rollenverteilung.«[163]

Die Forderung nach *Partnerschaftlichkeit* zieht sich wie ein roter Faden durch ihre Argumentationen – auf der Mikro-, Meso- und Makroebene. Sie weiß, dass Partnerschaftlichkeit in einem gesunden Selbstwertgefühl gegründet ist und dass es das Gegen-

161 Das Interview wurde im April 2011 geführt; es hat nichts an Aktualität eingebüßt.
162 Schwan 2007, 169
163 a. a. O.

modell ist zum autoritären Führer-Gefolgschaftswahn, zum wohlbekannten »Wir sind gut, die anderen sind schlecht« oder zur utilitaristischen Ausbeutung um der eigenen Interessen willen. Partnerschaft wird hier begriffen als der Weg zur Gleichwertigkeit der Geschlechter und als Pfad zu Verstehen und Verständigung zwischen unterschiedlichen Interessen und Nationen. Am Beispiel der Beziehung zu den sogenannten Migranten und in Abgrenzung zu den Positionen eines Thilo Sarrazin, betont sie:

»Es geht nicht darum, irgendeinen Kotau zu machen, sondern darum, Migranten und Migrantinnen von vornherein auf Augenhöhe zu akzeptieren und das heißt auch, gegebenenfalls Konflikte auszutragen. Wer genügend Selbstwertgefühl hat, d.h. aber auch selbstkritisch ist und die Fähigkeit zur Selbstdistanz aufbringt, ein solcher Mensch wird im Konfliktfall seine eigenen Vorstellungen äußern und sie auch begründen.«

Partnerschaftlichkeit ist in Deutschland neu. Es will gelernt und eingeübt werden. Doch für Gesine Schwan ist es der angemessene und auch verheißungsvolle Weg. Im Jahr 2007 schreibt sie:

»Wer nicht befehlen kann, sondern tagtäglich zu klugen Kompromissen kommen muss, wird andere Politik machen als die noch dominierende Generation der sechzigjährigen Männer.«[164]

Die Aktivitäten der Humboldt Viadrina School of Governance weisen in diese Richtung. Sie fördern den Dialog, die Mediation in konfliktreichen Feldern, Transparenz, aktive Teilhabe der Zivilgesellschaft, Lösungsorientierung, Entrepreneurship. Getragen ist dies von dem Glauben an die Menschen, ihre Potenziale und Hoffnungen, von der Vision einer Demokratie, in der die Menschen gerne leben und für die sie sich tatkräftig engagieren. Dies führt zu einer ganzen Palette von Aktivitäten, u. a.:[165]

164 a. a. O., 173
165 Vgl. http://www.humboldt-viadrina.org/

- Der *M.A. Public Policy*, bei dem sich die Studierenden mit einem eigenen Projekt bewerben, an dessen Durchführung sie mit dem gesammelten Know-how der School und ihres Netzwerkes arbeiten können;
- Forschung, die sich am praktischen Bedarf orientiert, multidisziplinär, multiperspektivisch sowie sektorübergreifend angelegt und umsetzungsorientiert ist;
- *Governance Trialoge:* Politik, Privatsektor und organisierte Zivilgesellschaft mit Wissenschaft und Medien treffen sich in strukturierten Trialogen zur Identifikation neuartiger Herausforderungen und Lösungen;
- *Berliner Governance Gespräche* in Kooperation mit dem Berlin Civil Society Center zum Austausch von Politikern, u. a. aus der Bundesregierung, mit Vertretern des Privatsektors und der organisierten Zivilgesellschaft über ihre Erfahrungen mit demokratischer Politik;
- *Berliner Mittagsgespräche*, bei denen bekannte Persönlichkeiten gesellschaftsrelevante Themen zur Diskussion stellen;
- Das *Center for Peace Mediation* mit dem Ziel, durch Forschung, Foren und Positionspapieren international Friedensprozesse zu unterstützen;
- *eLocal,* ein Projekt zur Realisierung partizipativer Kommunikation;
- E-Democracy von Bürgern und Bürgerinnen in Städten;
- Social Stock Exchange, Finanzierung sozialer Anliegen, u.a. mit der Internetplattform betterplace.org;
- Ein Social Innovation Lab mit dem Ziel sozialer Innovationen.

Hier wird eine Synthese gesucht und befördert von Wissenschaftlichkeit, politischem Handeln und sprachfähiger Zivilgesellschaft. Damit wird ein Gegenpunkt zum gängigen Wissenschaftsbetrieb gesetzt, den Gesine Schwan ungeschminkt kritisiert:

»Gegenwärtig scheint die Wissenschaft geradezu anfällig zu sein für viele Moden und für Ersatzreligionen, aber nicht unbedingt interessiert an umfassender Wahrheitssuche oder breiter politischer Wirksamkeit. Die jüngste dieser Moden ist die Anbetung von sogenannter ›Exzellenz‹. Das Ergebnis dieser vielfältigen Unreflektiertheit ist meines Erachtens kein Leistungs- sondern ein Reputationswettbewerb.«[166]

Die School of Governance setzt konsequent andere Akzente. Hier geht es darum, gesellschaftliche Anliegen in den Mittelpunkt zu stellen, Persönlichkeiten – junge wie alte – zu finden, zu formen und miteinander ins Gespräch zu bringen, die bereit sind, sich verantwortlich für die Demokratie einzusetzen und die Herausforderungen der Gegenwart zu bewältigen.

Hat dieses Konzept einer Gesine Schwan und der von ihr geleiteten School etwas mit einer Kernkompetenz zu tun, die sich aus der Kernverletzung der deutschen »Seele« entwickelt hat? Vergegenwärtigt man sich ihre Ausführungen zu Glaube/Spiritualität und dem Umgang mit der deutschen Geschichte, so ist die Antwort uneingeschränkt »Ja«:

»Der Glaube an die Verpflichtung wie an die Treue Gottes machen uns offen für die Zukunft. Sie befreien uns von Ängstlichkeit und Borniertheit. Sie ermutigen uns als verantwortliche Partner Gottes zur Selbstbestimmung und zur Auflehnung gegen vermeintliche Zwangsläufigkeiten und stärken mit unserem Gewissen die Bereitschaft, das Wagnis der unbeschränkten Wahrheitssuche in der Kommunikation auch dort einzugehen, wo unvereinbare Paradigmen, widersprüchliche methodische Ansätze oder die gegenseitige Fremdheit der Disziplinen die Aussicht auf ein Übereinkommen zu versperren scheinen.«[167]

166 a. a. O., 148
167 a. a. O., 147

Gesine Schwans Antworten über das, was Kernkompetenz sein könnte, zeigen eine menschliche und intellektuelle Reife, die aus den Schatten der deutschen Geschichte gelernt hat und daraus eine vorbildhafte intellektuelle, emotionale und spirituelle Handlungskompetenz entwickelt hat.

»Die Kernkompetenz – ich sag es mal vorsichtiger – die Konsequenz könnte sein, dass man Einsicht hat in die Gefährdetheit menschlicher Situationen im Allgemeinen, in die Gefahr, aus unreflektierten Zusammenhängen in Aggression und Negativität zu geraten. Dies könnte ein starker Impetus sein, Zusammenhänge erst einmal zu verstehen und dann darauf mit einer grundpositiven Einstellung zum Menschen zu reagieren. Eines meiner Vorbilder in dieser Hinsicht war Dan Bar On, ein israelischer Psychoanalytiker, der die Generationen der Kinder von Tätern und Opfern miteinander zusammengebracht hat. Er hat geschrieben: ›Erst wenn ich mich in derselben Weise als menschlich gefährdet begreifen kann wie diejenigen, die Verbrechen begangen haben, bin ich eigentlich so weit, dass ich nachvollziehen kann, was passiert. Und nicht, wenn ich sage, das ist weit von mir und ich hab' damit nichts zu tun‹. Kernkompetenz könnte in dem Sinne sein, fähig zu sein zu einer starken Empathie; fähig auch – im Sinne der kantischen Maxime – sich an die Stelle des Anderen zu versetzen. Dazu gehören auch die Fähigkeit zu Partnerschaftlichkeit und die Fähigkeit, mit Konflikten so umzugehen, dass ich Unterschiede markiere, ohne zu verletzen. Es bedeutet, dass ich Interessen auch mit Blick auf Kompromisse vertrete, dass ich akzeptiere, dass Konflikte da sind und nicht auf irgendein Reich der Utopie hoffe, und dass ich als Erwachsener mit Selbstdistanz, aber auch mit Treue zum eigenen Argument meine Position anderen gegenüber vertrete.«

Was Gesine Schwan hier im Interview äußert, ruft in mir ein weiteres Mal Bedauern hervor, dass diese eminente politische

Persönlichkeit nicht die Chance hatte, Bundespräsidentin zu werden. In meiner Wahrnehmung verkörpert sie beispielhaft ein Wissen, das unsere Gesellschaft auf dem Weg der Transformation des kollektiven Schattens dringend braucht.

# Seinen Platz in der Welt annehmen (Makroebene)

Kommen wir nun zur Makroebene, zu der Aufgabe Deutschlands, seinen Platz in der Welt anzunehmen und einzunehmen: Frei *zur* Selbstverantwortung und *zur* Selbstachtung und zugleich frei *von* Selbstbeschämung, frei *von* Größenwahn oder allen Arten von Vorstellungen, wonach am »deutschen Wesen die Welt genesen« könne. Dies ist ein schwieriges Unterfangen, wie wir gesehen haben, weil die Schatten der Vergangenheit als abgespaltene Traumata über uns liegen. Umso wichtiger ist es, dass Menschen, Deutsche wie Ausländer, sich dieser Aufgabe annehmen – mit ganz unterschiedlichen Ansatzpunkten. So schaut Anna Gamma, Schweizerin, Zen-Meisterin und Business-Coach, voller Empathie auf Deutschland und die Deutschen und leistet ihren Beitrag zur Versöhnungs- und Heilungsarbeit. Dasselbe tut der Österreicher und Spirituelle Lehrer Thomas Hübl, wenn er mit dem kollektiven Schatten in Deutschland und Israel arbeitet. Gänzlich anders setzt die Wissenschaftlerin Margrit Kennedy an, die mit breitem internationalem Echo Wege aus der finanzpolitischen Misere aufzeichnet, indem sie die Möglichkeiten der Komplementärwährungen und Regionalwährungen herausarbeitet. Geseko v. Lüpke wiederum wendet sich – in der Fortführung von Traditionen des Idealismus und der (Früh-)Romantik – mit Realismus und Engagement den ökologischen Fragen zu, indem er sie um die tiefenökologische Dimension erweitert. Und die »Grande

Dame« der Berliner Kulturszene, Nele Hertling, setzt sich seit Jahren engagiert dafür ein, Europa – jenseits der Dominanz der Ökonomie – »eine Seele zu geben«. Sie alle zeigen, welch inspirierende Innovationen möglich sind, wenn wir uns im verantwortlichen Umgang mit den Schatten der Vergangenheit ermächtigen, aus einer dienenden Haltung heraus selbst aktiv zu werden.

## Anna Gamma: Blicke ich auf Deutschland

Wie sehr Deutschland Heilung und Transformation auf einer kollektiven Ebene braucht, zeigt sich in berührender Weise an den Erfahrungen und Einsichten einer Schweizerin, die sich seit Jahren mit großem Engagement mit dem kollektiven Vermächtnis der deutschen Geschichte auseinandersetzt. Anna Gamma ist Klinische Psychologin, Tiefenpsychologin, Therapeutin und arbeitet seit Jahren mit Führungskräften der Wirtschaft in Coaching, Training und Beratung. Geboren nach dem Krieg, ist sie einen weiten Weg gegangen. Als christliche Nonne und Mitglied einer spirituellen Gemeinschaft, dem Katharina Werk in der Schweiz, hat sie von 2000 bis 2011 das renommierte Lassalle-Institut in Schönbrunn in der Schweiz geleitet. Dort führt man Führungskräfte der Wirtschaft in die Praxis des meditativen Sitzens im Stil des Zen ein und eröffnet ihnen mit vielfältigen Weiterbildungsangeboten Wege, wie sie sich den Sinnfragen ihrer Existenz und ihres Tuns stellen können. Anna Gamma Roshi ist Zen-Meisterin und setzt sich aus tiefer Überzeugung seit Jahrzehnten für die Heilungsarbeit in Deutschland und Israel und zwischen Deutschen und Schweizern ein. Rückblickend war dies alles andere als selbstverständlich. Nach Deutschland ist sie erst gereist, als sie mehr als zwanzig Jahre alt war. Wie sie mir berichtet, hatte sie eine Abneigung gegen die Deutschen, die ihr sozusagen mit der Muttermilch mitgegeben wurde.

Diese Haltung sollte sich während ihrer Studienzeit radikal ändern. Ein israelischer Studienfreund und eine amerikanisch-jüdische Lehrtherapeutin und Freundin forderten sie heraus, ihr Herz auch für Deutsche zu öffnen. Ein weiterer Meilenstein war 1996 ein Retreat in Auschwitz mit dem Zen-Meister Bernie Glassman. Es war das erste Mal, dass der Amerikaner mit jüdisch-polnischen Wurzeln ein solches Retreat in Auschwitz anbot, eine Tradition, die er seitdem alljährlich fortgeführt hat. In der Vorbereitung auf dieses Retreat machte Anna Gamma tiefgreifende Erfahrungen.

»Ich habe damals den Weg nach Auschwitz ganz bewusst mit dem Zug gewählt in Erinnerung und Verbundenheit mit all den Juden, die vor über 50 Jahren auf derselben Strecke in Viehwaggons in die Todeslager transportiert wurden. Als ich von Berlin mit dem Nachtzug nach Krakau gefahren bin, habe ich mich immer wieder gefragt: ›Warum mach ich das, warum? Es geht mich doch überhaupt nichts an, ich bin Schweizerin!‹ In der Zwischenzeit hatte ich schon wunderbare Deutsche, Männer und Frauen, zu Freunden und Freundinnen gewonnen. Doch dann war die Antwort ganz klar: Trotz, nein vielmehr dank meiner tiefen Freundschaft zu Menschen jüdischer Abstammung gibt es für mich auf der seelischen Ebene auch eine Notwendigkeit, mich meinen deutschen Geschwistern zuzuwenden.

So stand für mich fest, ich fahre aus dieser inneren Notwendigkeit heraus nach Auschwitz. Damals war ich schon auf dem Weg der Zen-Tradition. In den intensiven Meditationswochen vor dem Auschwitz-Retreat hatte ich Flashbacks, eine Art Einblick in das Kollektiv. Mal erlebte ich mich als Wärterin in einem KZ, mal war ich Gefangene. Ich habe die Schreie gehört, ich weiß, wie es in diesen Lagern geschmeckt hat. Es war Horror pur. In mir wuchs die Gewissheit, dass der Holocaust einfach auch etwas mit mir zu tun hat. So war ich geradezu erleichtert, als Bernie Glassman Roshi am Rand einer der zerstörten Gaskammern stehend sagte: ›Wenn ihr nicht wahr haben wollt, dass Auschwitz auch in uns allen existiert, dann habt ihr vom Leben noch wenig verstanden, und ihr könnt auch nicht einen wesentlichen Beitrag zur Heilung und Versöhnung leisten.‹«

Dass Anna Gamma so fühlte, lag nicht zuletzt an einer Begabung, die sich in der Zwischenzeit bei ihr eingestellt hatte.

»Vor dieser Reise erlebte ich ganz schwierige Zeiten. Fast von einem Tag auf den anderen riss für mich der Schleier zur unsichtbaren Dimension der Wirklichkeit. Diese Begabung hat mich überfallen und ist in mein Leben eingebrochen, die Begabung, in den Körpern von Menschen Lebens- und Familiengeschichten zu sehen, vor allem von Deutschen. Dabei habe ich immer wieder den Eindruck gewonnen, dass diese Lebens- und Familiengeschichten wie ein grauer schwerer Mantel nicht nur über der Seele, sondern auch über den Körpern liegen. Dieser Mantel ist getränkt von Scham und Schuld und behindert meine Freundinnen und Freunde, ihr kostbares Potenzial zu leben.«

Anna Gamma hat diese Erfahrungen nicht auf sich beruhen lassen, sondern sich seitdem für die Heilungsarbeit mit Deutschen und Juden eingesetzt. Immer wieder fährt sie mit Menschen an die Orte traumatisierender Erfahrungen, seien es Erfahrungen von ihnen selbst oder ihren Vorfahren (Gamma 2005). Sie unternimmt regelmäßig mit Studiengruppen Reisen nach Jerusalem und wirkt auch nach ihrer Zeit als Leiterin des Lassalle-Instituts aktiv am Jerusalemprojekt des Instituts mit.[168]

»Es gibt eine ganz tiefe Sehnsucht in mir, meinen deutschen Geschwistern zu helfen, diesen Mantel wieder abzulegen und in ihre Größe hineinzuwachsen und sie zu zeigen. Ich beschäftige mich schon seit vielen Jahren nicht nur mit einzelnen Menschen und Gruppen, sondern auch mit Kollektiven. Dabei interessiert

168 Vgl. http://www.lassalle-institut.org/jerusalemprojekt/%20Jerusalem%20%E2%80%93%20eine%20offene%20Stadt%20zum%20Erlernens%20des%20Frieden%20in%20der%20Welt/

mich besonders die Fragen nach dem Kernschatten eines Kollektivs und nach dem entsprechenden Potenzial eines Volkes oder einer Gruppe. Ich glaube zu spüren, dass die Deutschen im Konzert der Völkerfamilie, der Weltgemeinschaft, eine Führungsaufgabe haben. Vor zehn Jahren durfte ich dieses Wort nicht nennen. Deutsche sahen rot, wenn ich es trotzdem tat. Das Wort war mehr als verpönt. Es erinnerte noch zu sehr an die dunkle Vergangenheit. Trotzdem, ich erkenne bei den Deutschen ein Potenzial zu führen, ein Potenzial, das die Welt dringend braucht.«

Was versteht Anna Gamma unter dem Potenzial und der Größe Deutschlands? Sie unterscheidet zwischen kollektiven und individuellen Begabungen und Stärken. Dabei beschränkt sie sich nicht auf die übliche Referenz an das Volk der Dichter, Denker und an die großartige klassische Musik. Sie nennt zwei weitere wichtige Potenziale: die Fähigkeiten zur Gemeinschaftsbildung, die sie beispielhaft nach dem Krieg in dem Vorantreiben der Europäischen Einigung oder in der Versöhnung zwischen Deutschen und Polen sieht, und zum anderen in der »Perfektion der Industrie«. Das Fatale dieser Perfektion sei, dass sie sich – wie in Auschwitz zu sehen – ebenso zum Töten einsetzen lasse, wie zum Aufbauen. Nach ihrer Auffassung haben nicht aufgearbeitete Schuld- und Schamgefühle und Traumata tiefgreifende Konsequenzen und Nachwirkungen. So erlebt sie das Führungspotenzial der Deutschen als vergiftet durch den Nationalsozialismus.[169]

»Ich glaube, viele Deutsche haben Angst vor ihrem Potenzial, weil damit in der Vergangenheit so viele Verbrechen ausgeübt wurden, die den Menschen unermesslichen Schrecken und Leid gebracht haben.«

Wie sich diese Ambivalenz ausdrückt, verdeutlicht sie am Bei-

169 Zu einer ähnlichen Einschätzung kommt die Schweizerin Margret Rueffler 2004

spiel der deutschen Bundeskanzlerin Angela Merkel in der Internationalen Finanzkrise.

»Ich glaube, es brauchte eine Angela Merkel – also nicht nur die Frau, sondern eine Frau aus dem ehemaligen Ostdeutschland –, die mutiger auftritt als alle Bundeskanzler vor ihr und die für mich auch immer wieder ein Stück weit wagt, aus diesem Mantel herauszutreten, ihn abzuschütteln und zu sagen, was Sache ist. Doch ich frage mich, warum es ihr in der Führungsverantwortung im Konzert der Völker noch nicht gelingt, wirklich ihr volles Potenzial zu leben. Ich glaube, ihre Art des Führens ist noch zu wenig verbunden mit der weiblichen Qualität der Führung, nämlich Führung in Verbundenheit mit allen. Es fehlt an der Fähigkeit, die anderen zu gewinnen, den Weg konsequent zu finden, wo es langgeht, aber nicht allein, sondern im Konzert mit anderen zusammen. Soweit ich es sehe, verbrüdert sich Angela Merkel immer wieder mit Frankreich, aber die anderen bleiben irgendwie außen vor. Die Verbindung mit dem sogenannten Schwachen gelingt noch zu wenig gut. Was nötig ist, ist auch da in die Führung zu gehen und die Schwachen oder die Schwächeren mitzunehmen.«[170]

Ambivalenz und einen schwierigen Umgang mit Gefühlen entdeckt Anna Gamma auch im Alltag in Deutschland:

»Wenn ich über die Grenze nach Deutschland gehe, nehme ich die Atmosphäre als viel aggressiver wahr als in der Schweiz. Ich habe diese Tatsache immer so gedeutet, dass sich Aggression entwickelt, wenn man sein Potenzial nicht leben darf. In seiner einzigartigen Begabung nicht wahrgenommen zu werden, tut weh und ist einfach frustrierend. Und Schmerz verbunden mit Frustration ist eine gefährliche Mischung, die gerne in Aggression und Gewalt kippt. Meines Erachtens ist ein wirklich wichti-

170 Obgleich das Interview zur Jahreswende 2010/2011 stattfand, hat es nichts in seiner Aktualität eingebüßt.

ger Grund dafür, dass in Deutschland so viel mehr Aggression zu spüren ist als in der Schweiz, das anhaltende unbewusste Vorhandensein von Scham und Schuld, das die Menschen daran hindert, ihr Potenzial voll auszuschöpfen.«

Schuld und Scham hat es in Deutschland nicht nur nach dem Zweiten Weltkrieg und dem sogenannten Tausendjährigen Reich gegeben. Sie gab es auch nach dem Ersten Weltkrieg. Doch Anna Gamma benennt einen wesentlichen Unterschied. Während die Menschen in der Weimarer Republik eine Demütigung von außen erlebten, waren die Menschen nach 1945 mit dem Erschrecken vor sich selbst, individuell und kollektiv sozusagen von innen her konfrontiert:

»Das ist für mich ein Unterschied: Wird dir die Schuld von außen zugesprochen oder musst du selber sehen, das kann ja nicht wahr sein, was du getan hast! Das ist ein unglaublicher Unterschied!«

Anna Gamma ist, wie ihre Heilungsarbeit seit Jahren beweist, den Menschen in Deutschland und Israel zutiefst zugewandt. Was sagt diese Christin und Zen-Meisterin aus der Schweiz darüber, wie für das deutsche Kollektiv Heilung und Befreiung von der Tiefe her möglich werden könnte? Wie können wir uns mit unserer eigenen Geschichte versöhnen?

»Ich glaube, das kann ich als Schweizerin einfacher sagen als die Deutschen. Auch der Täter verdient Mitgefühl. Wenn wir nicht Mitgefühl entwickeln für den Täter, dann ist die Tendenz der Wiederholung immer wieder groß. Ich glaube, das muss man von außen hören: Groß ist auch das Leiden der Täternation, des Tätervolkes, auch das Trauern über die eigene Schuld. Dieses Bewusstsein haben heute nur wenige. Vielmehr inszenieren sich nicht wenige schnell als Opfer, ohne sich den Untiefen in der eigenen Seele zu stellen. Aber es bewegt sich etwas. Ich nehme wahr, dass einige Deutsche es wagen – ohne Beschönigung oder Leugnung der Vergangenheit – zu sagen: Das war auch für uns nicht einfach. Millionen[171] sind vertrieben worden. Auch die Nachkommen von Nazis, also wirklich von Schergen, haben das Recht zu trauern. Wenn das nicht geschehen darf, dann ist das Trauma nicht gelöst. Solange die Schreckensgeschichte abgespalten oder im Schweigen erstickt wird, gibt es keine Versöhnung und keine Lösung. Dann droht immer wieder die Gefahr der Wiederholung. Wiederholung ist eigentlich die Sehnsucht nach Heilung. Denn wenn immer sich etwas wiederholt, gibt es eine potenzielle Möglichkeit der Heilung. Erst wenn es sich wieder zeigt, werden wir aufmerksam gemacht darauf, dass da noch etwas nicht heil ist.«

Die Lösung auf der seelischen Tiefenebene sieht Anna Gamma darin, dass wir in jedem von uns den Archetypus des Täters erkennen, egal, ob wir vor, im oder nach dem Krieg geboren sind, als Deutsche oder als Schweizer. Sich mit dieser existentiellen Bedingung unseres Seins zu versöhnen und daraus Schlüsse für das eigene Leben und Handeln zu ziehen, öffnet den Weg nicht nur zur Vergebung, sondern auch zu der dahinter stehenden existentiellen Unschuld jedes Menschen, einer Unschuld, um die alle spirituellen Traditionen wissen. Mit den Worten der Zen-Meisterin und Tiefenpsychologin Anna Gamma:

»Es geht eigentlich darum, den Bruder Kain in mir zu begrüßen und in ihm ein Geschwister zu sehen. Wenn ich dies sage, so hat das natürlich etwas mit meiner Vorgeschichte und dem Grund zu tun, warum ich so offen wurde für das Drama des deutschen Volkes. Ich habe in mir selber mit großem Schrecken und manchmal mit Verzweiflung diese hässliche Gestalt entdecken müssen: dass ich umbringen kann, dass ich töten kann, dass auch ich eine Mörderin sein kann. Mit Glück bin ich es nie geworden. Aber ich weiß nicht, wenn ich in diesen oder anderen Umständen gelebt

171 Laut Wikipedia gab es infolge des 2. Weltkriegs 11.730.000 Flüchtlinge und Vertriebene, sowie 2.111.000 Tote und Vermisste: http://de.wikipedia.org/wiki/Vertreibung#Flucht_und_Vertreibung_der_Deutschen_von_1944_bis_1950

hätte, was aus mir geworden wäre. Und im Wissen darum, wie diese Gestalt in uns danach hungert, dass sie angenommen wird, konnte ich Mitgefühl entwickeln und auch Wissen, dass im Mörder das kleine Kind schreit – nach Zuwendung, Anerkennung, Zärtlichkeit, Wertschätzung – so verrückt das klingt. Dieses Kind ist für mich jenseits von Opfer-Täter. Es gibt im Täter auch etwas, was jenseits ist von Opfer und Täter und was auch gesehen werden will. Ich glaube, dort ist die Lösung. Nicht: Ich muss Opfer und Täter integrieren, sondern: Ich muss noch einen Stock tiefer kommen, zu diesem göttlichen Kind, das frei ist von Schuld und Scham. Es lebt in jedem Menschen, eben auch im Täter, einfach verschüttet. Dieses tiefe Sehen weckt Mitgefühl, dass alle Menschen mit einschließt – Opfer und Täter.«

So könnte man die Worte Anna Gammas interpretierend feststellen: Wir als Deutsche brauchen Hilfe auf zwei Ebenen. Wir brauchen Hilfe von unseren Geschwistern im Ausland, um Dinge sagen zu dürfen, die wir noch nicht wagen zu sagen. Wir brauchen Hilfe aus einer spirituellen Dimension, die zwischen dem, was wir tun, und dem was wir im tiefsten Herzen sind, zu unterscheiden weiß. Und wir brauchen eine Vision, wie wir aus dem unsäglichen Leid, das geschehen ist, eine Lehre ziehen und zu einer gereiften Persönlichkeit werden können, individuell und kollektiv, die sich mit aller Entschiedenheit für die uneingeschränkte Würde des Menschen und für eine humane Zukunft einsetzt.

## Thomas Hübl: Den kollektiven Schatten heilen

Spirituelle Lehrer und Lehrerinnen haben zu allen Zeiten an der Transformation ihres eigenen Bewusstseins gearbeitet und es sich zur Aufgabe gemacht, andere Menschen auf diesem Weg mitzunehmen. Sie gehen als geistig Lehrende in die Welt, oder wie es im Zen-Buddhismus heißt, sie gehen auf den »Marktplatz«. Sie arbeiten mit Menschen daran, destruktive Gedankenkonzepte und negative Gefühle so zu transformieren, dass der Weg zu Verständigung und Versöhnung im Innen wie im Außen frei wird. Wo immer sie tätig sind, müssen sie dabei mit den Herausforderungen und Schwierigkeiten ihrer jeweiligen Zeit umgehen.

Ein solcher spiritueller Lehrer ist der Österreicher Thomas Hübl, der in Berlin und in Tel Aviv/Israel lebt und international tätig ist (Hübl 2009). Thomas Hübl lebt zusammen mit seiner Partnerin Yehudit Sasportas und der gemeinsamen Tochter Eliya, die beide in Israel geboren sind. Ich begegne ihm, als er 2010 zum zweiten Mal zu einem so genannten Heilungsevent in die Freie Universität Berlin einlädt, einer Veranstaltung, zu der rund 900 Menschen kommen. Ziel dieses Events ist es, Heilung in das Bewusstseinsfeld zu bringen, das durch Traumata im Gefolge des Nationalsozialismus entstanden ist. Die Veranstaltung richtet sich an Menschen in Deutschland und Israel. Über Skype werden Israelis eingebunden, sowohl Überlebende des Holocaust als auch eine Gruppe, die sich für Heilungsarbeit in Israel engagiert. Einige Zeit später interviewe ich Thomas Hübl, um mehr über seine Arbeit zu erfahren. Er stellt sie in den Gesamtkontext der Entwicklung und des Erwachens des menschlichen Bewusstseins. Doch, so meint Thomas Hübl, in Deutschland und in Österreich ergebe sich bei diesem Ziel eine besondere Herausforderung; eine ausgeprägte Blockade durch kollektive Traumata:

»Jeder, der sich in Deutschland, Österreich und Israel *nicht* mit den Traumata beschäftigt, vermeidet etwas auf dem spirituellen Weg. Wir können diese Erfahrungen nicht ausklammern. Sie haben so viel Ladung, dass man sie anschauen muss. In Deutschland konnte ich in fast jeder intensiver arbeitenden Gruppe eine Art kollektiven Verdrängungsschmerz wahrnehmen: Nach drei, vier Tagen kam ein verdrängter kollektiver Inhalt hoch, der von den Menschen im Alltag sonst gut weggehalten wird. Es herrschte dann plötzlich eine Art Lähmung im Raum und durch diese Lähmung brach etwas unvermittelt ab.«

Diese Erfahrung macht Hübl – ganz egal wie groß die Gruppen sind, ob einige zehn oder einige Hundert Menschen dabei sind. So berichtet er von dem ersten Heilungsevent in Berlin im Jahr 2006:

»Ich habe angefangen, einführende Worte zu sprechen. Plötzlich konnte ich merken, wie der ganze Raum schwer wurde. Du konntest fast nicht mehr atmen. Das ist ein Symptom von Verdrängung, wenn wir an paralysierte Areale kommen. Du spürst nichts mehr. Du bist abgespalten, Du möchtest so schnell wie möglich hier raus. Das ist ein Zeichen von Widerstand. Die abgespaltene Ladung von Millionen von Menschen hängt noch im kollektiven Bewusstsein.«

Wenn Hübl sich diesen Blockaden eines ganzen Kollektivs zuwendet, so geht es ihm nicht um die Vergangenheit, um die Geschichte. Vielmehr ist es ihm wichtig, sich mit den energetischen Wirkungen auseinanderzusetzen, die diese *jetzt* im kollektiven Bewusstsein haben. Es sei, »unumgänglich, sich das anzuschauen«. Durch die energetische Blockade hindurchzugehen, ist für ihn wie ein Tor, das auf dem Weg zu einem erweiterten Bewusstsein durchschritten werden muss. Gelingt es, diese Blockade, diesen »*Abwehrring*« zu überwinden, »... dann bricht unvermittelt etwas durch. Selbst bei jungen Menschen, die sagen, ›ich habe damit nichts zu tun‹, lässt sich feststellen, dass in diesem Prozess so viel Schmerz hochkommt, dass vierzig, fünfzig Menschen in einer Gruppe plötzlich anfangen zu weinen. Wo gibt es das sonst, dass Leute, die noch vor einer halben Stunde irgendwo ganz anders waren, plötzlich so eingeklinkt sind in diesen kollektiven Schmerz? Das hat etwas mit uns zu tun! Und die Beteiligten erkennen dies auch für sich selbst«.

Eine Gesellschaft, die – wie die unsere – derart schmerzliche

Gefühle abspaltet, und damit Bewusstwerdung, Integration und Transformation blockiert, bringt – so seine Auffassung – sehr sensible Menschen in große Gefahr, denn diese sind in besonderem Maße empfänglich für die Kräfte des kollektiven Unbewussten. Doch sie können, was sie empfinden und was mit ihnen geschieht, oft weder verstehen, noch einordnen, noch persönlich bewältigen. Manche Psychose, manche tiefgreifende Störung hat nach Hübls Beobachtungen hier ihren Ursprung. Er setzt deswegen auf eine grundlegende Transformation des kollektiven Bewusstseins und begreift dies als »einen ganz starken Auftrag und eine besondere Chance in Deutschland, Österreich und Israel«.

»Wir kreieren ein neues Werkzeug der Schattenarbeit, das nicht mehr individuell, sondern kollektiv ansetzt, und sich dadurch mit dem verdrängten Material verbindet und eine überbewusste Kraft mit einlädt, die uns hilft, diese ganze Energie, die im Meer des Unbewussten noch wirksam ist, ins Bewusstsein zu holen. Wir beginnen, Schattenaspekte zu integrieren, das Bewusstsein zu transformieren und auf eine neue Stufe zu heben. Die Erfahrung wird nicht weggeheilt, sondern sie wird in ein tieferes Verständnis integriert.«

Warum solche Wirkungen auf der kollektiven Ebene eintreten können, lässt sich mit dem Phänomen der morphogenetischen Felder, die der Evolutionsbiologe Rupert Sheldrake erforscht hat, erklären. Demnach ist alles Leben auf unserem Planeten in kollektiven Bewusstseinsfeldern verbunden, die die jeweilige Spezies prägen. Vollzieht sich in einem Teil der Spezies an irgendeiner Stelle ein grundlegender Lernschritt, so hat dies Auswirkungen auf die ganze Spezies, selbst wenn dies auf einem anderen Kontinent geschieht. Wenn man diese auch quantenphysikalisch gestützte Erkenntnis auf die traumatischen Bewusstseinsblockaden im Gefolge des Nationalsozialismus anwendet, könnte man daraus weitreichende Schlussfolgerungen wie folgt ziehen: Wenn es gelingt, den kollektiven traumatischen Schatten an einzelnen Stellen aufzulösen und unbewussten Seelenschmerz zu integrieren und zu transformieren, so kann dies aufgrund von morphogenetischen Feldern positive Wirkungen haben, die weit über Deutschland hinausreichen. Die Arbeit in Deutschland könnte dann zu einem kollektiven Bewusstseinssprung generell beitragen. Mit Hübls Worten:

»Wir wollen den Schmerz nicht wegheilen, sondern wir wollen schauen, wie man diese Erfahrungen integrieren kann, damit das Feld der Menschheit einen Entwicklungssprung macht. In Deutschland haben wir – wenn wir bewusst damit umgehen – die Möglichkeit, auf einer ganz tiefen Ebene Verantwortung zu übernehmen gegenüber dem, was passiert ist. Wir haben die Chance, wirklich im Feuer stehen zu lernen – ganz nackt. Dann wird daraus ein Impuls im morphogenetischen Feld der Menschheit entstehen. Wir werden lernen, mit solchen Dingen anders umzugehen, als sie zu verdrängen und zu warten, bis Gras drüber wächst. Das könnte ein Schritt für die Menschheit sein, ein wirklich progressiver Schritt in der Verarbeitung von traumatischen Erfahrungen mit Schuld und Scham. Es könnte ein kollektiver Lernschritt sein, aber nicht nur für Deutschland, sondern für die ganze Welt.«

»Im Feuer zu stehen und nackt zu sein« ist in Hübls Wahrnehmung ein Prozess, in dem die Erfahrungen nicht nur mental durchdrungen, sondern physisch-emotional erlebbar werden. Wenn wir uns in unserem Bewusstsein in die Täter-Opferdynamik verstricken, dann stehen wir noch nicht im Feuer. Bei aller Berechtigung von Schmerz und Abwehr vertritt er daher die Auffassung:

»Sowohl mich als Opfer zu fühlen, wie mich schuldig zu fühlen – das sind beides immer noch Bastionen, um nicht ganz im Feuer der direkten Erfahrung zu stehen und anzukommen, in dem, was es ist. Auch wenn das schwierig ist: Wir müssen an einem Punkt ankommen, wo wir ganz da drinnen stehen, sowohl in Deutschland als auch in Israel.«

Was Thomas Hübl hier meint, ist ein Ankommen in dem, was ist. Es ist die Bereitschaft, sich der Wahrheit menschlicher Untiefen zu stellen, den »Täter« ebenso wie das »Opfer« in sich zu erkennen, und zu fühlen und ihre Existenz als Realität anzunehmen. Und es ist die daraus abgeleitete Bereitschaft, Prinzipien aus innerer Überzeugung heraus zu bejahen, die unser aller Leben und Überleben schützen:

»Das ist tiefste spirituelle Praxis, ganz nackt zu stehen. Das Jüngste Gericht in der christlichen Tradition ist im Prinzip nichts anderes als dieses: Aus einer tiefen inneren Klarheit anzukommen in den Tatsachen des Lebens. Dadurch setzt sich etwas frei. Wenn Erfahrungen seelisch-emotional wirklich ankommen, dann führen sie innen zu einer tiefen Transformation des Individuums oder des Kollektivs. Ich glaube, dann ist es gar nicht mehr möglich, so etwas zu wiederholen. Das geht dann nicht.«

Worauf Hübl abzielt, ist insbesondere das Gebot *Du sollst nicht töten*, ein Gebot, das im Nationalsozialismus in ein Gebot des »Du sollst töten« pervertiert wurde und dem Menschen in großer Zahl im Namen des Führers und eines menschenverachtenden Rassenwahns mit blindem Gehorsam folgten:

»In dem Moment, in dem wir uns tief berühren lassen, erkennen wir, was das bedeutet: Du sollst nicht töten. Das ist nicht nur eine moralische Regel, sondern das ist ein tiefes spirituelles Prinzip. In dem Moment, in dem Menschen sich einlassen, tief im Kern ihrer Seele zu empfinden, transformiert das die Seele. Es verbindet das Bewusstsein mit der durch Erfahrung gewonnenen Erkenntnis: Du sollst nicht töten. Dann ist es nicht mehr nur eine Regel, sondern ein tief verstandenes Lebensprinzip. So kann das Kerntrauma zu einem Weg werden, eine Kernkompetenz zu erlangen.«

Im Feuer zu stehen, ist für ihn eine Aufgabe für Deutsche und

Juden und für deren Beziehung zueinander. Er sieht Zeichen, dass immer mehr Menschen dazu bereit sind:

»Ich lebe halb in Israel und halb in Berlin und ich sehe immer mehr, wie viele Menschen jetzt auch aus Israel wieder nach Deutschland zurückkehren. Mein Gefühl ist, dass es eine seelische Verbindung gibt und dass hier eine Alchemie passieren muss. Ich sehe auch immer mehr Verbindungen von Leuten aus Israel und Deutschland, also auch Partnerschaften, in denen Seelen zusammenkommen, um diesen Integrationsprozess voranzutreiben.«

Wie sich ein solcher innerseelischer Integrationsprozess manifestieren kann, verdeutlicht Hübl am Beispiel eines mehr als achtzigjährigen Blinden, der auf dem ersten Berliner Heilungskongress öffentlich das Wort ergreift. In jungen Jahren sei Hitler sein Idol gewesen. Als er in den letzten Kriegstagen durch eine Bombe sein Augenlicht verliert, habe er im Lazarett die letzten Reden Hitlers gehört und sich dabei innerlich gesagt: »Und selbst mein Augenlicht habe ich für dich gegeben und es ist gut so.«

Nach eigenem Bekunden sei er anschließend sein ganzes Leben lang damit beschäftigt gewesen, zu klären, was da mit und in ihm geschehen war. Solche Auseinandersetzung mit den Tiefen seines Unbewussten habe ihn nicht nur zu einem kompetenten Psychotherapeuten werden lassen, sondern ihn auch dazu befähigt, öffentlich – mit der Reife einer durch den Schatten gewanderten Persönlichkeit – zu sagen »Ja, das war so«. Er hat – um die Terminologie Hübls aufzugreifen – ganz *nackt* in dem gestanden, was war; er hat dadurch eine seelisch-geistige Transformation erfahren und den Weg zu einer neuen Humanität gefunden.

Solche Aufgabe zur Nacktheit stellt sich nach Hübls Beobachtungen sowohl für Deutsche als auch für Israelis bzw. die Juden, die infolge des Holocaust überall verstreut auf der Welt leben – wenngleich vor dem Hintergrund unterschiedlicher Erfahrungen. Doch er hält diese Aufgabe für Menschen, denen er in Israel begegnet, für ungleich schwieriger als für Menschen in Deutschland. In Israel seien die Traumatisierungen derart tief, dass die Abwehr auch weitaus größer sei als in Deutschland. Mit dazu trage die Tatsache bei, dass die Menschen in Israel nach der Staatsgründung niemals eine territoriale Sicherheit erleben konnten. Die Seele sei dadurch individuell wie kollektiv »einem konstanten inneren Stresslevel« ausgesetzt und gerate in die Gefahr von Überreaktionen, weil die seelischen Puffer fehlten. Es entstehe ein Mangel an seelischer Elastizität, der angemessene Antworten auf die Herausforderungen verhindere, die sich heute in Israel und Palästina stellen – sowohl bei den traumatisierten Israelis, als auch bei den traumatisierten Palästinensern. In seinen Worten:

»Jede Dissoziation heißt, dass ein Teil meines bewussten Wahrnehmens der Wirklichkeit im traumatischen Areal blockiert ist. Wenn das Leben zu uns kommt und wir müssen mit dem Leben auf das Leben antworten, dann können wir an diesem Platz der Blockade nicht adäquat auf das Leben antworten. Wir fühlen uns getrennter als wir sind und deswegen handeln wir dementsprechend.«

Was bedeutet dies für das Verhältnis zwischen Deutschen und Juden und insbesondere zwischen Deutschen und Israelis? Es bedeutet nach Hübls Auffassung, dass wir in Deutschland unsere Bewusstseinsarbeit tun müssen – unabhängig davon, ob ähnliche Prozesse in Israel gelingen. Doch, die Erfahrung, die Thomas Hübl dort wie hier macht, ist, dass es auch unter den Israelis Menschen gibt, die sich schon jetzt – durch alle Untiefen hindurch – für die tiefe Liebe zwischen dem Deutschen und dem Jüdischen öffnen, eine Liebesbeziehung, von der bereits Nietzsche sprach und die zu großartigen kulturellen Leistungen im deutschsprachigen Raum geführt hat.

Der spirituelle Lehrer Thomas Hübl erkennt – bei aller seelischen Not, die dieser Prozess mit sich bringt – eine große

Chance für die Entwicklung der Menschheit. Wenn es uns gelingt, das Unsägliche, zu dem Menschen fähig sind, als Realität vollkommen in unserem Bewusstsein ankommen zu lassen und als Wirklichkeit zu integrieren, dann – so ist seine Erfahrung und Hoffnung – geschieht eine tiefgreifende Transformation. Dann entsteht eine innere Widerstandslinie, die Ähnliches für die Zukunft verhindert und damit den Kreislauf von Wiederholungstaten durchbricht. Von einer solchen Kernverletzung, wie sie Deutsche und Juden erlebt haben, zu einer Kernkompetenz zu gelangen, bedeutet mithin Arbeit am kollektiven Schatten, den Gang durchs Feuer, ein Sich-Ausliefern und – in der Folge mit Gottes Hilfe – eine gnädige Transformation, die individuell und kollektiv in sich das Versprechen einer reiferen Humanität trägt.

## Nele Hertling: Europa eine Seele geben

Das Berliner Institut für Zukunftsforschung und Technologiebewertung hat eingeladen. Es geht um die Zukunft Europas. Auf dem Podium an diesem Wintertag 2012 fällt mir eine ältere Dame auf, die als die »Grande Dame« der Berliner Kulturszene vorgestellt wird. Es ist Nele Hertling, ehemalige Intendantin des Berliner Hebbeltheaters und intensiv engagiert in einer Initiative mit dem Namen *»Europa eine Seele geben«* (Busek 2008). Kurze Zeit später ist sie bereit, mir in einem Interview über ihre Arbeit zu berichten.

Nele Hertling blickt auf ein arbeitsreiches Leben zurück. Doch dies hindert sie nicht, weiterhin ihre ganze Kraft für eine wichtige Idee einzusetzen. Sie ist Tochter einer jüdischen Mutter und des Abkömmlings einer deutschen Kapitänsfamilie. Die Mutter erhielt als Musikerin im Nationalsozialismus Berufsverbot. Doch sie konnte mit der Tochter bis zum Kriegsende unbehelligt überleben. Ein Pfarrer in Mecklenburg, von wo der Vater stammte, besaß den Mut, sie als Organistin einzustellen, obwohl sie noch nie in ihrem Leben eine Orgel gespielt hatte. Ihre Eltern bezeichnet Nele Hertling als politisch bewusst. Für sie ist es eine Selbstverständlichkeit, dass man die eigenen Kräfte dort einbringt, wo man gestaltend aktiv werden kann. Heute ist dieses Feld für sie Europa. Sie erinnert sich:

»Die ersten Überlegungen entstanden um 2000. Berlin hatte nach der euphorischen Vereinigung eigentlich keine wirkliche Aufgabe für sich gefunden. Es hieß immer, Berlin sei jetzt in der Mitte Europas. Aber eigentlich war es Wien; Wien war viel aktiver und hatte auch viel bessere Beziehungen in alle Richtungen als Berlin. So traf sich ein Kreis von Berlinern aus ganz unterschiedlichen Berufen – alt und jung, zusammen gerufen vom damaligen Berliner Kultursenator Volker Hassemer – und stellte sich die Frage: Welche Aufgabe könnte sich Berlin verordnen? Letztendlich lief es darauf hinaus, eine große Veranstaltung zu planen, in der wir eine möglichst große Vielfalt von Menschen unterschiedlicher Herkunft, Länder, Religionen, geschichtlicher Hintergründe und jedes Alters zusammenbringen wollten.

Wir wollten sehen, ob wir eine gemeinsame Thematik entwickeln können. Volker Hassemer und ich waren damals bei Jacques Delors, der in einer schönen Rede von der ›Seele Europas‹ gesprochen hat. Wir haben gezögert, diesen Begriff zu verwenden. Die Seele Europas schien uns viel zu romantisch. Aber wir sind dann dabei geblieben. Wir hatten außerdem einen sehr guten Kontakt zu Richard von Weizsäcker; er war von der Idee sehr begeistert. Simpel formuliert lautet sie: Wenn Europa eine Chance haben soll, dann verlangt dies kulturelle Bewusstheit. Ich meine damit nicht das Einbringen von Kunst, sondern wirklich die Möglichkeiten von Kultur, von Verständnis, Toleranz, miteinander umgehen lernen, sich kennenlernen, Informationen austauschen. Das alles war für uns Kultur. Wenn es uns nicht gelingt, dies in die europäische Politik zu integrieren, dann wird Europa nichts werden. Wir forderten deswegen, die kulturelle Dimension Europas mit allen Kräften zu fördern. Die andere Forderung war: Wenn man nicht die Bürger, vor allem junge Bürger, einbezieht in Entscheidungsprozesse, werden die Menschen nie lernen, worum es geht. Wir müssen aber lernen, worum es geht und Verantwortung dafür übernehmen. Das geht aber nur, wenn man die Menschen ernst nimmt, sie also wirklich einbezieht. Das war ein Ausgangspunkt für unsere Aktivitäten.«

2003 war dann der eigentliche Startpunkt der Initiative. Dabei kamen glückliche Umstände zur Hilfe:

»Manuel Barroso war gerade als EU-Präsident ernannt worden, aber er war noch gar nicht öffentlich aufgetreten. Er kam zu unserer Konferenz in Berlin und es war sein erster europäischer Auftritt. Dann hat er den Satz gesagt: ›Ja, Kultur ist viel zu sehr vernachlässigt worden, ich werde in meiner Amtszeit dafür sorgen, dass Kultur in der Politik eine entscheidende Rolle spielt‹. Das ging damals natürlich durch alle europäischen Medien und hat die Sache sehr befördert.«

Der Start war gemacht. Stiftungen stiegen für drei Jahre mit finanziellen Mitteln ein und durch die Resonanz an vielen Orten entwickelte sich ein ganz bestimmter Zugang, wie die Idee umgesetzt werden konnte, Europa an vielen Orten »eine Seele zu geben«. Sie berichtet:

»An einem Beispiel lässt sich illustrieren, wie sich das entwickelte. Kurz nach der ersten Konferenz wandte sich eine Gruppe aus Belgrad an uns. Es war gerade in der großen regierungslosen Krisenzeit in Serbien. Es waren Menschen, die die Konferenz besucht hatten und die nun versuchten, im eigenen Land, in ihrer eigenen Stadt ein bisschen aktiv zu werden. Weder die Stadt noch die nationale Regierung hatten ihnen überhaupt einen Gesprächstermin zugesagt. Es gab keinerlei Chance, irgendwie zusammenzukommen. Dann kamen diese jungen Menschen auf die kluge Idee, uns zu sagen: Ihr habt so gute politische Kontakte, bringt doch mal zwei, drei europäische Politiker zu uns nach Belgrad, dann können unsere Politiker sich nicht einfach verweigern. Was folgte, war ein langer Prozess, doch es hat funktioniert. Wir sind erst einmal hingereist. Wir hatten dann drei oder vier Parlamentarier, sogar eine Kommissarin, in einem Saal mit sicherlich 300 jungen Serben, die noch nie außerhalb des Landes gewesen waren (es herrschte noch Visumspflicht).

Politik war für diese Menschen irgendwie der Teufel. Und nun hatten sie das erste Mal eine Begegnung mit europäischen Politikern, mit denen man reden konnte, sogar im direkten Kontakt! Das hat einen unglaublichen Eindruck gemacht. Die serbischen Politiker versuchten, wie das auch andernorts oft geschieht, nur ihre Statements abzuliefern und dann wieder zu verschwinden; aber es blieben genügend interessante europäische Persönlichkeiten für Gespräche da. Und in der Tat, später hat die Belgrader Stadtregierung diese Gruppe eingeladen und gesagt: Uns ist es nie gelungen, die europäischen Persönlichkeiten nach Belgrad zu holen, wie habt ihr das gemacht? Ihr habt offenbar irgendwie Einfluss. Dann haben sie einen Dialog angeboten. In Serbien führte dies an allen Ecken zu Diskussionen der jungen Zivilgesellschaft: in Universitäten, Kultur, Wirtschaft, Medien. Belgrad hat der Gruppe, die die Initiative ergriffen hatte, ein altes verfallenes Industriegelände am Hafen zur Verfügung gestellt, und die niederländische Regierung, die sich seit der ersten Konferenz sehr engagiert hatte, stellte erhebliche Mittel zur Verfugung, um diesen Ort aufzubauen. Es ist ein wunderbarer grob renovierter Ort, an dem bis heute Debatten, Diskussionen, Kunst, Kultur und jeden Abend Filmvorführungen stattfinden. Da ist immer etwas los!«

Dieses Erfolgsmodell funktioniert bis heute: Die Initiative bietet jungen Europäern die Chance, sich an ihrem Ort mit eigenen Anliegen einzumischen und zu profilieren, und vermittelt die notwendigen Kontakte auf der europäischen Ebene. So entwickelt sich – durch zivilgesellschaftliches Engagement – eine junge Elite, die vor Ort »Europa eine Seele gibt«, indem sie kulturelle Kräfte aktiv fördert. Der regionale Schwerpunkt liegt dabei eher auf den osteuropäischen Staaten; dort ist die europäische Zusammenarbeit ein dringenderes Anliegen. Der inhaltliche Schwerpunkt liegt vor allem auf der Entwicklung von Städten und Regionen und hier insbesondere die Initiative der Kulturhauptstädte Europas. Dafür gab es einen Grund:

»Die Kulturhauptstadt-Initiative hatte in den letzten Jahren eine Entwicklung gezeigt, die ihrem ursprünglichen Gedanken immer weniger entsprach. Sobald eine Kommune den Zuschlag erhielt – meist aufgrund eines zivilgesellschaftlichen Engagements – setzten sich häufig etablierte politische und wirtschaftliche Kräfte auf das Projekt und dominierten es. Statt wie intendiert die kulturelle Vielfalt der europäischen Städte mit diesem Programm zu würdigen und in Wert zu stellen, verflachten die Aktivitäten zu Event- und Marketingveranstaltungen. Die Initiative *A Soul for Europe* arbeitete daher intensiv daran mit, neue Standards festzulegen, die in einem Grundsatzpapier niedergelegt wurden.[172] So wirkt die Initiative heute daran mit, den ursprünglichen Geist der Kulturhauptstadt-Initiative in Verbindung mit lokalen Akteuren vor allem der Zivilgesellschaft wieder zu beleben.«

Obgleich drei Jahre nach dem Start die finanzielle Förderung auslief, entfaltet sich das Vorhaben unvermindert weiter. Große Konferenzen, allein 2012 drei in den Städten Berlin, Brüssel und Amsterdam, sorgen immer wieder für den inneren Zusammenhalt. An fünf Orten stehen Menschen zur Verfügung, die den Prozess am Laufen halten. In Deutschland ist es die *Stiftung Zukunft Berlin* mit ihrem Leiter Volker Hassemer, die den organisa-

172 Vgl. http://www.stiftungzukunftberlin.eu/sites/default/files/files/St%C3%A4dte_und_Regionen_low.pdf

torisch-institutionellen Rahmen bietet. Das Herzstück der Initiative ist heute eine *Strategy Group* mit rund 50 jungen Europäerinnen und Europäern aus über 20 Ländern Sie arbeitet nach eigenem Bekunden daran, »das kulturelle Potenzial Europas für den europäischen Einigungsprozess einzusetzen.[173] Ausgehend von ihren Basispunkten in Amsterdam, Belgrad, Berlin, Brüssel, Porto und Tiflis bildet die Initiative ein internationales Netzwerk aus europäischen Städten und Regionen, dem Kultur- und Wirtschaftssektor sowie europäischen politischen Entscheidungsträgern.«[174]

Auch auf der Ebene der europäischen politischen Institutionen hält die Unterstützung an. So gibt es einen *Advisory Board* mit hochrangigen europäischen Vertretern, unter anderem dem Präsidenten des Europäischen Parlaments, Martin Schulz.[175] Und sehr ungewöhnlich: Es gibt eine *Parlamentarian Working Group*, die sich aus Parlamentariern aller Nationen und Regionen zusammensetzt.[176] Sie ist das personelle und ideelle Bindeglied, um den Gedanken *A Soul for Europe* weiter wirklich werden zu lassen.

Was einst in kleiner Runde in Berlin mit der Frage begann: Welche Aufgabe kann sich Berlin im wiedervereinigten Deutschland in der Mitte Europas stellen, hat sich im Laufe weniger Jahre zu einem breit angelegten europäischen Projekt entwickelt. Es schafft Inseln, in denen sich eine europäische kulturelle Identität von unten, von den Bürgern und Bürgerinnen her, entwickeln kann. Die Begeisterung von Nele Hertling, Volker Hassemer, Richard v. Weizsäcker und vielen anderen hat daran ebenso mitgewirkt, wie die Begeisterung der vielen insbesondere jungen Menschen, die sich in diesem Vorhaben für eine neue Kultur der

173 Vgl. http://www.stiftungzukunftberlin.eu/de/content/strategy-group
174 Vgl. http://www.stiftungzukunftberlin.eu/de/soul-europe
175 Vgl. http://www.stiftungzukunftberlin.eu/de/content/advisory-board
176 Vgl. http://www.stiftungzukunftberlin.eu/de/content/parliamentarian-working-group

Zusammengehörigkeit engagieren, eine Kultur, in der die Individualität und Vielfalt des europäischen Kulturraums zum Ausdruck kommen kann.

## Margrit Kennedy: Jenseits der Herrschaft des Zinses

Europa ist nicht nur bedroht durch ein mangelndes Bewusstsein für seinen kulturellen Reichtum, sondern auch durch finanzielle Mechanismen und Strukturen, die zur sozialen Polarisierung und Destabilisierung beitragen. Dies muss nicht so sein, davon ist Margrit Kennedy überzeugt, die sich seit Jahren national und international für eine neue Geld- und Finanzpolitik einsetzt. Nach Jahren der Ablehnung und Ausgrenzung finden ihre Überlegungen im Gefolge der Krise zunehmend Beachtung. Niedergelegt wurden sie 1991 in einem Buch mit dem Titel *Geld ohne Zinsen und Inflation*, das in 23 Sprachen übersetzt Erkenntnisse darüber liefert, dass man mit der bisherigen Geld- und Finanzpolitik unmöglich zu einer nachhaltigen Form des Wirtschaftens kommen kann. Später folgten Forschungen und Publikationen zu Regional- und Alternativwährungen und damit Vorschläge, wie man es anders machen kann (Kennedy 2004 und 2011). Margrit Kennedy ist heute um die siebzig und weiterhin international und national hochaktiv. Mit ihren Worten: »Dreißig Jahre mit diesem Geldthema und keine langweilige Minute!«

Wie Margrit Kennedy dazu gekommen ist, ist eine spannende Story. Sie startete als Architektin mit einem Schwerpunkt im ökologischen Bauen. Dabei begriff sie, dass die Geldmechanismen niemals eine Politik der Nachhaltigkeit unterstützen können, weil sie immer auf kurzfristige Gewinne hin optimiert werden.

»Alle Überlegungen zum ökologischen Bauen zeigten, es war zwar teurer im Moment, aber langfristig war es immer billiger.

Und dann sagten die Leute: Es rechnet sich nicht. Und irgendwo wusste ich, da klemmt etwas. Dann, während eines Vortrags fiel innerhalb von Minuten der Groschen. Es gibt einen grundlegenden Widerspruch zum natürlichen ökologischen Wachstum, das immer ab einer optimalen Größe aufhört: Menschen, Tiere, Pflanzen, alle lebenden Organismen hören ab einem bestimmten Punkt auf zu wachsen. Bei uns dauert das etwa bis zum 21. Lebensjahr.

Doch beim Geld gibt es eine andere Wachstumskurve. Denn mit Zins und Zinseszins vermehrt sich jede Geldanlage exponentiell. Bei einem Prozent Zins dauert es bis zur Verdoppelung etwa 72 Jahre, bei drei Prozent 24, bei sechs Prozent zwölf und bei zwölf Prozent sechs Jahre. Und wenn man sich überlegt, dass Herr Ackermann von 25 Prozent Rendite oder Zinsen redete, dann hieß das in weniger als drei Jahren eine Verdoppelung der Geldanlage.

Als ich die Exponentialkurve und dagegen die natürliche Wachstumskurve sah, wusste ich: Solange wir dieses Geldsystem haben, wird sich Ökologie nie rechnen, denn es gibt kein andauerndes exponentielles Wachstum im ökologischen Bereich! Jedes gesunde Wachstum in der Natur hört ab einer optimalen Größe auf, das ist die Annäherungskurve. Fortgesetztes exponentielles Wachstum gibt es nur, wenn in der Natur etwas krankhaft ist, zum Beispiel beim Krebs; dann werden aus einer Zelle 2, 4, 8, 16, 32, 64 Zellen und so weiter.

Wenn man es nicht stoppen kann, endet es mit dem Tod des Organismus, auf dem der Krebs wächst. Das genau ist es, was mit dem Geldsystem passiert. Jetzt, 68 Jahre nach dem Zweiten Weltkrieg, sind wir wieder kurz vor einem Kollaps des Geldsystems, weil das Wachstum in der Realwirtschaft schon seit den 1980er-Jahren nicht mehr mithalten kann und dann nur noch ein Bereich bleibt, in dem die Gewinne noch so lange exponentiell weiterwachsen können, wie Menschen daran glauben – im Bereich der Spekulation mit Währungen, mit Häusern, Lebensmitteln usw. Und all das, weil wir das exponentielle Wachstum und die Umverteilung von Geld über die in den Preisen versteckten Zinsen nicht verstehen und damit auch kein System einführen können, das diese wiederkehrenden Blasenbildungen und Zusammenbrüche vermeidet.«

Nach dieser plötzlichen Erkenntnis begann für Margrit Kennedy eine Zeit intensivsten Forschens und Suchens, um festzustellen, ob sie einem Irrtum aufsaß.

»Ich habe sechs Monate gebraucht, um zu glauben, dass das wirklich stimmte. Weil ich dachte: Wenn es denn so einfach zu verstehen ist, hätten wir es doch längst gemacht. Und es hat auch ca. zwanzig Jahre gebraucht, bis ich begriffen habe, dass ich in einer privilegierten Position war, nämlich dass ich nicht Ökonomie studiert hatte, sondern Ökologie. Ich hatte also genügend Hintergrund, um zu sehen, was für eine entscheidende Rolle das Geldsystem in unserem Leben spielt. Man muss sich das vorstellen: 1982 entdecke ich, da ist etwas im Geldsystem, das dazu führt, dass es eines Tages vor die Wand fahren muss, und da sind Millionen Banker in aller Welt, die das tagtäglich benutzen und gar nichts dabei finden. Ich habe immer gedacht, irgendwas muss mit mir verkehrt sein.

Wenn jemand auf mich zukam, und sagte: ›Ich glaube, ich habe einen Fehler in ihrer Argumentation entdeckt‹, war meine Reaktion immer: ›Oh ja bitte, sagen Sie mir das!‹ Denn nichts wäre mir lieber gewesen als herauszufinden, dass ich mich irrte. Doch dann stellte sich immer heraus, dass diese Menschen irgendeinem Fehler aufsaßen, und ich musste leider immer wieder erkennen: Nein, es stimmt tatsächlich.

Als Bernard A. Lietaer, ein belgischer Finanzexperte, der maßgeblich mitgewirkt hat an der Einführung des ECU (einer Handelswährung, die ein Vorläufer des Euro war), mich anrief und mir sagte, dass ich Recht habe, da habe ich begriffen, nicht ich bin verrückt, die Welt ist verrückt.«

»Ich mache drei Missverständnisse in unserem Verhältnis zum Geld aus: Das erste Missverständnis ist, dass wir nicht verstehen, dass und wie über das exponentielle Wachstum Druck auf die Wirtschaft entsteht. Zweitens: Dass wir den Zins in allen Preisen bezahlen; in manchen Fällen macht der Zins sogar einen Großteil des Preises aus. Und drittens: Dass der Zins keine faire Gebühr ist für alle, sondern dass er zu einer enormen Umverteilung führt und zur Polarisierung der Gesellschaft beiträgt. Diese drei zentralen Punkte muss man verstanden haben, um zu begreifen, warum wir andere Geldsysteme brauchen. Und dass dies möglich ist, liegt daran, dass unser Geldsystem letztendlich eine Vereinbarung ist, die wir verändern können. Eigentlich kann man das Geldsystem als eine kollektive Illusion bezeichnen, die nur deswegen funktioniert, weil wir alle daran glauben.«

In den Finanzwissenschaften oder Banken erlebte Margrit Kennedy zwar erstaunlich oft Zustimmung, dann jedoch meistens eine große Hilflosigkeit, wie mit dieser Erkenntnis umzugehen sei – genauso oft aber auch Ablehnung. Doch ihre Entdeckung bestätigte sich immer wieder. Fünf Jahre lang weigerte sie sich, das Geldthema zu ihrem Hauptthema zu machen, erwähnte es in ihren Vorträgen eher am Rande, bis irgendwann das innere Drängen, sich darauf zu konzentrieren, immer stärker wurde. Sie wusste um die Gefahr, die bestand wenn das exponentielle Wachstum, durch Crash, soziale Revolution oder Krieg »bereinigt« würde, und wollte ihren Teil dazu beitragen, dies für die Zukunft zu verhindern. In einem Seminar mit dem indianischen Schamanen Art Read und tiefen inneren Ringen stand jedoch für sie fest, dass dies ihre Zukunftsaufgabe sei. Innere Bilder, die sie über ihre zukünftige Aufgabe erhielt, bestätigten sich umgehend in der Realität; nach weiteren fünf Jahren lag das erwähnte Grundlagenbuch zu dem Thema vor, das inzwischen in 23 Sprachen übersetzt wurde (Kennedy 1991); und eine Professur gab den institutionellen Hintergrund für ihre ausgedehnten Vortrags-

und Forschungsarbeiten. Auf diese grundlegende Wende in ihrem Leben folgte eine zweite:

»1995 wusste ich plötzlich: Es interessiert mich nicht mehr, Vorträge zu halten, Bücher und Artikel zu schreiben zu dem Thema, es interessiert mich nur noch eine Sache: das sind praktische Beispiele, wie es anders geht und gehen kann.«

Dies war der Beginn ihrer intensiven Forschungen über Regional- und Alternativwährungen, und damit zu einem Ansatz, der das gegenwärtige Geldsystem zumindest ein stückweit ausbalancieren kann. Sie setzte auf die Regionalebene, zwischen Lokal- und Nationalebene, da dort weniger administrative Hindernisse zu erwarten waren. Sie wollte Ansatzpunkte finden, wie man eine Währung mit einem begrenzten Wirkungsradius einführen kann. Solche Versuche waren – wie sie betont – nicht neu. Es gab sie schon vorher, angestoßen durch die Konzepte von Silvio Gesell, einem Kaufmann, der ein Buch mit dem Titel *Die natürliche Wirtschaftsordnung* verfasste (Gesell 1920).

»Das Prinzip ist einfach: Statt einen Zins zu erheben, sichert man den Geldumlauf über eine Gebühr. Wenn man das Geld in der Tasche behält, dann muss man die Gebühr bezahlen und damit verliert das Geld an Wert. Wenn man es hingegen weitergibt oder zur Bank bringt, so dass die Bank es wieder verleihen kann, dann verliert das Geld seinen Wert nicht. Die Bank steht dann unter demselben Zwang, das Geld weiterzugeben, wenn sie nicht verlieren will; sie hat aber die Möglichkeit, es an die Zentralbank weiterzuleiten, wenn keine Kredite nachgefragt werden. Und die Zentralbank ist dann das ›Abstellgleis‹ und idealerweise die Geld schöpfende Institution, die damit endlich den Geldumlauf regulieren kann.

Es gibt also wie im herkömmlichen System einen Anreiz, sein Geld weiterzugeben – nur statt mehr zu bekommen, verliert man nicht. Damit kann man ein Geldsystem schaffen, das auf Dauer stabil sein könnte, weil es nicht exponentiell wächst, sondern über die Zentralbank wirklich die Menge generiert, die wir brauchen. Wir haben dann die Möglichkeit – wie beim ökologischen Wachstum – dass die Geldschöpfung an dem Punkt aufhört, an dem die Wirtschaft nicht mehr wächst. Das Geld kursiert mal schneller und mal langsamer und die Zentralbank hat die Möglichkeit, genau die Geldmenge zu schaffen, die notwendig ist, damit alle Austauschvorgänge bewältigt werden können.«

Wie Margrit Kennedy berichtet, blieb es nach Gesells Entdeckungen Anfang des vorigen Jahrhunderts nicht bei der Theorie. Ausgelöst durch die Weltwirtschaftskrise von 1929 experimentierte man, und das zum Teil höchst erfolgreich. Eines der bekanntesten Beispiele waren die ca. 5.000 »Arbeitwertbestätigungen«, die die österreichische Gemeinde Wörgl ausstellte. Sie waren auf Schillinge in der Bank abgesichert, wurden von der Gemeinde ausgegeben, unterlagen einem Umlaufimpuls von einem Prozent pro Monat d.h. zwölf Prozent pro Jahr. In dreizehn Monaten wechselten sie etwa 400 Mal die Hände und schufen damit Güter und Dienstleistungen von (5.000 x 400) 2.000.000 Schillingen. Als das System in Österreich derart um sich griff, dass sich über 100 Gemeinden anschließen wollten, wurde es 1933 von der österreichischen Zentralbank verboten.[177]

Neben solchen Regionalwährungen gab es auch Versuche für bargeldlose Verrechnungssysteme, bei denen ein Austausch von Gütern und Dienstleistungen ohne Geldverkehr vereinbart wurde. In Deutschland waren entsprechende Versuche aufgrund des § 3.3 des Kreditwirtschaftsgesetzes nicht möglich, denn dieser Paragraph besagte, dass Guthaben auf einer Bank jederzeit in der nationalen Währung auszahlbar sein müssen.[178] Wie

177 Kennedy 2011, 82

178 Margrit Kennedy erwartet die Fertigstellung eines Gutachtens von Dr. Hugo Godschalk (Frankfurt), der sich seit mehreren Jahren mit diesem Thema auseinandersetzt und als Fachmann auf dem Gebiet des elektronischen Zahlungsverkehrs sagt: »Wenn man einen eigenen elektronischen Kreislauf schafft, der sich nicht mit dem Eurokreislauf vermischt, dann kann man eine eigene Währung einführen.«

Margrit Kennedy betont, gibt es seit 2002 eine E-Geldrichtlinie, die ein solches System (wenn es nicht mit dem Euro verbunden ist) wieder möglich macht. Am nachhaltigsten gelang die Einführung einer Alternativwährung in der Schweiz mit dem WIR (eine Abkürzung des Begriffs Wirtschaftsring), der bis heute ausgezeichnet funktioniert. Dazu Margrit Kennedy:

»Das WIR-System ist 1934 entstanden, als die kleinen und mittleren Unternehmen in derselben Lage waren wie heute, dass sie nämlich keine Kredite mehr von den Banken bekamen, weil die Wirtschaftskrise die Banken sehr vorsichtig werden ließ. Daraufhin haben sich Unternehmen zusammengeschlossen und gesagt: Gut dann geben wir uns eben gegenseitig Kredit. Das heißt, ich liefere meine Baumaterialien in WIR und kaufe mit diesem Geld ein Auto und bezahle meine Zahnarzt- oder Restaurantrechnungen damit.

Rund 60.000 kleine und mittlere Unternehmen beteiligen sich heute am WIR, der nun seit fast 80 Jahren besteht. Seit 2001 kann man bei der WIR-Bank Kredite sowohl in Schweizer Franken als auch in WIR bekommen. Im Gegensatz zum Schweizer Franken bezahlt man für den Kredit in WIR keine Zinsen. Man bekommt aber auch keine Zinsen auf Guthaben in WIR. Deswegen versucht jeder, seine Guthabenstände möglichst gering zu halten, und alles, was er im WIR-System von diesen 60.000 angeschlossenen Firmen beziehen kann, auch dort zu beziehen, weil er damit seine Liquidität in Schweizer Franken schont. Pro Jahr setzen die angeschlossenen Firmen einen Wert in Höhe von umgerechnet knapp zwei Milliarden Schweizer Franken um. Das ist keine Kleinigkeit.«

Nachdem bekannt wurde, dass Margrit Kennedy sich mit derartigen Währungssystemen beschäftigt, kamen immer mehr Anfragen mit Beratungsbedarf. Auf das erste Treffen mit 24 Personen im Jahr 2003, folgten halbjährliche und später jährliche Treffen mit Initiatoren aus allen Teilen Deutschlands, die Regionalwährungen einführen wollten. 2004 erschien ihr Buch *Regionalwährungen. Neue Wege zu nachhaltigem Wohlstand*, das Grundlagenwerk über Regionalwährungen. Viele Initiativen starteten, die erfolgreichste und bekannteste wurde der *Chiemgauer*. Er feiert in 2013 sein zehnjähriges Bestehen. Weitere sind entstanden, andere sind noch in Planung. Einige sind auch wieder eingegangen. Zwar gab es Konflikte mit der Bundesbank; als diese jedoch die Qualitätskriterien und Ziele der Regionalwährungen erkannte, drang, wie Margrit Kennedy berichtet, aus unterrichteten Quellen durch: »Solange Regionalwährungen nicht mehr fünf Prozent des umlaufenden Geldes ausmachen, wird die Bundesbank nicht einschreiten.«

Margrit Kennedy bleibt am Ball – im Unruhestand. Einen Teil des Vermögens, das sie aus der elterlichen Firma geerbt hat, setzt sie für Initiativen ein, die diese Ideen weitertreiben. Sie will Brücken bauen zwischen Menschen, die gegensätzlicher Auffassungen sind, will Wege ebnen, um aus der Misere unserer Finanzsysteme herauszukommen, nicht nur in Deutschland, sondern weltweit und sie setzt dabei auf die vielen gescheiten und gebildeten Menschen in unserem Land, die solche Ideen weiter entwickeln können. Sie steht für den Mut zu neuen Wegen – auch gegen erhebliche Widerstände. Rückhalt findet sie in ihrer Ehe mit dem Permakulturspezialisten Declan Kennedy. Rückhalt findet sie aber auch in einer Kultur der Verbundenheit, wie sie der Lebensgarten Steyerberg bietet, in dem sie das Kostbarste erlebt: die Zugehörigkeit zu einer tragenden, vielfältigen Gemeinschaft (vgl. Interview Declan Kennedy).

## Geseko v. Lüpke: Tiefenökologie wagen

*»Empörung muss zu zuversichtlichem Handeln führen.«*
*Geseko v. Lüpke*

Geseko v. Lüpke ist ein bescheidener Mensch. Doch worum es ihm geht, ist alles andere als bescheiden. Er will die Tiefendimension der Ökologie in Deutschland und über Deutschland hinaus ins Bewusstsein bringen. *Tiefenökologie – der Erde eine Stimme geben*, so lautet der Titel seines Vortrags auf der Tagung der Internationalen Gesellschaft für Tiefenpsychologie 2012 (Lüpke 2012). Das ist mehr als das Ringen um Umweltstandards und technische Parameter, das ist ein Ansatz, der zu einem partnerschaftlichen Verhältnis zwischen Mensch und Natur aufruft, der von der Erkenntnis ausgeht, dass wir Menschen Teil der Natur sind und uns nicht ungestraft über sie erheben können. Geseko v. Lüpke versteht es, seine Zuhörer und Zuhörerinnen mitzunehmen, ihre Herzen zu berühren und ihren Intellekt anzuregen. Was der Aktivist und Publizist, der sich in zahllosen Netzwerken, u. a. rund um den Alternativen Nobelpreis engagiert, zu sagen hat, ist Grundlegendes (Lüpke 2003 und 2006). Die Grundmelodie für seinen Vortrag ist ein Zitat von Erich Fromm aus dem Jahr 1972: »Zum ersten Mal hängt das physische Überleben der Menschheit von einer radikalen seelischen Veränderung des Menschen ab... [von einem] Wandel im ›Herzen‹ des Menschen.«

Das Herz des tiefenökologischen Ansatzes ist für Geseko v. Lüpke die Liebe, die Zuneigung zum Leben, die Freude, die wir erfahren können, wenn wir sauberes Wasser genießen, die Natur in ihrer Schönheit in uns aufnehmen, das Wirken des großen Ganzen spüren können. Damit bewegt er sich auf den Spuren eines spirituellen Naturverständnisses, wie es schon in der deutschen (Früh-)Romantik anzutreffen war (Sünner 2006): Die heutige Tiefenökologie entstand in den 1970er-Jahren, nicht zuletzt als Antwort auf die Erkenntnisse des Club of Rome. Geseko v. Lüpke differenziert zwischen drei Richtungen:

»*Erstens* eine philosophisch-ontologische Richtung, die auf Denker wie Gandhi, Heidegger, Goethe und die Romantik zurückgeht. Ausformuliert wurde sie von dem norwegischen Philosophen Arne Ness, der in einem Aufsatz zwischen der *shallow* und der *deep ecology* unterschied[179]; *zweitens* einem eher therapeutischen Ansatz, der vor allem von der amerikanischen Umweltaktivistin Joana Macy vertreten wird, die das Thema spirituell verankert; *drittens* einem handlungsorientierten Ansatz, der sich insbesondere an Umweltaktivisten wendet und ihnen Hilfe anbietet, nicht in Resignation zu versinken und in ein Burn-out zu verfallen.«

Arne Ness, der intellektuelle Begründer der Tiefenökologie, hat acht Grundsätze der Tiefenökologie benannt, die Geseko v. Lüpke zitiert:

1. »Die Natur hat einen inhärenten Wert, der sich nicht erst daraus ergibt, dass wir sie nutzen.
2. Reichtum und Vielfalt in der Natur sind an sich bereits wertvoll. Vielfalt ist ein stabilisierender Faktor in lebenden Systemen.
3. Menschen haben nicht das Recht, mehr in die Natur einzugreifen, als ihre unmittelbaren Bedürfnisse dies erfordern.
4. Es wäre besser, wenn weniger Menschen auf der Erde leben würden; dies erfordert Sozialstrukturen, in denen der Kinderwunsch nicht an die Existenzsicherung gekoppelt ist.
5. Die menschlichen Eingriffe ins Ökosystem müssen reduziert werden.
6. Daraus folgt die Forderung nach konsequenter Gesellschaftsveränderung auf allen Ebenen.

179 Ness 1996. Ich erinnere mich als damalige Mitherausgeberin des Jahrbuchs Ökologie daran, wie erstaunt wir waren, dass dieser Grundlagentext hier erstmals ins Deutsche übersetzt und publiziert wurde.

7. Alles gesellschaftliche Handeln muss sich an Lebensqualität und nicht am Lebensstandard orientieren.
8. Wer den Punkten 1-7 zustimmt, ist verpflichtet, die existierenden Verhältnisse zu ändern.«

Die Tiefenökologie ist somit keineswegs weltabgewandt. Ganz im Gegenteil. Sie lässt sich von einem Menschen- und Weltbild leiten, das auf Partnerschaftlichkeit, Verbundenheit und Verantwortung angelegt ist. Die Natur wird zur Mitwelt, Mensch und Natur sind durch eine Haltung der respektvollen Ko-Kreation verbunden. An die Stelle einer Hierarchie zwischen Mensch und Natur, in der dieser sich von der Natur abgetrennt erlebt und ihr mit einem utilitaristischen Ausbeutungsverhalten begegnet, tritt ein Bewusstsein von Dankbarkeit, Respekt und Achtung vor der Natur und ihrer Wirkmächtigkeit. Es ist eine Haltung des Herzens und der Wertschätzung im Fühlen, Denken und Handeln. Sie ist nicht anthropozentrisch, sondern erstreckt sich auf die ganze Schöpfung, als deren Teil sich der Mensch begreift. Und sie fordert zu entschiedenem Tun in diesem Sinne auf. Deren Grundlage ist, wie Lüpke betont, gleichwohl:

»An die Stelle des *Cogito ergo sum*, tritt das *Amo ergo sum*, ich liebe, also bin ich. Es ist das Eingeständnis gegenseitiger Abhängigkeit. Wir sind nur, weil wir verbunden sind.«

In diesem Sinne zitiert v. Lüpke die Tiefenökologin Joana Macy mit ihrer Empfehlung, den Tag mit Dankbarkeit zu beginnen. Dankbarkeit sei ein zutiefst subversiver Akt. Unser gegenwärtiges Drama sei, nicht mehr zu fühlen. Systemisch gesprochen bedeute dies, dass wir nicht mehr fähig seien zum Feedback. Lebendige Systeme, die dazu nicht mehr in der Lage sind, könnten nicht überleben. Deswegen sei es so eminent wichtig, dass wir Mut haben zu fühlen und wechselseitig aussprechen, was wir fühlen.

In diesem Ansatz der Tiefenökologie begegnen wir einer

Parallele zum tiefenpsychologischen Verständnis. Unsere Blockaden lösen sich erst dann auf, wenn wir uns den abgespaltenen Gefühlen stellen und den Mut haben, sie (wieder) zu fühlen. Thomas Hübl nennt dies »sich nackt stellen«. Ein solches Auftauen unserer Gefühle ist heute auch wichtig angesichts unseres rücksichtslosen Verhaltens gegenüber der Natur. In diesem Sinne betrachtet die *deep ecology* die Natur nicht als Objekt von außen, sondern sie konfrontiert sich mit der inneren Natur des Menschen und sucht im Weg nach innen den Zugang zu einem veränderten Welt- und Naturbezug im außen (Mettler-v. Meibom 2006 und 2008). Gelingt uns dies, dann gilt gemäß den von ihm zitierten Worten eines Alternativen Nobelpreisträgers, des Philippiners Nicanor Perlas: »Das Herz der Revolution ist die Revolution des Herzens.« Dann können wir mit den Worten Lüpkes vom »Sterbebegleiter zum Geburtshelfer« werden.

Das Zentrum des Wandels sieht Geseko v. Lüpke wie die meisten der hier Porträtierten vor allem in der Zivilgesellschaft. Deswegen ist es diesem Mann so wichtig, auf die unzähligen Initiativen hinzuweisen, die sich weltweit für ein neues Bewusstsein, eine neue Kultur der Verbundenheit und eine neue Achtung der natürlichen Lebensgrundlagen einsetzen. Rund 10 Millionen Menschen sind nach seiner Aussage derzeit in solchen Projekten weltweit engagiert. Ihr Protest führt zu einer Verlangsamung der Zerstörung, er schafft Inseln des Zukünftigen und er leistet innere Arbeit, indem Kopf und Herz zusammengeführt werden.

Geseko v. Lüpke vergleicht diesen Prozess im Anschluss an Nicanor Perlas mit der *Transformation der Raupe zum Schmetterling*: In einer Raupe bilden sich kleine neue Zellen, sogenannte Imagozellen, die in sich das Wissen der neuen Form, des Schmetterlings, tragen. Das Immunsystem vernichtet die Imagozellen der 1. Generation. Bei denen der 2. Generation gelingt dies bereits weniger. Die Imagozellen der 3. Generation clustern sich und erhöhen dadurch ihre Resilienz. In der 4. Generation werden Zellstraßen zwischen den Clustern gebildet. In der 5. Stufe gibt es einen »Identifikationsstrom – wir sind ein neues System« und in der 6. Stufe geschieht die Transformation zum Schmetterling. Und so schließt er:

»Wir brauchen heute den Identitätsshift, dass wir uns selbst als Zukunft begreifen, als Imagozellen. Mit Vandana Shiva wissen wir ›Jedes globale Problem hat eine lokale Ursache und kann lokal einer Lösung zugeführt werden‹. Statt hinter der Politik herzulaufen, können wir als Zivilgesellschaft Änderungen bewirken.«

# Ausblick: Von der Kernverletzung zur Kernkompetenz – Ein Entwicklungsweg

*»Es gibt keine Situation, die durch Vergebung*
*nicht erlöst werden könnte,*
*Vergebung löst Leid, Schmerz und die*
*Last der Vergangenheit auf.«*
*Monika Redl-Janßen*

Deutschland trägt eine große Last und hat eine große Chance. Die Chance ist, sich mit dem eigenen Schatten zu versöhnen, zur posttraumatischen Reifung zu gelangen und damit aus dem Leiden zu lernen, das im deutschen Namen verursacht wurde und das auf uns Deutsche zurückgewirkt hat. Solches Lernen gelingt nur, wenn wir uns dem, was gewesen ist, in dem Bewusstsein stellen, dass es zu uns gehört, dass es ein Teil unseres Selbst ist und dass die Schattenkräfte, die individuell und kollektiv wirksam werden, keine Hirngespinste sind, sondern Ausdruck sind von menschlichen Gedanken, Gefühlen und Handlungen. Wir alle tragen – wie jeder Mensch weltweit – das Böse in uns. Das Böse heißt, dass wir uns, wenn es wirksam wird, von der Liebe, die wir in tiefster Essenz sind, abgeschnitten haben und unsere Ängste als Aggression und Gewalt nach außen tragen. Es gibt wohl niemanden, der – christlich gesprochen – den ersten Stein in dem Bewusstsein werfen könnte, dass er oder sie selbst nicht gefährdet sei und über jeder Möglichkeit stünde, schuldig zu werden.

Solches Eingeständnis der eigenen Unzulänglichkeit und der eigenen Möglichkeit zu tiefster Inhumanität ist der beste Schutz, um sich mit den eigenen Schattenkräften auseinanderzusetzen. Solches Eingeständnis fordert auf und befreit dazu, sich konsequent den Lichtkräften in uns zuzuwenden. Grausamkeit ist nicht unsere Natur. Grausamkeit ist die Folge von Angst und Unsicherheit, von mentaler und emotionaler Verführbarkeit. Der Mensch ist eine Verkörperung der Liebe, lehren die spirituellen Traditionen und humanistische Psychologen wie Erich Fromm oder Roberto Assagioli stimmen dieser Sicht zu. Deswegen ist es so wichtig, dass wir uns auf die Gaben konzentrieren, die hinter den Schattenkräften darauf warten, befreit zu werden, dass wir sie würdigen, mutig annehmen und ausdrücken, damit wir Frieden mit uns selbst und mit anderen schließen können.

Dies alles setzt Versöhnung mit sich und anderen voraus. Wenn wir uns rückbesinnen darauf, dass wir Kinder des Göttlichen sind, geliebt und getragen, dann fällt diese Versöhnung leichter. Versöhnung befreit zu einer konsequenten Kultur der Partnerschaftlichkeit, zur Einbindung in die Völkergemeinschaft, zu einem sorgfältigen und rücksichtsvollen Umgang mit der eigenen Macht gerade den Schwächeren gegenüber und zu einer Bildung und Erziehung, die darauf ausgerichtet ist, die menschlichen Potenziale und die höheren Anlagen wie Liebe, Mitgefühl, Respekt, Wertschätzung, Verantwortung zu befördern. Kernkompetenz, die aus der spezifischen deutschen Verletzung hervorgeht, kann daher nur, wie Gerald Hüther sagt, ein »Brücken bauen« zu sich und anderen sein, eine Haltung, die Verständigung und das Lösen von Konflikten unterstützt und damit eine Kultur der Verbundenheit fördert, die wir heute so sehr brauchen.

Dieses Buch hat die hier aufgeworfenen Fragen auf drei Ebenen umkreist. Zum einen hat es sich der Vergangenheit gestellt und ihre Nachwirkungen bis in die Gegenwart gezeichnet. Doch dies geschah in dem Versuch, nicht bei den Schattenkräften stehen zu bleiben, sondern die Gaben sichtbar werden zu lassen, die hinter den Schattenkräften liegen. So ist daraus ein entschiedenes »Ja.« für die im deutschen Kulturraum angelegte Öffnung zur Spiritualität und zu Fähigkeiten geworden, die dem Gemeinwohl dienen.

Im zweiten Teil habe ich Überlegungen angestellt, wie dies in eine Führungskunst übersetzt werden kann, die – im Bewusstsein der Schattenseiten – dem Leben dient. Solche Führungskunst verlangt vor allem eine geistige Ausrichtung auf Verbundenheit und Partnerschaftlichkeit sowie Respekt und Wertschätzung für unsere sozialen und natürlichen Lebensgrundlagen.

Im dritten Abschnitt kommen mutige Menschen zu Wort, die heute beispielhaft für diesen Weg stehen. Viele von ihnen setzen ganz gezielt auf das zivilgesellschaftliche Engagement in dem Wissen, dass die vermachtete Politik ohne dieses Engagement nicht in der Lage ist, sich den Herausforderungen der Gegenwart zu stellen. Die hier Porträtierten – u. a. Gerald Hüther, Margret Rasfeld, Gesine Schwan, Geseko v. Lüpke, Götz Werner, Nele Hertling, Margrit Kennedy – stehen für eine Vielzahl anderer, die sich mit ihrer ganzen Kraft für ein neues Bewusstsein in Deutschland in den unterschiedlichsten Aktivitätsfeldern einsetzen.

Die meisten von ihnen zeigen, dass dies nicht geht, ohne die Sinnfrage neu aufzuwerfen und sich der in unserem Land immer noch so tabuisierten Spiritualität zu öffnen. Klammern wir diese Dimension unserer Existenz aus, dann gilt, was der Hirnforscher Gerald Hüther formuliert hat: »Es ist, als hätten wir ein Gehirn, wüssten aber nicht, wofür wir es einsetzen sollen.« Warum die Angst vor der Spiritualität? Was hat das Abgleiten in die Barbarei ermöglicht? War es eine menschenverachtende politische Religion, oder war es die konsequente »Abschaffung Gottes«, die erst zu einem spirituellen Hunger und einer spirituellen Verführbarkeit Anlass boten, den die Nationalsozialisten mit ihrer Politischen Religion besetzen konnten?[180]

Wie dem auch immer sei, wir können die Frage nach dem Sinn unseres Lebens und Tuns weder abschaffen noch vermeiden. Wenn wir sie nicht in voller Bewusstheit und offen im Sinne einer Frage nach der Transzendenz, dem Urgrund, dem Numinosen, dem Sinn unseres Leben stellen, dann werden wir umso eher den Tanz um das goldene Kalb des Materialismus oder die tödliche Abstraktheit eines rein kognitiven Weltbildes praktizieren, in der das Leben zum zu untersuchenden und zu manipulierenden Objekt wird und die Lebendigkeit des Fühlens, der Verbundenheit und des Seins zur nicht definierbaren Restkategorie verkommt.

Deutschlands Chance ist in diesem Sinne, sich der Frage nach den Werten, nach dem, was wir Menschen wirklich brauchen und was das Leben wertvoll macht, mit neuem Mut zu stellen. Wir haben großartige kulturelle Traditionen, die hierfür einen Boden bereitet haben. Sie in die Gegenwart zu übersetzen, hilft das Potenzial des deutschen Kulturraums für die Lösung der Gegenwartsfragen zu nutzen. Wir haben die Chance, Idealismus und Realismus, Idealismus und Rationalismus zu versöhnen. Grundlage eines solchen Versuches kann und darf weder eine Selbstüberhöhung noch eine Selbstentwertung sein. Deutschland kann Großartiges beisteuern, wenn es sich auf eine Haltung des *Servant leadership* einlässt – eine Haltung, welche Führungskunst im besten Sinne demütig in den Dienst am Leben stellt.

Diese Überlegungen sollen nicht beendet werden, ohne einen wichtigen Gedanken aufzugreifen, der über das bisher Gedachte und Geschriebene deutlich hinausweist und der den Kern verschiedener spiritueller Traditionen ausmacht. In der vedantischen Philosophie der Non-Dualität ist alles Leben Illusion

---

180 So jedenfalls lautet die These des Politologen Erich Voegelin (Voegelin 1936).

(Maya). Demnach bewegen wir uns wie Schlafende durch Welten, die im Grunde irreal sind. Wacht ein Mensch aus diesem Traum auf, so wird ihm bewusst, dass alles Vergängliche unwirklich ist und alles, was wirklich existiert, universelles Bewusstsein ist oder absolute Wirklichkeit. Dieselbe Botschaft finden wir auch bei christlichen Mystikern (*Kurs in Wundern:* USA Foundation for Inner Peace 2012). Wirklich im Sinne beider spirituellen Traditionen ist nur das, was ohne Raum und Zeit, ohne Namen und Form ist, was nie geboren und nie gestorben ist.[181]

Solche spirituellen Traditionen lehren uns, dass alles eine Frage des Bewusstseins ist. Zu welcher Transformation des Bewusstseins Menschen fähig sind, zeigen die großartigen Überlebenden von Auschwitz, die durch alle Gräuel hindurch zu einer uneingeschränkten Liebe des Lebens gefunden haben (Gonsior/Spannbauer 2013). Ihr *Mut zum Leben* ist Ausdruck einer tiefen Liebe und enthält in sich das Versprechen einer bedingungslosen Liebeskraft, die uns Menschen innewohnt. Solange wir Gefangene unserer Vorstellungen und Konzepte bleiben, können wir uns nicht zur essentiellen Liebe befreien, die wir im Kern sind. Wir bleiben dann bewusst oder unbewusst Gefangene unserer Gefühle und Konzepte. Doch wir sind eingeladen, unsere geistige »Brille« zu putzen, unser Bewusstsein zu entwickeln und die Illusion über unsere wahre Existenz zu überwinden. In den spirituellen Traditionen wird dieser Prozess der Bewusstseinsentwicklung gerne verglichen mit dem Diamanten, der zum Brillanten geschliffen oder dem Gold, das zum Geschmeide geschmiedet werden muss. In diesem Sinne sind wir eingeladen, in der Un-

181 Vgl. dazu Sri Sankaracarya 2002, insb. 190ff., Vers 241ff. In Vers 260 heißt es: »Was unvorstellbar, unbegrenzt, unvergänglich ist, verschieden vom Vergänglichen und Unvergänglichen, das Allerhöchste, Ewige, was immerdar glückselig und makellos rein ist, das ist die Absolute Wirklichkeit, Brahman. Das bist du«. a. a. O., 200. Im christlichen *Kurs in Wundern* heißt es in Lektion 95: »I am one Self, united with my creator«, und in Lektion 171–180: »God is but Love, and therefore so am I.« Beide Traditionen drücken sich so die Einheit von universalem Bewusstsein und dem wahren Selbst des Menschen aus.

schuld anzukommen, die wir in unserer Essenz sind, die wir als Geschenk mit in dieses Leben gebracht haben und die als Geschenk darauf wartet, von uns »ausgepackt« und angenommen zu werden.

*Den Schmerz des gebrochenen Rückgrats spüren,*
*durch die Tränen lächeln,*
*das Geschenk der Reifung*
*mit Demut annehmen.*

*So kann sich Trauer in Freude,*
*Scham in innere Gewissheit,*
*Verzagen in mutige Verantwortung,*
*und Einsamkeit in köstliche Verbundenheit wandeln.*

*Es ist alles möglich.*
*Das Geschenk wartet auf uns.*
*Im »Erkenne dich selbst« liegt die Heilung.*

# Danksagung

Dieses Buch ist dank der Hilfe zahlloser Menschen zustande gekommen. An erster Stelle möchte ich meinem Verleger Christian Strasser danken, der mich mit seinem uneingeschränkten Interesse am Thema unter einen wohltuenden Zugzwang gesetzt hat. Juliane Molitor hat ihn und mich bei diesem Prozess engagiert unterstützt. Sodann danke ich in besonderem Maße der Historikerin Hanna Schissler. Sie war mir nicht nur eine eminent wichtige Gesprächspartnerin, sondern hat diesen Essay auch mit ihrem Fachverstand und Fachwissen bereichert. Die Filmemacherin, Autorin und Publizistin Christa Spannbauer hat mit hoher Sensibilität für das Thema des Holocaust immer wieder meinen Blick erweitert; sie war mir eine große Hilfe in einem von Tabus verminten Terrain. Mit dem österreichischen Publizisten und Philosophen Tom Steininger und dem Filmemacher und Autor Rüdiger Sünner verbindet mich der intensive Wunsch, die verschütteten Potenziale unseres Kulturraums wieder freizulegen. Dass ich diesen Wunsch mit hoher Intensität erneut aufgegriffen habe, verdanke ich letztlich meiner hochgeschätzten Schweizer Kollegin, Zen-Meisterin und Therapeutin Anna Gamma vom Lassalle-Institut. Eine Studienreise mit ihr nach Jerusalem brachte mich dazu, meinen Wohnsitz nach Berlin zu verlegen und mich nach jahrelangen intensiven psychologisch-spirituellen Suchbewegungen erneut den historischen und politikwissenschaftlichen

Fragestellungen zuzuwenden, vor die ich mich als Deutsche gestellt sehe. Dafür schien mir keine Stadt geeigneter als Berlin. Ich bin mir sehr wohl bewusst, dass dieser Essay seelisch-geistige Entwicklungen und Erfahrungen einer Frau aus dem Westen der Republik widerspiegeln. Hier wünsche ich mir ein Buch, das ähnliche Themen aus der Sicht eines Bürgers oder einer Bürgerin der ehemaligen DDR aufgreift.

Mein Dank geht auch an die vielen Menschen, denen ich in meinen Weiterbildungen, in Seminaren, in der Einzelarbeit und bei Vortragsveranstaltungen begegnen durfte. Sie haben mich immer wieder auf die Bedeutung dieses Themas hingewiesen – sei es, indem wir schmerzliche Erfahrungen in der jeweiligen Biografie entdecken, entschlüsseln und transformieren durften, sei es, indem mir in der gemeinsamen Arbeit klar wurde, auf welche Weise die Traumata an die nächsten Generationen weitergegeben wurden und nach wie vor weitergegeben werden. Ihnen allen danke ich von ganzem Herzen für das Vertrauen, das sie mir entgegengebracht haben, und auch für die große emotionale Unterstützung, die sie diesem Buchprojekt geschenkt haben.

Last but not least danke ich den vielen Interviewpartnerinnen und -partnern, die mir geholfen haben, das Thema einzukreisen und besser zu erfassen. Nicht alle konnte ich mit eigenen Porträts würdigen, doch ihre Beiträge waren wichtig für mich. Gerade bei den vielen befragten Wegbereitern und Wegbereiterinnen eines neuen Bewusstseins durfte ich erleben, dass die Vision eines neuen und anderen Deutschlands lebendig ist und sich kraftvoll manifestieren will. Marion Hembach und ihrer bewundernswerten Geduld verdanke ich es, dass diese Schätze verschriftlicht werden konnten.

# Literatur


Adorno, Theodor W./Frenkel-Brunswik, Else/Levinson, Daniel J./Nevitt Sanford, R.: *The Authoritarian Personality*, New York: Harper und Brothers 1950

Alberti, Bettina: *Seelische Trümmer. Geboren in den 50er- und 60er-Jahren. Die Nachkriegsgeneration im Schatten des Kriegstraumas*, München: Kösel 2010

Alt, Franz/Spiegel, Peter: *Gute Geschäfte. Humane Marktwirtschaft als Ausweg aus der Krise*, Berlin: Aufbau 2009

Arendt, Hannah: *Eichmann in Jerusalem. Ein Bericht von der Banalität des Bösen*, München: Piper[4] 2013

Arendt, Hannah: *Macht und Gewalt*, München: Piper [10]1995

Assagioli, Roberto: *Die Schulung des Willens. Methoden der Psychotherapie und der Selbsttherapie*, Junfermann [7]1994

Assagioli, Roberto: *Psychosynthese und transpersonale Entwicklung*, Rümlang (ZH): Nawo 2002

Assagioli, Roberto: *Handbuch der Psychosynthese. Grundlagen, Methoden, Techniken*, Rümlang (ZH): Nawo [4]2004

Assmann, Jan: *Das kulturelle Gedächtnis. Schrift, Erinnerung und politische Identität in frühen Hochkulturen*, München: Beck 2013

Baring, Gabriele: *Die geheimen Ängste der Deutschen*, Berlin/München: Scorpio 2011

Bar-On, Dan: *Die Last des Schweigens. Gespräche mit Kindern von Nazi-Tätern*, Reinbek: Rowohlt Taschenbuch Verlag 1996

Bar-On, Dan (Hg.): *Bridging The Gap. Storytelling as a way to work through political and collective hostilities*, Hamburg: edition Körber Stiftung 2000

Bärsch, Claus-Ekkehard: *Die politische Religion des Nationalsozialismus*, München: Fink 1998

Bastian, Till: *Furchtbare Ärzte. Medizinische Verbrechen im Dritten Reich*, München: Beck [3]2001

Bauer, Joachim: *Prinzip Menschlichkeit. Warum wir von Natur aus kooperieren*, Hamburg: Hoffmann und Campe [3]2007

Bauman, Zygmunt: *Dialektik der Ordnung. Die Moderne und der Holocaust*, Frankfurt: Europäische Verlagsanstalt 2002

Beck, Don/Cowan, Christopher/Polonyi, Carl: *Spiral Dynamics – Leadership, Werte und Wandel*, Bielefeld: Kamphausen 2007

Beck-Gernsheim, Elisabeth: *Der geschlechtsspezifische Arbeitsmarkt. Zur Ideologie und Realität von Frauenberufen*, Frankfurt/M.: aspekte 1976

Betz, Albrecht: Der »Neue Mensch« im Nationalsozialismus, 7. 11. 2010, http://www.dradio.de/dlf/sendungen/essayund diskurs/1312198/

Betz, Albrecht: Der sowjetische »Neue Mensch«, 24. 10. 2010, http://www.dradio.de/dlf/sendungen/essayunddiskurs/ 1302817/

Die Bibel. Nach der Übersetzung Martin Luthers (Rev. Fass. von 1984), Stuttgart: Deutsche Bibelgesellschaft 1985

Bode, Sabine: *Die vergessene Generation. Kriegskinder brechen ihr Schweigen*, Stuttgart: Klett-Cotta 2004

Bode, Sabine: *Kriegsenkel. Die Erben der vergessenen Generation*, Stuttgart: Klett-Cotta 2009

Bode, Sabine: *Nachkriegskinder*, Stuttgart: Klett-Cotta 2011

Boensel, Regina/Hunschock, Regina/Leithoff, Susanne/Meibom, Barbara v.: Weibliche Weisheit in die Welt bringen. Vortrag anlässlich der International Women's Conference »The Light of Leadership« am 2. 7. 2011 beim Weltkulturfest der Art of Living Foundation im Olympiastadion Berlin [mimeo 2011]

Brown, Barnett: Führung von der Leading Edge, Integrales Forum – Tagung, Berlin 15. bis 17. 6. 2012, Roge: AV Recording Service (DVD)

Busek, Erhard: *Eine Seele für Europa. Aufgaben für einen Kontinent*, Wien (AT): Kremayr & Scheriau 2008

Ceming, Katharina: *Spiritualität im 21. Jahrhundert*, Hamburg: Phänomen-Verlag 2012

Chödrön, Pema: *Geh an die Orte, die du fürchtest*, Freiamt: Arbor 2001

Chödron, Pema: *Tonglen. Der tibetische Weg mit sich selbst und anderen Freundschaft zu schließen*, Freiamt: Arbor 2001

Christiakis, Nicholas A./Fowler, James H.: *Connected! Die Macht sozialer Netzwerke und warum Glück ansteckend ist*, Berlin: Fischer 2010

Conze, Eckart/Frei, Norbert/Hayes, Peter/Zimmermann, Moshe: *Das Amt und die Vergangenheit. Deutsche Diplomaten im Dritten Reich und in der Bundesrepublik*, München: Blessing 2010

Craig, Gordon A.: *Über die Deutschen*, München: Beck 1982

Decker, Oliver/Kiess, Johannes/Brähler, Elmar: *Die Mitte im Umbruch. Rechtsextreme Einstellungen in Deutschland 2012*, Berlin: Friedrich Ebert Stiftung, Dietz 2012

Diewald-Kermann, Gisela: *Politische Denunziation im NS-Regime oder Die Kleine Macht der »Volksgenossen«*, Berlin: Dietz 2000

Domes, Robert: *Nebel im August. Die Lebensgeschichte des Ernst Lossa*, München: cbt/cbj ³2008

Dorn, Thea/Wagner, Richard: *Die deutsche Seele*, München: Knaus 2011
Ennulat, Gertrud: *Kriegskinder. Wie die Wunden der Vergangenheit heilen*, Stuttgart: Klett-Cotta 2008
Eurich, Claus: *Die Kraft der Friedfertigkeit. Gewaltlos leben*, München: Kösel 2000
Eurich, Claus: *Das Gute im Bösen. Die Versuchung als Impuls für das innere Wachstum*, Petersberg: Via Nova 2010
Eurich, Claus: *Mensch werden: Ein Appell an unsere Eliten in Wirtschaft und Gesellschaft*, Heidelberg: Springer Gabler 2013
Firus, Christian/Schleier, Christian/Geigges, Werner/Reddemann, Luise: *Traumatherapie in der Gruppe*, Stuttgart: Klett-Cotta 2012
Fischer, Angela: *Frau sein – sensibel und stark. Mit der Kraft weiblicher Spiritualität das Leben neu gestalten*, Amerang: Crotona 2010
Frankl, Viktor E.: *...trotzdem Ja zum Leben sagen. Ein Psychologe erlebt das Konzentrationslager*, München, dtv [19]2000
Fromm, Erich: *Die Kunst des Liebens* (1956), Berlin: Ullstein 2005
Fromm, Erich: *Haben oder Sein. Die seelischen Grundlagen einer neuen Gesellschaft*, (1976) München: dtv 2005
Fromm, Erich: *Anatomie der menschlichen Destruktivität*, Reinbek: Rowohlt 1977
Fromm, Erich: *Über die Liebe zum Leben*, München: dtv 1983
Fromm, Erich: *Humanismus als reale Utopie*, (1992) Berlin: Ullstein 2005
Galuska, Joachim: *Die Kunst des Wirtschaftens*, Bielefeld: Kamphausen 2010
Gamma, Anna: *Lichtheilung als Weg zum Frieden. Meditationen, Übungen und Rituale*, München: Kösel 2005
Gamma, Anna: *Zen-Weisheiten für Menschen, die Verantwortung tragen*, München: Kösel 2008
Gebser, Jean: *Ursprung und Gegenwelt*. Erster Teil (1986), Neukirchen: Novalis [5]2010
Gesell, Silvio: *Die natürliche Wirtschaftsordnung*, Gesammelte Werke Bd. 11 (1920), Halle: Projekte Verlag Cornelius 2007
Giesecke, Dana/Welzer, Harald: *Das Menschenmögliche. Zur Renovierung der deutschen Erinnerungskultur*, Hamburg: edition Körber-Stiftung 2012
Gonsior Thomas/Spannbauer, Christa: »Mut zum Leben. Die Botschaft der Überlebenden von Auschwitz«, Absolut Medien Bestellnummer 4008, DVD 2013
Gottwald, Franz-Theo/Sprinkart, Karl Peter: *Der Anfang einer Welt, wie wir sie uns wünschen. Social Business für ein neues Miteinander*, München: F.A. Herbig 2011

GIZ – Deutsche Gesellschaft für Internationale Zusammenarbeit: Deutschland in den Augen der Welt, Bonn/Eschborn: GIZ, April 2012 [mimeo]
Graumann, Dieter: *Nachgeboren – Vorbelastet? Die Zukunft des Judentums in Deutschland*, München: Kösel 2012
Graves, Clare W.: Levels of Existence: An Open System Theory of Values. In: *Journal of Humanistic Psychology*, November 1970
Grosser, Alfred: *Mein Deutschland*, Hamburg: Hoffmann und Campe 1993
Hacker, Michael/Maiwald, Stephanie/Staemmler, Johannes (Hg.): *Dritte Generation Ost. Wer wir sind, was wir wollen*, Berlin: Ch. Links 2012
Hampel, Torsten: Kenne deine Gegner!, in: *PNN*, 6.2.1012
Hänsel, Markus (Hg.): *Die spirituelle Dimension in Coaching und Beratung*, Göttingen: Vandenhoek & Ruprecht 2012
Häusler, Martin: *Die wahren Visionäre unserer Zeit*, Berlin/München: Scorpio 2011
Häusler, Martin: *Fürchtet euch nicht! Die Vertreibung der deutschen Angst*, Berlin/München: Scorpio 2011
Hawken, Paul: *Wir sind der Wandel. Warum die Rettung der Erde bereits voll im Gang ist – und kaum einer es bemerkt*, Emmendingen: Hans Nietsch 2010
Heer, Hannes: *Vom Verschwinden der Täter. Der Vernichtungskrieg fand statt, aber keiner war dabei*, Berlin: Aufbau Verlag 2004
Heitmeyer, Wilhelm (Hg.): *Deutsche Zustände*. Folge 10, Berlin: Suhrkamp 2012
Hensel, Adolph: »Bürgersinn, Bürgertugend«, in: Robert Blum (Hg.): *Volksthümliches Handbuch der Staatswissenschaften und Politik. Ein Staatslexicon für das Volk*. 1. Bd., Leipzig 1848
Hondrich, Curt (Hg.): Vererbte Wunden. Traumata des Zweiten Weltkriegs – die Folgen für Familie, Gesellschaft und Kultur, Lengerich: Pabst Science Publishers 2011
Hondrich, Curt und Spranger, Helga (Hg.): Über den mühsamen Weg aus der Gewalt – Wurzeln und Folgen von Aggression und Krieg, in: *Psychoanalyse. Texte zur Sozialforschung*, 16. Jg. H.2 (29), 2012
Höß, Rudolf: *Commandant of Auschwitz*, London: Phoenix Press 2000
Hübl, Thomas: *Sharing the Presence. Wo warst du bis jetzt? Wie Präsenz dein Leben transformiert*, Bielefeld: Kamphausen 2009
Hüser, Karl (Hg.): *Wewelsburg 1933 bis 1945 SS Kult- und Terrorstätte. Eine Dokumentation*, Paderborn: Verlag Bonifatius Druckerei 1982
Hüther, Gerald: *Die Macht der inneren Bilder. Wie Visionen das Gehirn, den Menschen und die Welt verändern*, Göttingen: Vandenhoeck & Ruprecht 2004

Hüther, Gerald: *Biologie der Angst. Wie aus Stress Gefühle werden*, Göttingen: Vandenhoek & Ruprecht [3]2005
Hüther, Gerald/Hauser, Uli: *Jedes Kind ist hoch begabt. Die angeborenen Talente unserer Kinder und was wir aus ihnen machen*, München: Knaus 2012
Hüther, Gerald/Spannbauer, Christa (Hg.): *Connectedness. Warum wir in neues Weltbild brauchen*, Bern: Huber 2012
Identity Foundation: Deutschland auf der Suche nach sich selbst, Düsseldorf: Identity Foundation 2007
Identity Foundation/rheingold: Deutsch-Sein. Von einer Nation, die ihre Geschichte(n) verloren hat. Ergebnisse [einer empirischen Untersuchung mit Tiefeninterviews], rheingold: Köln 2007
Identity Foundation: Deutsch-Sein. Ein neuer Stolz auf die Nation im Einklang mit dem Herzen. Die Identität der Deutschen, Düsseldorf: Identity Foundation 2009
Identity Foundation: Deutsche Identität denken [o. O. 2009]
Ingensiep, Hans W.: *Geschichte der Pflanzenseele*, Stuttgart: Kröner 2001
Integration soll sich an deutscher Leitkultur orientieren, in: *RP online*, 16.10.2010, http://www.rp-online.de/politik/integration-soll-sich-an-deutscher-leitkultur-orientieren-1.2292442
Kabat-Zinn, Jon: *Zur Besinnung kommen. Die Weisheit der Sinne und der Sinn der Achtsamkeit in einer aus den Fugen geratenen Welt*, Freiburg: Arbor 2008
Kant, Immanuel: Beantwortung der Frage: Was ist Aufklärung? In *Berlinische Monatsschrift*, Dezember 1784, 481 ff.
Kampenhout, Daan van: *Die Tränen der Ahnen. Opfer und Täter in der kollektiven Seele*, Heidelberg: Auer 2008
Käppner, Joachim: *Berthold Beitz. Die Biographie*, Berlin: Berlin Verlag 2010
Keel, Othmar: *Gott weiblich. Eine verborgene Seite des biblischen Gottes*, Gütersloh: Gütersloher Verlagshaus [2]2010
Kennedy, Margrit: *Geld ohne Zinsen und Inflation*, München: Goldmann 1991
Kennedy, Margrit: *Regionalwährungen. Ein neuer Weg zu nachhaltigem Wohlstand*, München: Riemann 2004
Kennedy, Margrit: *Occupy Money. Damit wir zukünftig ALLE die Gewinner sind*, Bielefeld: Kamphausen 2011
Kershaw, Ian: *Hitler 1889–1945*, München: Pantheon 2009
Kertész, Imre: *Roman eines Schicksallosen*, Reinbek: Rowohlt [22]2008
Kogon, Eugen: *Der SS-Staat. Das System der deutschen Konzentrationslager*, München: Kindler: 1974

Koop, Volker: *Besetzt. Amerikanische Besatzungspolitik in Deutschland*, Berlin: be.bra 2006
Koop, Volker: *Besetzt. Sowjetische Besatzungspolitik in Deutschland*, Berlin: be.bra 2008
Kornfield, Jack/Kabat-Zinn, Jon/Kleinschmidt, Bernhard: *Das innere Licht entdecken. Heilende Meditationen für schwierige Lebensphasen*, München: Kösel 2012
Krystal, Phyllis: *Frei von Angst und Ablehnung. Lösung aus kollektiven Bindungen*, Olten: Walter 1991
Laotse: *Tao Te King*, München: Diederichs 2000
Lasker-Wallfisch, Anita: *Ihr sollt die Wahrheit erben. Die Cellistin von Auschwitz. Erinnerungen*, Reinbek: Rowohlt [7]2005
Lietaer, Bernard A. *Das Geld der Zukunft*, München: Riemann 1999
Lietaer, Bernard A./Arnsperger, Christian/Goerner Sally/Brunnhuber, Stefan: *Geld und Nachhaltigkeit*, Berlin: Europa Verlag 2013
Lübbe, Hermann: Der Nationalsozialismus im deutschen Nachkriegsbewusstsein, in: HZ 236, München: R. Oldenbourg 1983
Lüpke, Geseko v.: *Die Alternative. Wege und Weltbild des Alternativen Nobelpreises*, München: Riemann, 2003
Lüpke, Geseko v./Erlenwein, Peter: *Projekte der Hoffnung. Der Alternative Nobelpreis. Ausblicke auf eine andere Globalisierung*, München: oekom, 2006
Lüpke, Geseko v.: Tiefenökologie. Der Erde eine Stimme geben, Vortrag auf der IGT-Herbsttagung 28. 10. – 1. 11. 2012, Müllheim: Auditorium Netzwerk 2012 CD
Maaz, Hans-Joachim: *Das gestürzte Volk. Die unglückliche Einheit*, Berlin: Argon 1991
Maaz, Hans-Joachim: *Der Gefühlsstau. Ein Psychogramm der DDR*, Berlin: Argon 1991
Mann, Heinrich: *Der Untertan* (1918), Frankfurt/M.: Fischer 2010
Marks, Stephan: *Warum folgten sie Hitler? Die Psychologie des Nationalsozialismus*, Düsseldorf: Patmos 1997
Marks, Stephan: *Scham – die tabuisierte Emotion*, Ostfildern: Patmos 2007
Marks, Stephan: *Die Würde des Menschen oder Der blinde Fleck in unserer Gesellschaft*, Gütersloh: Gütersloher Verlagshaus 2010
Marschall, Christoph von: Zaudernde Führungsmacht Deutschland, in: *Der Tagesspiegel*, 6.2.2012
Maslow, Abraham: *Motivation und Persönlichkeit* (amerik. 1954), Reinbek: Rowohlt 1996

Maslow, Abraham: *Psychologie des Seins* (amerik. 1968), Frankfurt/Main: Fischer 1994
Mayer-Tasch, Peter Cornelius (Hg): *Die Zeichen der Natur. Natursymbolik und Ganzheitserfahrung*, Berlin: Insel 1998
Meibom, Barbara v.: Die Intelligenz des Herzens. Diesseits und jenseits der Wissenschaft, in *Tattva Viveka* 2012, 52-60
Meibom, Barbara v.: *Wie Kommunikation gelingt. Die verbindende Kraft der Liebe*, Petersberg: Via Nova 2012
Meibom, Barbara v.: *Spirituelles Selbstmanagement. Ein Weg zur Versöhnung von Macht und Liebe*, Bielefeld: Kamphausen 2009
Mettler-v. Meibom, Barbara: *Gelebte Wertschätzung. Eine Haltung wird lebendig*, München: Kösel 2008
Mettler-v. Meibom, Barbara: *Wertschätzung. Wege zum Frieden mit der inneren und äußeren Natur*, München: Kösel 2006
Mettler-v. Meibom, Barbara: *Schau-Spiel als Weg. Eine initiatische Kunsttherapie*, Petersberg: Via Nova 2001
Mettler-v. Meibom, Barbara v.: *Internationalisierung der Produktion und Regionalentwicklung*, Frankfurt/M.: Campus 1979
Mettler, Barbara: *Demokratisiserung und Kalter Krieg*, Berlin: Spiess 1975
Miller, Alice: *Am Anfang war Erziehung*, Frankfurt/Main: Suhrkamp 1983
Mitscherlich, Alexander und Margarete: *Die Unfähigkeit zu trauern. Grundlagen kollektiven Verhaltens*, München/Zürich: Piper 2007
Mitscherlich, Alexander/Mielke, Fred: *Medizin ohne Menschlichkeit: Dokumente des Nürnberger Ärzteprozesses*, Frankfurt/M.: Fischer 2009
Moore Lappé, Frances: *Packen wir's an. Klarheit, Kreativität und Mut in einer verrückt gewordenen Welt*, Bielefeld: Kamphausen 2009
Müller, Wolfgang: The »German Angst«, in: *Die ZEIT,* 14. 3. 2013, 50
Müller-Hohagen, Jürgen: *verleugnet verdrängt verschwiegen. Seelische Nachwirkungen der NS-Zeit und Wege zu ihrer Überwindung*, München: Kösel 2005
Müller-Münch, Ingrid: *Die geprügelte Generation. Kochlöffel, Rohrstock und die Folgen*, Stuttgart: Klett-Cotta 2012
Münch, Paul (Hg.): *Ordnung, Fleiß und Sparsamkeit. Texte und Dokumente zur Entstehung der »bürgerlichen Tugenden«*, München: Beck 1984
Münkler, Herfried: *Mitte und Maß. Der Kampf um die richtige Ordnung*, Berlin: Rowohlt 2010
Münkler, Herfried: Ordnung muss sein. Die Angst vor dem Außergewöhnlichen: Warum die Deutschen stets auf der Suche nach Mitte und Maß sind, in: *Der Tagesspiegel,* 12. 9. 2010, 8
Negt, Oskar: Der politisierte Mensch – Demokratie als Lebensform, Vortrag

auf der Tagung der Internationalen Gesellschaft für Tiefenpsychologie 2012, Müllheim: Auditorium Netzwerk DVD
Ness, Arne: The Shallow and the Deep - Begründung der Tiefenökologie, in: Simonis et al. (Hg.): *Jahrbuch Ökologie* 1997, München: Beck 1996
Nhat Hanh, Thich: *The Art of Power. Die Kunst mit Macht richtig umzugehen*, Freiburg im Breisgau: Herder 2008
Pieper, Georg: Eine Gesellschaft stürzt ins Bodenlose, in: *FAZ*, 14. 12. 2012, 31
Plessner, Helmuth: *Die verspätete Nation*, Frankfurt/M.: Suhrkamp 1974
Prowe, Diethelm: »Classic« Fascism and the New Radical Right in Western Europe: Comparisons and Contrasts, in: *Contemporary European History*, Bd. 2, Nr. 3, 1994, Cambridge: Cambridge University Press
Pulzer, Peter G.J.: *Die Entstehung des politischen Antisemitismus in Deutschland und Österreich 1867-1914*, Gütersloh: Mohn 1966
Puschner, Uwe/Schmitz, Walter/Ulbricht, Justus H. (Hg.): *Handbuch zur Völkischen Bewegung 1871-1918*, München: De Gruyter Saur 1996
Rasfeld, Margret/Spiegel, Peter: *EduAction. Wir machen Schule*, Hamburg: Murmann 2012
Redl-Janßen, Monika: *Schritte in ein erwachtes Leben. Steps to Enlightenment*, Holymood (Österr.) 2012
Reddemann, Luise: *Imagination als heilsame Kraft. Zur Behandlung von Traumafolgen mit ressourcenorientierten Verfahren*, Stuttgart: Klett-Cotta 62002
Reichhardt, Hans J./Schäche, Wolfgang: *Von Berlin nach Germania. Über die Zerstörungen der »Reichshauptstadt« durch Albert Speers Neugestaltungsplanungen*, Berlin: Transit 112008
Richter, Horst Eberhard: *Der Gotteskomplex. Die Geburt und die Krise des Glaubens an die Allmacht des Menschen*, Reinbek: Rowohlt, 1979
Riemann, Fritz: *Die Grundformen der Angst*, München: Ernst Reinhard 1989
Römer, Felix: *Kameraden – Die Wehrmacht von innen*, München: Piper 2012
Rougement, Denis de: *Journal aus Deutschland 1935–1936*, Wien: Paul Zsolnay 1998
Roussell, Stéphane: *Die Hügel von Berlin. Erinnerungen an Deutschland*, Reinbek: Rowohlt 1986
Rueffler, Margret: *Das schlafende Potenzial einer Nation. Deutschland – eine psychopolitische Fallgeschichte*, Staefa (CH): PsychoPolitical Peace Press 2004
Rürüp, Reinhard (Hg.): *Topographie des Terrors. Gestapo, SS und Reichssicherheitshauptamt auf dem »Prinz-Albrecht-Gelände«. Eine Dokumentation*, Berlin: Willmuth Arenhövel 10. verbesserte Auflage 1995

Safranski, Rüdiger: *Schiller oder die Erfindung des Deutschen Idealismus*, (2004), München: dtv 2007
Safranski, Rüdiger: *Romantik. Eine deutsche Affäre*, Frankfurt/M. 2007
Sarrazin, Thilo: *Deutschland schafft sich ab. Wie wir unser Land aufs Spiel setzen*, München: DVA 2010
Schellenbaum, Peter: *Abschied von der Selbstzerstörung. Befreiung von der Lebensenergie*, München: dtv ²1990
Schildhauer, Thomas/Trobisch, Nina/Busch, Carsten (Hg.): *Realität und Magie vom Heldenprinzip heute. Ein Arbeitsbuch für Wirtschaft, Wissenschaft und Weiterbildung*, Münster: Monsenstein und Vannerdat 2011
Schissler, Hanna (Hg.): *The Miracle Years: A Cultural History of West Germany 1949 to 1968*, Princeton: Princeton University Press 2001
Schissler, Hanna: Postnationality-Luxury of the Privileged? A West German Generational Perspective, in: *German Politics and Society*, Bd. 15, Nr. 2, 1997, 8–27
Schmidt-Reinecke, Wolfgang: Das neudeutsche Irrationalitäts-Trauma, in: *Transpersonale Psychologie und Psychotherapie*, Petersberg: Via Nova 2/1998, auch in: http://sunwolfcreations.com/downloads/Das_neudeutsche_Irrationalit%e4ts-Trauma.pdf
Schmidt-Reinecke, Wolfgang: Thesen zur neudeutschen Seelenlage. Herausforderung zur wirklichen Wiedervereinigung, Connection 2002, http://sunwolfcreations.com/downloads/Thesen_zur_neudeutschen_%20Seelenlage.pdf
Schubert, Helga: *Judasfrauen. Zehn Fallgeschichten weiblicher Denunziation im Dritten Reich*, Frankfurt/M.: Luchterhand ³1990
Schulz, Gerhard: *Romantik. Geschichte und Begriff*, München: Beck 1996
Schumann, Harald: Der deutsche Irrweg, in: *Der Tagesspiegel,* 14.4.2013, http://www.tagesspiegel.de/meinung/europa-in-der-krise-der-deutsche-irrweg/8062308.html
Schwan, Gesine: *Politik und Schuld. Die zerstörerische Macht des Schweigens,* Frankfurt/M.: Fischer 1997
Schwan, Gesine: *Politik und Vertrauen*, Bonn: Friedrich Ebert Stiftung. Bonner Dialog 3. 5. 2004
Schwan, Gesine mit Gaschke, Susanne: *Allein ist nicht genug. Für eine neue Kultur der Gemeinsamkeit*, Freiburg: Herder 2007
Schwan, Gesine/Holzer, Jerzy/Lavabre, Marie-Claire/Schwelling, Brigit (Hg.): *Demokratische politische Identität. Deutschland, Polen und Frankreich im Vergleich,* Wiesbaden: Verlag für Sozialwissenschaften 2006
Sichtwechsel (Hg.): *Zum Problem der Mediatisierung von Kindheit. Werteer-*

*ziehung – Lebenserfolg – Audiovisuelle Medien*, Berlin: Sichtwechsel e.V. für gewaltfreie Medien 2009
Sirleschtov, Antje: Schmidt warnt vor deutscher Kraftmeierei, in: *PNN*, 5.12.2012
Sofsky, Wolfgang: *Die Ordnung des Terrors. Das Konzentrationslager*, Frankfurt/Main: Fischer 1997
Soros, George: Wie man die Europäische Union vor der Eurokrise retten kann. Vortrag am 9. 4. 2013 im Center for Financial Studies der Goethe-Universität in Frankfurt/Main, in: *FAZ*, 12.4.2013, http://www.faz.net/aktuell/feuilleton/george-soros-wie-man-die-europaeische-union-vor-der-eurokrise-retten-kann-12146506.html
Spezzano, Chuck: *Dem Leben wieder vertrauen. Prinzipien der Heilung von Missbrauch und seelischen Verletzungen*, Petersberg: Via Nova 2011
Spezzano, Chuck: *Heilung von Schuldgefühlen. Das Geschenk des inneren Friedens erfahren*, Petersberg: Via Nova 2011
Sprinkart, Karl Peter/Gottwald, Franz-Theo: *FairFinance. Das Kapital der Zukunft*, München: Herbig 2013
Sprache und Herrschaft, Vorgänge 97 *Zeitschrift für Bürgerrechte und Gesellschaftspolitik* Heft 1, Januar 1989, Opladen: Leske + Budrich
Spura, Martin: Der deutsche Genius, in: *info* 3.5. 2011, Frankfurt/Main
Sri Aurobindo: *Zyklus der menschlichen Entwicklung*, Gauting: Mirapuri Verlag 1992
Sri Sankaracarya: *Das Kronjuwel der Unterscheidung*, Argenbühl: Heinrich Schwab 2002
Starbatty, Joachim: *Tatort Euro. Bürger, schützt das Recht, die Demokratie und euer Vermögen*, Berlin: Europa Verlag 2013
Stefańska, Joanna/Hafenmayer, Wolfgang: *Die Zukunftsmacher. Eine Reise zu Menschen, die die Welt verändern – und was Sie von ihnen lernen können*, München: oekom 2007
Steininger, Tom im Gespräch mit Katrin Karneth im Gespräch: 10 Kriterien für ein moderne Spiritualität, in: Radio@EnlightenNext.de, 17.1.2013
Stiegler, Richard: *Kein Pfad. Aus der Stille leben*, Bielefeld: Kamphausen 2005
Stieglitz, Olaf: *Undercover. Die Kultur der Denunziation in den USA*, Frankfurt/M.: Campus 2013
Streich, Jürgen: *Vorbilder. Menschen und Projekte, die hoffen lassen*, Bielefeld: Kamphausen ²2008
Sünner, Rüdiger: *Entfesselung und Missbrauch der Mythen in Nationalsozialismus und rechter Esoterik*, Freiburg: Herder Spektrum 1999
Sünner, Rüdiger: Schwarze Sonne. Kultorte und Esoterik des III. Reichs, wwwe.absolut MEDIEN 711-5: DVD [o. D.]

Sünner, Rüdiger: Geheimes Deutschland. Eine Reise zur Spiritualität der (Früh-)Romantik, Atalante Filmproduktion: DVD 2006
Sünner, Rüdiger: Geheimes Deutschland: Zur Spiritualität der (Früh-)Romantik, in: *Info 3*, Anthroposophie heute, Januar 2007, 59-64
Sünner, Rüdiger: »Geheimes Deutschland«. Die geistigen Wurzeln des Hitler-Attentäters Claus von Stauffenberg [o.D.], unter: http://www.ruedigersuenner.de/Geheimes%20Deutschland.html
Tattva Viveka: Die spirituelle Dimension der Wissenschaft, Ausgabe 53, Nov. 2012, 19. Jg.
Thadden, Rudolf von: *Trieglaff. Eine pommersche Lebenswelt zwischen Kirche und Politik 1807-1948*, Göttingen: Wallstein 2010
Theweleit, Klaus: *Männerphantasien: Männerkörper. Zur Psychoanalyse des weißen Terrors*, München: Piper 2000
Tietke, Mathias: *Yoga im Nationalsozialismus. Konzepte, Kontraste, Konsequenzen*, Kiel: Ludwig 2012
Tipping, Colin C.: *Ich vergebe. Der radikale Abschied vom Opfersein*, Bielefeld: Kamphausen [7]2006
Trobisch, Nina/Denisow, Karin/Scherübl, Ingrid/Kraft, Dieter (Hg.): *Heldenprinzip. Kompass für Innovation und Wandel*, Berlin: Universität der Künste 2012
Unicef: Child Well Being In Rich Countries. A Comparative Overview, Paris: Unicef 2013
Ulrich, Bernd: Wir Kriegskinder – Kriegskindheit in Deutschland, Mülheim/Baden: Auditorium Netzwerk 2008 (DVD)
USA Foundation for Inner Peace (Hg.): *Ein Kurs in Wundern. Textbuch/Übungsbuch/Handbuch für Lehrer*, Freiburg: Greuthof 2012
Ustorf, Anne-Ev: *Wir Kinder der Kriegskinder. Die Generation im Schatten des Zweiten Weltkriegs*, Freiburg: Herder 2010
Vermes, Timur: *Er ist wieder da*, Frankfurt/Main: Eichborn 2012
Voegelin, Erich [Eric]: *Die politischen Religionen*, Stockholm: Bermann-Fischer 1939
Watson, Peter und Badel, Yvonne: *Der deutsche Genius. Eine Geistes- und Kulturgeschichte*, Gütersloh: Bertelsmann 2010
Wecker, Konstantin/Glassman, Bernard: *Es geht ums Tun und nicht ums Siegen*, München: Kösel 2011
Wecker, Konstantin/Spannbauer, Christa: *Meine rebellischen Freunde*, München: Langen Müller 2012
Werner, Götz: *Womit ich nie gerechnet habe*, Berlin: Econ 2013
Westernhagen, Dörte von: *Die Kinder der Täter. Die Dritte Reich und die Generation danach* (1988), München: dtv1991

Wiedemann, Hans-Georg (Hg.): *Ich war der Kronprinz von Heydrich. Eine Kindheit im Schatten des Henkers von Prag*, Stuttgart: Kreuz 2006

Wilber, Ken: *Das Wahre, Schöne, Gute. Geist und Kultur im 3. Jahrtausend*, Frankfurt/Main: Wolfgang Krüger [2]September 2000

Wilber, Ken: *Wege zum Selbst. Östliche und westliche Ansätze zu persönlichem Wachstum* (amerik. 1979), München: Goldmann 1991

Wir Kriegskinder. Kriegskindheit in Deutschland, Kongress Die Generation der Kriegskinder und ihre Botschaft für Europa sechzig Jahre nach dem Kriegsende, in Frankfurt/M. vom 14. bis 16. 4. 2005, Auditorium Netzwerk: DVD

Wolf, Ingeborg: *Mystik. Zen Kontemplation Yoga Kabbala Sufismus Taoismus. Praxis und Orientierung im Spiegel von Religion, Psychologie, Naturwissenschaft und Gesellschaft*, Frankfurt: Edition Logos 2000

Anmerkung:
Leider ist es möglich, dass manche der angegebenen Internetseiten nach einiger Zeit nicht mehr (oder zumindest nicht mehr unter den angegebenen Adressen) auffindbar sind. Ebenso können einzelne Inhalte der angegebenen Internetseiten seit dem Zugriffsdatum (des Autors/der Autorin) modifiziert oder gelöscht worden sein.